社区德育策略

张爱国／主编
赵小燕　丁　丹　刘平秀　邹　强／副主编

世界图书出版公司
广州·上海·西安·北京

图书在版编目(CIP)数据

社区德育策略/张爱国主编. —广州:世界图书出版广东有限公司,2019.2（2025.1重印）

ISBN 978-7-5192-5881-8

Ⅰ.①社… Ⅱ.①张… Ⅲ.①社区—德育工作—研究—中国 Ⅳ.①D669.3 ②G41

中国版本图书馆CIP数据核字(2019)第040795号

书　　名　社区德育策略
　　　　　SHEQU DEYU CELÜE
主　　编　张爱国
责任编辑　冯彦庄
装帧设计　苏　婷
出版发行　世界图书出版广东有限公司
地　　址　广州市新港西路大江冲25号
邮　　编　510300
电　　话　020-84452177
网　　址　http://www.gdst.com.cn/
邮　　箱　wpc_gdst@163.com
经　　销　新华书店
印　　刷　悦读天下（山东）印务有限公司
开　　本　787mm×1092mm　1/16
印　　张　18.25
字　　数　340千字
版　　次　2019年2月第1版　2025年1月第3次印刷
国际书号　ISBN 978-7-5192-5881-8
定　　价　88.00元

序 1

早在2002年，由湖北省教育科学研究所爱国牵头，开始进行社区德育问题研究，这我是知道的。当时他们承担了全国教育科学“十五”规划课题《社区德育理论与实践研究》的研究任务，利用省教科所的区位优势，在全省范围内组织130多个学校共同开展研究。后来湖北省教育科学研究院成立了，他们仍然坚持开展研究，现在终于取得了阶段性研究成果，拿他们自己的话说，是“十年磨一剑”。在此，特表示祝贺！

社区德育是一个重要的教育范畴。按照课题组的观点，社区德育就是“以一定学校为核心，以一定社区为依托，充分利用社区教育资源开展学校德育的教育模式”，其核心理念是学校教育、社会教育和家庭教育相结合，使德育由单一渠道、固定时空向全方位、全协调、立体化转化，提高教书育人的整体效益。这个方法论具有深刻的现实意义。在现实中，只要是学校，都要依托一定的社区而存在，都离不开社区环境的影响，都离不开社会教育和家庭教育的配合。否则，如果仅靠学校教育单打独斗，那么，德育的作用就十分有限，德育的效果还会受到社会负面影响的冲淡，甚至被抵消。俗话说，“一个篱笆三个桩，一个好汉三个帮”，学校教育，特别是学校德育，必须依靠学校教育、社会教育和家庭教育全面配合和协调的协同机制作为内在支撑，才能取得良好的教育效果。从这个意义上看，开展社区德育研究，体现了一种强烈的责任意识，体现了对教育现状和教育规律的准确把握。

也许，多数人都知道实施社区德育模式十分重要，但是，怎样实施社区德育？怎样才能科学有效地实施社区德育？许多人却不一定能够答得上来，而社区德育研究的价值正好体现在回答了这些问题上。课题组在明确社区德育概念之后，分析社区德育主体，阐述学校教育、社会教育、家庭教育和学生主体在教育过程中的地位和作用；探讨社区德育资源整合利用问题、学校教育与社会教育的沟通与衔接问题、社区教育环境优化问题、家校合作问题、社区德育模式问题、社区德育实施问题，等等，建立了比较完整的社区德育操作体系，提供了切实可行的社区德育实施方案。学校和教师拿到这本书以后，可以按图索骥，找到自己所需要的东西，用来指导实践。由此可见，这项研究成果具有积极的实践指导意义。

其实，在建立社区德育操作体系的过程中，《社区德育策略》已经完成了社区德育理论体系的建构，取得了理论创新成果。这突出地表现在三个方面：一是确立社区德育概念。作者将一个宏大的教育命题凝练在“社区德育”这个简洁的概念中，收到了提纲挈领、见微知著的效果。二是关于社区德育资源整合利用的探究。作者系统地探究了社区德育资源分类、开发和管理问题，填补了理论空白，特别是对于社区德育资源的确认、新建，以及社区德育资源库建设等思路，具有创新价值。三是关于社区德育实施的探究。作者针对社区德育实施的保障条件和社区德育活动组织等问题，提出了全新的思路。

这本书是理论与实践相结合的产物，具有实践指导意义。从研究主体看，中小学校是主要研究力量。先后有近200所学校参加研究，这些学校遍布全省各地，包括高中、初中、小学和幼儿园，具有广泛的代表性。从编写内容看，许多观点是从实验学校的研究报告中提炼出来的，几乎所有案例都是以“信息浪花”的形式，从各实验学校的研究报告中直接引用。从社会影响来看，这项研究与教育行政部门的管理工作紧密联系，与中小学教育实践密切结合，在推动全省中小学德育实践方面产生了较大的影响，也得到了教育管理部门和学校的充分肯定。

《社区德育策略》的出版还说明一个道理：德育不易，德育有路。爱国研究员和他的团队研究社区德育问题，十几年如一日，坚持不懈，实属不易。爱国是我们华中师范大学的学生，他毕业后一直从事中小学德育研究，涉及心理健康教育、学校文化建设、师德建设、依法治校等多个方面，近年来，又承担了高校党建和思想政治教育研究任务，可以说是高低衔接、一线串珠。这也有利于进一步深入开展德育研究。《社区德育策略》的出版，是德育研究的阶段性总结，也是一个新的起点。祝省教科院和爱国研究员的德育研究工作风生水起，更上一层楼！

华中师范大学教授、博士生导师
全国教育哲学专业委员会副主任　　王坤庆
湖北省教育学会会长

2018年11月

序 2

一

为什么要提出社区德育的概念呢？社区德育与学校德育之间存在什么样的关系呢？

早在20世纪末期，神州大地上普遍兴起推行社区教育的浪潮。所谓社区教育，就是在一定区域内利用各种教育资源，旨在提高社区全体成员整体素质和生活质量，服务区域经济建设和社会发展而开展的教育活动。社区教育是实现终身教育的重要形式和建立学习化社会的基础，这种教育形式体现了教育发展与社区经济社会发展之间的动态平衡，发展社区教育成为教育发展的重要方向和目标，也成为推动社会发展的重要途径和手段。实践证明，推进社区教育对于推动区域教育统筹、合理利用社会力量办学、建立终身教育体系发挥了不可替代的作用。

湖北省教育厅十分重视推进社区教育工作，成立了由厅领导挂帅，由教育厅职业教育与成人教育处、基础教育处、省教科所等单位组成的实施机构。笔者初出茅庐，承担了具体研究和组织任务。在推进社区教育的过程中，笔者深深体会到了社区因素对于学校德育的巨大影响作用，并在此基础上提出了社区德育理念。

毫无疑问，德育是由学校开展的学生思想品德教育活动，学校是德育活动的组织者、实施者，是德育过程的实施主体。但是，学校能否完成全部德育任务呢？或者说，仅靠学校能否完成学校德育的任务呢？回答是否定的。值此信息时代，社会教育环境日益复杂，影响学生思想品德的信息源多元杂陈，单一的学校教育已经不能胜任教书育人的重任。学校教育必须依靠社会教育、家庭教育的支持和配合，学校德育必须充分利用社区教育资源，依托社区开展各种教育活动，有效德育必然是学校教育、社会教育和家庭教育紧密结合、互相配合的产物。为了准确、全面地表述这一理念，我们提出了一个新的概念：社区德育。

社区德育就是以一定学校为核心，以一定社区为依托，充分利用社区教育资源实施学校德育的教育模式，其核心理念是学校教育、家庭教育和社会教育相结合。根据社区德育理念，社区的各个部分，包括政府及其各部门、各种社会机构和团体、家庭，以及各级各类学校，都是儿童青少年思想品德教育的组织者和实施者，都具备德育功能，都必须承担德育任务。实施社区德育的目的，就是要加强学校教育与校外教育的联系，提高学校德育的针对性、实效性；就是要充分挖掘并合理配置社区德育资源，使儿童青少年思想品德教育由单一渠道、固定时空向全方位、立体化转化，形成教育合力，提高学校德育的质量和效益。

社区德育以儿童青少年思想品德教育为核心内容和根本任务，“以一定学校为核心”是指以各级各类学校为主要组织者和实施者。从这个意义上讲，社区德育仍然属于学校教育的范畴，是学校德育的一种操作模式。

社区德育与社区思想政治教育之间存在着什么样的关系呢？社区思想政治教育是社区工作者进行的影响社区居民思想观念的社会活动，其目的是要影响并改变社区居民的思想观念，提高居民素质，改善居民的精神生活质量。社区德育与社区思想政治教育内容和目标要求具有一致性，如社区德育与社区思想政治工作都包括爱国主义教育、社会主义核心价值观教育、公民道德教育和法制教育等内容，都要求教育对象热爱祖国、热爱社会主义、遵守社会公德，遵纪守法。在实施过程中，社区德育和社区思想政治教育教育过程互相沟通、衔接，教育效果互相促进。但是，社区德育与社区思想政治教育又是两个不同的概念。社区思想教育的工作对象是全体社区居民，而社区德育的工作对象是中小学在校学生；社区德育主要依托专门教育机构即学校进行，而社区思想政治工作则主要是依靠报纸、电视、广播、书刊等现代传媒，通过开展社区活动进行。

由此可见，社区德育与社区思想政治工作之间既有联系，又有区别，既不能混为一谈，也不能互不联系。正确的思路是，必须加强社区德育与社区思想政治工作之间的沟通与衔接，使二者互相促进，相得益彰。

社区德育是一个崭新的概念。提出这个概念是社会发展的必然结果，是教育改革和发展的必然要求。之所以提出社区德育概念，是为了使“学校教育、家庭教育、社会教育相结合”的教育理念更加凝练而明确，并得到强化和彰显，因而更加具有理论价值。这个概念提供了一个崭新的视角，就是从社区的角度看学校德育，依靠社区抓德育。因此，提出这个概念，在理论上具有创新性，在实践上具有可操作性，它对推动现阶段中小学德育改革将具有其独到的价值和意义。

二

社区德育概念一经提出，便得到了广大中小学教师的充分认同和积极实践。早在 2002 年，笔者申报全国教育科学规划课题“社区德育理论与实践研究”获得批准，湖北省共有 138 所学校参与实验研究。经过近六年时间的探索，绝大部分实验学校较好地完成了研究任务。2012 年，湖北省教育厅颁发《省教育厅关于开展中小学德育“五项专题”研究与实验的通知》(鄂教基〔2012〕13号),组织开展中小学德育“五项专题”研究与实验活动,“社区德育模式构建研究”作为专题之一,共有66所学校参与研究,其研究成效得到了省教育厅的充分肯定。这是湖北省社区德育研究的两个阶段。

多年来,在湖北全省范围内蓬勃开展的社区德育专题研究具有以下特点:

一是实验学校分布范围广,代表性强。近200个实验学校遍布全省50多个县、市、区,既涉及小学、初中、高中和大学等各级学校,又涉及普通教育、职业技术教育和特殊教育等各类教育,课题研究所产生的影响范围十分广泛。

二是课题研究工作与学校教育教学实践紧密结合。根据总课题组的工作思路,各实验学校将行动研究法作为主要研究方法,将课题研究工作与学校德育工作实践紧密结合,边研究边改进学校德育实际工作,同时根据工作情况不断地修正研究成果,再运用研究成果指导、改进学校德育工作,实现了课题研究与学校德育工作之间的良性循环。

三是实行区域协作,提高了研究效益。总课题组以市(州)和县(市、区)为单位,在湖北省内建立实验区,由当地教科院(所)或教研室有关负责同志牵头,组织相关学校实行校际协作、集体攻关,开展研究活动,推动德育实践。主要实验区包括武汉市黄陂区、硚口区、东湖高新区,宜昌市伍家岗区、西陵区、当阳市、宜都市、五峰县,荆门市东宝区、掇刀区、钟祥市、京山县、沙洋县,恩施自治州建始县、来凤县、恩施市,潜江市,随州市曾都区、广水市,孝感市应城市、云梦县、汉川市,襄阳市南漳县、谷城县、襄城区,黄石市黄石港区,黄冈市麻城市、蕲春县、武穴市,等等。

四是实行实践研究与专家引领相结合,提高了研究水平。在2008年至2014年间,每年举办实验研究推进会和全省德育专家讲坛,由省内外知名德育专家作学术报告,由实验学校进行研究成果交流,每年都有700至900人参加学习交流。2008年11月,湖北省第一届中小学德育专家讲坛暨全国教育科学规划课题“社区德育理论与实践研究”推进会在十堰市举行,时任中国教育学会副会长、中央教科所所长朱小蔓教授作学术报告,并对十堰市第一中学课题研究工作进行具体指导。2012年,第四届湖北省中小学德育专家讲坛暨全省中小学德育“五项专题”研究与实验课题开题会在宜昌市隆重举行,国家教育部基础教育司德育处处长朱东斌亲临指导。2014年,第六届湖北省中小学德育专家讲坛暨全省中小学德育“五项专题”研究与实验课题推进会在麻城市举办,国家教育部基础教育司政策法规处处长高学贵博士莅临作学术报告。十几年来,先后有大批知名学者和优秀校长、优秀班主任对课题研究进行学术指导,他们是:华中师范大学刘华山教授、王坤庆教授、周宗奎教授、杜时忠教授,北京师范大学肖川教授、檀传宝教授，湖北第二师范学院谭细龙教授，西南大学易连云教授，广东第二师范学院李季教授，江苏省德育特级教师丁如许老师，江苏省栟茶中学副校长缪铭老师，全国师德楷模、武汉市钟家村小学特级教师桂贤娣老师，南京师范大学赵凯教授，江苏省洋思中学校长秦培元老师，浙江大学赵志毅教授，全国十佳班主任、河北省石家庄市42中学田丽霞老师，全国师德楷模、湖北省蕲春县第四高级中学汪金权老师，上海市建平中学首任校长冯恩洪教授，上海师范大学卢家楣教授，全国优秀教师、中央教育科学研究所南山附属学校王怀玉老师，山东杜郎口中学副校长许其亮老师，等等。这些学术交流活动，对于帮助参与者开拓视野、启发思维发挥了巨大作用。

五是研究活动有效地推动了学校德育实践，促进了当地的社区精神文明建设。在结题过程中，各校都对课题研究促进学校工作的推动给予了充分的肯定，黄陂区职业中学和当阳市干溪中小学更是表示，课题研究对学校起到了“起死回生的作用”。2016年6月1日，湖北省教育厅办公室发布《关于中小学德育“五项专题”研究与实验项目结题的通知》（鄂教基办函〔2016〕3号），指出：“在专家指导下，各课题单位以‘依托课题引领，推进德育工作’为基本目标，以务实和创新为基本原则，结合工作实际，边开展研究，边改进工作，努力实现理论与实践相结合，对解决德育工作的实际问题，优化教育过程，提高德育实效发挥了重要作用。”学校教育、家庭教育和社会教育互相配合、协调的过程，也将对社会环境，特别是整个社会的精神风貌产生积极的影响。学校成为社区精神文明建设的窗口、辐射源和重要阵地，学校精神文明建设对社区生活产生示范效应和直接推动作用。

六是取得了丰硕的研究成果。在研究过程中，广大实验教师撰写论文近4000篇，研究报告390多篇。这些研究成果从社区德育的理论和实践两个维度，进行了大量的基础性探讨，许多研究成果得到正式发表，获得各级各类奖励。研究一开始，课题组在湖北省信息化发展中心的支持下，在湖北教育信息网上建立“社区德育理论与实践专题频道”，全面反映研究进程，介绍研究成果，有效地推动了研究工作。在此基础上，我们组织实验研究骨干成员编写《社区德育策略》一书，力图对十几年的研究成果进行概括和总结、提炼和升华，构建比较完整的社区德育理论体系。

三

本书共九章，包括三个方面的内容：第一章、第二章为第一部分，阐述社区德育的基本内涵、意义和作用、基本特征；第三章、第四章、第五章、第六章、第七章为第二部分，阐述社区德育的具体操作内容；第八章、第九章为第三部分，阐述社区德育的组织和管理。这三方面的内容共同构成社区德育的理论和实践体系。

《社区德育策略》力求在编写体例方面实现创造求新。在每一章里，用“引言”简明扼要地概述核心理念，用“问题导读”提示相关小节的主要内容，也便于读者读后回顾复习；用“信息浪花”引用实证材料。希望这种表述方式能激发阅读兴趣、提高阅读效率、增强阅读效果，从而使读者受益于本书。

《社区德育策略》一书是长期研究和探索的结晶。编写者都是课题组骨干成员，长期以来，大家密切协作，积极参加课题研究活动，保证了课题研究任务的顺利完成。书中“信息浪花”所引用的材料，绝大多数来自各实验学校的研究报告、学术论文和工作总结。这些实践信息与理论表述部分相得益彰，融为一体，生动、具体地表达了对理论表述的有效支持，同时，也将对其他学校的教育实践产生榜样示范效应。

四

社区德育理论与实践研究从一开始就得到了各方面的大力支持，在此一并表示衷心感谢！湖北省教育科学研究所、省教育科学研究院自始至终支持课题的立项、研究及成果出版。国家教育部相关部门负责同志，省教育厅相关负责同志，特别是基础教育处、思想政治教育与社会科学研究处、政策法规处负责同志曾多次参加课题活动，省教育厅曾在年度工作要点中明确要求在全省推行社区德育模式。本项目也得到了相关市州区县教育局、教科院（教科所、教研室）的大力支持与配合，他们在组织学校参与课题研究、推进整个研究过程中发挥了不可替代的作用。特别是宜昌市伍家岗区教育局，作为“社区德育理论与实践研究”和“湖北省中小学德育‘五项专题’研究与实验”两度开题活动的承办者，充分体现了他们对立德树人目标的不懈追求。各实验学校和参与研究活动的教师是社区德育理论与实践研究的主力军，在完成研究任务的过程中发挥了决定性作用，也将在推广应用研究成果、推进德育改革、实现立德树人目标的过程中发挥更大的作用。

张爱国

2018 年 1 月 6 日

目　录

实施社区德育策略，实现学校教育、社会教育和家庭教育有机结合，使儿童青少年思想品德教育由单一渠道、固定时空向全方位、立体化转化，整合积极因素，克服消极影响，形成教育合力，提高学校德育的整体效益，使学校成为社区精神文明建设的窗口和辐射基地。

——题记

第一章　社区德育的基本理念

学校是社区的一部分，学校与机关、工厂、商店、家庭以及各类社会团体和各类公共机构一道，共同构成结构相对完整、功能完备的社区。学校是社区中的专门教育机构，其任务主要是向年轻一代进行德育、智育、体育、美育和劳动教育，向其传授知识、培养能力、塑造品德、激发个性；同时，学校在社区中还具有社会教化功能，即在提高居民科学文化素质的基础上，促进社区经济、文化建设，成为社区精神文明建设的窗口和辐射基地。

学校德育从来都不是孤立进行的，它与社区环境和各种社区教育资源之间有着千丝万缕的关系。社区中的许多教育资源具有思想品德教育功能，如发生在本地的一个革命故事，将是学校开展革命传统教育的宝贵资源；一处美丽的风景，可以不断地激发学生热爱家乡的淳厚感情；一棵千年古树，就是环境保护教育的鲜活教材。一定的社区环境作为学生的道德实践场所，既可以巩固和增强学校德育成果，又有可能降低甚至抵消学校德育效果，如团结互助的社会风气有利于培养学生的团结友爱精神，脏乱差的社区环境必然与学校环境卫生教育的内容互相矛盾，不利于学生良好卫生习惯的养成。凡此种种，不胜枚举。

那么，如何看待社区发展对学校德育的影响？如何认识各种社区教育资源的道德教育价值？如何有效利用丰富的社区德育资源对年轻一代开展思想品德教育？如何有目的地建设和优化社区环境，使之对年轻一代的品德发展产生积极的影响呢？我们思考这些问题，并在此基础上提出了社区德育的概念及其操作模式。

第一节　社区发展与学校德育走向

一、社区建设与社区发展

问题导读

●社区是什么？

●如何看待现代社区的发展趋势？

(一) 什么是社区

1887 年，德国社会学家藤尼斯(F. Tonnies)出版了《社区和社会》一书(*Gemeinscharft Und Gesellschaft*)，提出了“社区”的概念。在此后的近一个世纪中，国内外学者就社区问题作了广泛、深入的探讨，以众说纷纭的方式提出了众多的社区概念。

在广泛讨论的过程中，大家在构成社区的基本要素方面逐步形成了共识，认为构成社区的要素主要有六个，即一定的区域、一定数量的人口、一定的制度和组织管理系统、基本相同的经济发展水平和社会意识、一定的社会规范和行为准则、一定的服务设施。在此基础上，我国学者于显洋提出：“社区是指在一定地域空间中的人群生活共同体。”①这个概念强调社区是一个人们共同生活的实体。

那么，社区具有什么特点呢？美国芝加哥学派学者帕克指出：“社区的基本特点可以概括如下：(1)有一个按地域组织起来的人群；(2)这些人口程度不同地扎根在他们所生息的那块土地上；(3)社区中每一个人都生活在一种相互依赖的关系中。”②

社区的范围可大可小，一座城市是一个社区，一个乡、一个村、一条街道也是社区。根据大多数社会学家的观点，社区可分为农村社区和城市社区。

在现代我国社会，农村社区范围往往与行政区划一致，主要包括县(市)、乡(镇)、村和村民小组这几个层次，其中村委会是最基层的农村政权机构，乡镇是最重要的基层政权机构。

---

① 于显洋. 社区概论[M]. 北京：中国人民大学出版社. 2010：14.

② 谢守红. 城市社区发展与城市规划[M]. 北京：中国地质出版社. 2008：1.

信息浪花

湖北省潜江市熊口社区

熊口镇位于湖北省潜江市中部，于1984年建镇，共辖24个行政村、2个街道居委会，国土面积102平方千米，其中城镇规划控制面积12.5平方千米，建成区面积3平方千米，总人口5.2万，城镇人口2.1万。北有宜黄高速公路、318国道，连接武汉、宜昌，南有襄岳公路贯穿全镇，连接襄阳、湖南，区位条件、交通条件均十分优越。

该镇有中小学10所、医院2所，文化广电事业设施齐全，文体活动丰富，2004年被中华人民共和国农业部、国家体育总局、中国农民体育协会授予"全国亿万农民健身活动先进乡镇"。有线电视覆盖面达100%。现在正在向具有较强经济实力、辐射带动力强的中心镇迈进。

相对于农村社区而言，城市社区的划定则具有更大的灵活性。除了依据行政区划确定社区范围，还可以按照生活区域、生产单位、合作团体等等来确定社区范围。如，武汉市江岸区是一个以行政区划为依据确定的社区单位，而江岸区辖区内的百步亭社区则是一个按照生活区域划定、以商业住宅区为基础建立起来的社区。

信息浪花

武汉市百步亭社区

百步亭社区占地2.5平方千米，至2013年底，居住人口为14万。百步亭社区最重要的创新在于实施"以企业(即百步亭集团)为主导的社区建设"模式，实现了由"政府主导"转为"企业主导"，企业实现了由纯经济组织到既作为经济组织又作为社会组织的历史性转变。百步亭设有居民代表大会、社区居委会、业主委员会等居民自治组织，成员由居民选举产生。居民代表大会担负议事决策职责；社区居委会组织居民参与社区各项建设和管理，如通过社区服务中心直接履行政府的部分职能，如办理户口、结婚证等；业主委员会监督物业公司搞好各项管理，有权修改物业公司的规章制度，罢免物业公司的工作人员。

百步亭取意于"百步一亭，温馨家园"。社区内建有数以百计的亭子，并以亭为"基地"，建起歌友会、棋友会、舞迷会、合唱队等团体，并在此基础上组织了志愿者队伍，各类团体的团员成为其骨干。

社区坚持"以人为本、以德为魂、以文为美、以和为贵"的核心理念，坚持科学发展观，创建了一个具有中国特色的和谐社区，实现了管理服务完善、治安秩序良好、生态环境优美、人际关系亲密、社会风尚文明、群众安居乐业和新型社区的可持续发展，被评为全国先进基层党组织、全国"三八"红旗集体、全国"五四”红旗团委标兵、全国文化先进社区、全国无毒社区、全国基层民兵预备役工作先进单位、全国物业管理优秀住宅小区，并获得了全国和谐社区建设自主创新奖等60多项国家级奖项。[①]

（二）社区发展是现代社会发展的必然趋势

20世纪30年代初，我国社会学家吴文藻将社区概念引入国内。

伴随改革开放铿锵有力的步伐，特别是在我国加入世界贸易组织以后，社区建设在我国蓬蓬勃勃地开展起来。尽管“社区”是一个外来词汇，但是在我国却显示了强大的生命力。

1991年，我国民政部首次提出“社区建设”的概念，开始部署推进社区建设工作。2000年11月，中共中央办公厅和国务院办公厅转发《民政部关于在全国推进城市社区建设的意见》，将社区建设工作推向新的高潮。

在我国，社区建设是指基层社区在党和政府的领导下，调动、依靠社区各方面的力量，利用社区资源，发展社区事业，强化社区功能，解决社区问题，促进社区政治、经济、文化、环境协调与健康发展，不断提高社区成员生活水平和生活质量的过程。加强社区建设是城市和乡村管理体制改革的需要，是丰富城乡居民文化生活，加强社会主义精神文明建设的有效举措，是改革开放和社会主义现代化建设的必然要求。[②]

在市场经济稳步发展的大背景下，社区建设，特别是城市社区建设有效地推动了社区发展的进程，政府职能和财政功能正在由经济建设型向公共服务型转化，社区的作用越来越大，日益显示出强大的社会组织功能。原先由政府、国有企业及国有事业单位所承担的大量社会职能被分离出来，转向社会，在计划经济时代盛行的“单位办社会”现象逐步消失。随着多种所有制经济形式的共同发展和社会保障体系的建立和完善，社区居民对工作单位的依赖性大大降低，人们的社区意识和归属感与日俱增，“单位人”逐步向“社会人”“社区人”转化。

与此相适应，社区兴办教育，管理教育的功能也日益增强；社区对教育的依赖和需求也越来越强烈，越来越具体。在这种社会条件下，社区教育成为新时期我国教育发展的新的生长点，开展社区教育成为调适教育发展与人的发展、社会发展和经济发展的有效手段。

所谓社区教育，就是在一定区域内利用各种教育资源，开展的旨在提高社

---

① 资料来源：《探寻中国社区发展的百步亭之路》，新华网，2015-03-02；网址：http://news.163.com/15/0302/12/AJMUN9SE00014JB5_all.html.

② 谢守红.城市社区发展与城市规划[M].北京：中国地质出版社.2008：1.

区全体成员整体素质和生活质量,服务区域经济建设和社会发展的教育活动。开展社区教育的目的,就是要充分利用社区内的各种教育资源,提高教育的整体效益,促进人的充分发展,促进经济、社会的快速发展。其特点是把教育纳入社会大系统,使其成为社会各单位和全体社会成员共有的职责、权利、义务和职能。社区教育的特征集中表现在"三全"上,即"全员""全程"和"全面"。"全员"即以全体社区成员为教育对象;"全程"是指,每个社区成员从出生到死亡的整个生命过程中,社区都在不断地提供学习和接受教育的机会;"全面"是指,社区教育的内容涉及人的素质的方方面面,包括知识、能力、道德品质、个性特长、身体健康等。社区教育是实现终身教育的重要形式和建立学习型社会的基础,这种教育形式体现了教育发展与社区经济社会发展之间的动态平衡,发展社区教育成为教育发展的重要方向和目标,也成为推动社会发展的重要途径和手段。推行社区教育是建设学习型社区、迈向学习型社会的重要途径和形式。

改革开放以来,我国许多地区自发地开展了社区教育研究和实践活动,20世纪90年代以来,国家也开始积极推行社区教育。实践证明,发展社区教育促进了教育和社会的结合,促进了教育和社会的共同发展,具有十分重大的意义。长期以来,我国逐步形成了学校、家庭、社会相结合的教育网络,并在此基础上建立了以社区为依托,实现学校和社区互动,共同发展的社区教育发展新格局,开辟了我国教育发展的新时代。

二、社区发展对学校德育的新要求

问题导读

●社区发展对教育环境有什么影响?

●社区发展对学校德育有什么新的要求?

(一)社区发展对教育环境的影响

在现阶段,我国的社区发展是以改革开放为基础,以经济高速增长和社会信息化为背景的,社区发展为教育发展提供了良好的条件和机会,也对教育,特别是学校德育提出了严峻的挑战。这种挑战主要表现为使教育环境日益复杂,使学校德育工作的难度增强,任务加重。

一是社会生活环境复杂,道德理想和教育要求与社会现实互相矛盾,降低了学校德育的实际效益。

一方面,国家经济建设日新月异,人民生活水平蒸蒸日上。

从下图可以看出,中华人民共和国成立之初的1952年,国内生产总值

(GDP)为679亿元,到2017年,则达到82.7122万亿元,66年来我国国民生产总值增长1218倍。特别是自1978年改革开放以来,我国成为世界上经济发展最快的国家,被国际社会认为是一个奇迹。

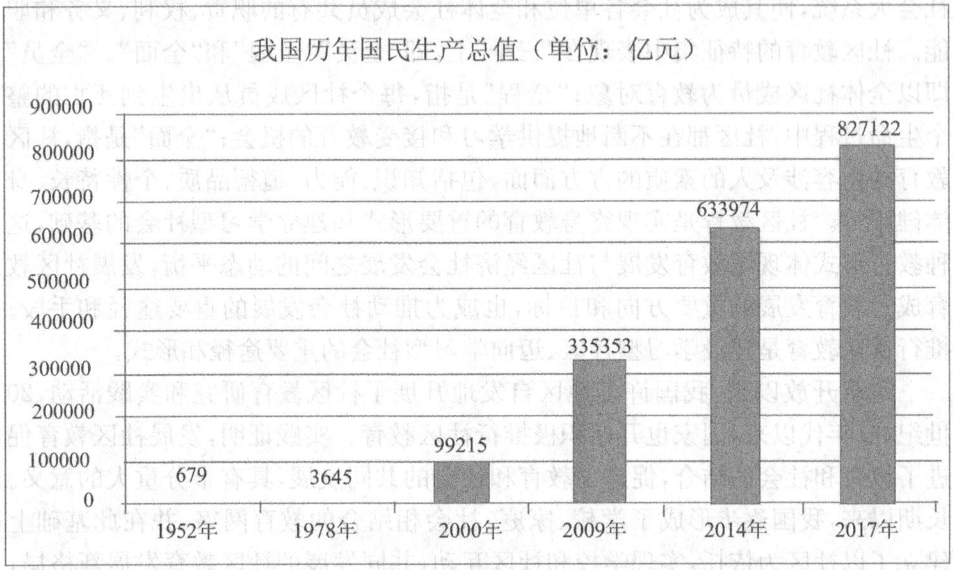

据中国国家统计局历年发表的《国民经济和社会发展统计公报》反映,中国国内生产总值居世界的位次从2005年的第5位提升到2006的第4位、2007年的第3位,2010年首次超过日本,成为世界第二大经济体,在5年里完成了“三级跳”。中国GDP占世界的比重也逐年上升,从2005年的5%提高到2017年的15%,稳居世界第二。中国人均GDP由1952年的119元增加到2017年的59660元,如果以美元计价,2017年中国全年人均GDP为8836美元。

我国经济总量能够在短短的30多年跃居世界前列,是13亿中国人民团结奋斗,开拓进取,辛勤劳动的结果。这些伟大成就、瞩目变化值得每一个中华儿女为之骄傲和自豪。

这一社会现实为爱国主义教育和道德理想教育的开展创造了良好的环境条件。

另一方面,社会阴暗面严重存在,如政治领域的腐败现象,经济领域的见利忘义、非法牟取暴利、贫富分化严重等现象,生活领域的赌博、吸毒、嫖娼、拐卖儿童妇女等。这些阴暗面作为一种客观存在,它所表征的意义和价值与学校和教育者向学生所提出的道德规范和德育目标格格不入,甚至互相对立,严重冲突,并因此降低甚至抵消了学校德育的影响力。学校德育要求学生遵纪守法、热爱集体、关爱他人、坚持正义,但是,学生在学校之外看到的、感受到的普遍存在的社会现实与教育内容的巨大反差，往往使他们对教育内容产生怀疑和不信任，从而使教育要求不能落实。人们常说的"学校千日功，不抵社会一阵风"和"五加二等于零"，所反映的就是这种状况。在这种情况下，我们的教师感到了教育的艰难和力不从心，学校德育处于低效状态。

二是文化及价值多元化的现象日益加剧，削弱了主流道德价值取向的影响力，使教育者和受教育者都面临着多重选择的压力。由于经济体制改革的逐步深入，多种经济形式并存的格局逐步形成，由此产生了不同的利益群体。他们追求和获得利益的方式不同，价值取向也有所区别。比如，企业家希望不断扩大经营规模，取得规模效益，获取高额利润；下岗工人希望重获就业岗位，度过失业难关等等。由于政治体制改革的深入开展，原有的封闭性、几乎完全强制性的社会控制方式也有所松动，呈现出相对宽松和开放的特征，不同价值观念的传播处于相对自由的状态。另外，由于信息技术的飞速发展，各种信息，包括不同价值观念的传播更是打破了时间和空间的局限，可以自由地传播。由于这些原因，我国社会出现了价值多元化的趋势，在主流价值取向之外还存在着多种价值取向。比如个人主义、极端个人主义、公私兼顾等。随着信息时代的来临，我国正以更快的速度加入经济全球化的进程，社会群体构成之多变与类别之细化现象将会更加明显，国外各种不同的观念和思潮都可以以最快的速度波及最广泛的领域和人群，"多元价值共存将逐渐成为几乎所有社会领域都存在的一种普遍现象，社会将逐渐走向真正意义上的'价值多元化'"。[①] 对同一社会现象和问题，人们会产生不同的价值判断；同一主题，同一事件，在不同的环境场合会显示出不同的价值，人们必须对其作出不同的价值判断。在这种社会条件下，青少年学生不可能认同所有的价值取向，也不可能否定所有的价值取向，"学生对外界信息的接收、加工、组合和改造也都是有选择的，都要进行过滤、筛选和优化组合"。[②] 他必须根据自己的判断，作出自主选择。学生主体对价值取向和行为方式的自主选择不仅成为可能，而且成为必要。

在这种社会条件下，学生不可能像以前那样，对教师的教育言听计从，对教育内容囫囵吞枣，全盘接受；教育者也不能像以前那样照本宣科，简单地宣扬说教，而必须在自己作出选择之后，教育学生学会选择。与此相适应，教师权威也受到无情的挑战，他已经不再是真理的化身，不再是学生无条件崇拜的对象，教师成了学生在道德教育中的合作学习者，教育的过程成为教师和学生共同提高的过程。

---

① 吴康宁.教会选择：面向21世纪的我国学校道德教育的必由之路——基于社会学的反思[J].华东师范大学学报·北京：教育科学版.1999(3)：10-18.

② 张天宝.主体性教育[M].北京：教育科学出版社，2001：8.

理论撷英

近二十多年来，处于深刻社会转型期的中国，在进行着一系列经济体制改革和经济结构变革的同时，也面临着意识形态、思想文化和道德领域的挑战。在道德领域里，这一挑战集中体现为：一方面，原有的道德规范体系趋于"失效"；另一方面，社会发展和个体在当今社会背景下生存发展所需要的新的道德规范体系，尚未十分清晰或被广泛认同与实践，这又导致了道德领域里相当程度的"失范"。①

三是信息渠道畅通，极大地降低了教育过程的可把握性和可控制性。随着信息时代的到来，以互联网为代表的现代传媒得到飞速发展，学生能够利用多种途径，以最快的速度获得各种信息，各种社会因素能够直截了当地对学生产生影响，这就降低了学校和教师对儿童青少年的影响作用。表现最突出的是互联网的影响。互联网具有隐蔽性和虚拟性，这在很大程度上代表了虚伪性和欺骗性，容易导致青少年不道德行为和违法犯罪行为增多；而网络的互动性与平等性，又使得人们可以在一个绝对自由的环境下接收和传播信息，青少年在难辨是非真伪或受不良信息诱导的情况下就会毫无防备地受到身心侵害。

四是儿童青少年的生活条件产生了巨大变化，增强了儿童青少年思想品德教育的复杂性和困难程度。这方面，主要表现为农村"留守儿童"和城市外来务工人员子女大量出现，独生子女普遍存在。

改革开放以来，大量农村青壮年劳力外出打工，他们的未成年子女往往被留在家里，由隔代亲人或者其他亲戚代为管理和教育，成为"留守儿童"。据网易新闻报道，民政部发布我国摸底排查农村留守儿童数量，截至2016年底，共有为902万人，其中由(外)祖父母监护的805万人，占89.3%，由亲戚朋友监护的30万人，占3.3%。而无人监护的有36万人，占4%。② 在由祖辈监护的家庭中，祖辈往往因为身体健康的原因，对孩子的教育感到力不从心，加上隔代溺爱的因素，所以往往导致教育力度不够。在由亲戚朋友代为监护的家庭中，因为缺乏有效沟通、碍于情面和缺乏权威性等原因，教育效果也比较低下。

据中商情报网报道，湖北省民政厅发布农村留守儿童摸底和调研报告表

---

① 叶澜.中国当代道德教育内容的基础性构成[M].教育研究，2001年09期.

② 网易新闻，2016-11-11 19:30:00 网址：http://news.163.com/16/1111/19/C5K6VISK000187V5.html.

明，截至2016年底，湖北省农村留守儿童总数73.9056万人。[①] 由于生活环境的影响，留守儿童往往具有心理性格障碍、行为习惯偏差等个性心理问题，以及学习不专心、学习成绩下降、逃学等学习生活问题。

（二）社区发展对学校德育的新要求

如前所述，学校德育从来都不是孤立进行的，它与社区环境和各种社区教育资源之间有着千丝万缕的联系。社区发展对学校德育产生了巨大的影响，实际上是对学校德育提出了严峻挑战，提出了新的要求。其要求具体体现在以下几个方面：

1. 协调、整合各种社会教育力量，形成合力，提高教育的整体效益

儿童青少年的社区生活过程包括家庭生活、学校生活和社会生活三个方面，这三种生活过程时刻都在对儿童青少年的品德发展产生重要影响。其影响作用主要表现为三种状态：协调配合，教育一致，形成合力，全面落实教育目标；自发进行，各自为政，互不干涉，片面或部分落实教育目标；互相对立，互相矛盾，效能抵消，造成教育低效或无效。显然，加强儿童青少年思想品德教育要求实现学校教育、家庭教育和社会教育之间的协调和配合，以取得最好的教育效益。特别是在社会生活环境复杂，道德理想、教育要求与社会现实互相矛盾的情况下，加强学校教育、家庭教育和社会教育之间的沟通与协调更是一种必然的选择。

2. 优化社区教育环境，巩固学校德育成果

为什么会出现"学校千日功，不抵学校一阵风"和"五加二等于零"这样的现象呢？因为社区生活环境的影响对儿童青少年品德发展具有重要作用，在一定意义上，甚至具有决定作用。社区生活环境包括各种人物、实物、事件这些看得见、摸得着的内容，它们总是以一定的精神风貌展现在儿童青少年面前，对其精神世界产生影响，因而成为实实在在的教育环境。社区教育环境对儿童青少年的影响无处不在，无时不有，因而是全程的、广泛的；社区教育环境对儿童青少年的影响是以儿童青少年耳濡目染和亲身实践、体验的方式实现的，因而也是深刻的、强烈的。

学校德育成果主要表现为学生对道德知识的掌握和对一定道德行为的简单的、初步的体验，它与社会生活环境之间存在着什么样的关系呢？俗话说，事实胜于雄辩、百闻不如一见，如果二者在价值取向和行为方式方面不太一致，甚至互相矛盾，那么学校德育的效果就会受到削弱，甚至被抵消；如果二者的影响

---

① 中商情报网，网址：http://www.orz520.com/a/social/2017/0823/2908091.html?from=haosou.

保持一致，那么，学校德育的效果就会得到巩固和增强。在现阶段，导致学校德育效益不高的一个重要原因就是学校德育内容与社会现实之间的反差较大。因此，我们必须努力优化社区教育环境，增强学校德育内容与社会现实之间的一致性，借以巩固学校德育成果，提高德育实效。

3. 充分利用社区教育资源，因地制宜开展思想品德教育

一定的社区，必然会拥有一定的社区教育资源，如山川景物、历史事件、民间传说、社区组织等。在社区发展过程中，也必然会增添许多新的社区教育资源，如社区建设成就、社区活动、先进人物等。这些社区教育资源具有丰富的道德教育内涵，是学校开展学生思想品德教育的重要资源。同时，由于社区德育资源具有现场感、亲近感和富有说服力强等特点，因此，利用社区德育资源对儿童青少年开展思想品德教育，往往能收到事半功倍的效果。

4. 加强学校德育与社区生活实际的联系，增强学生的辨别和选择能力

既然脱离学生实际生活是导致学校德育低效或无效的重要原因，我们就有必要加强学校德育与社区实际生活的联系。学校德育要引导学生积极参加社会实践活动，全面地了解社会现实。要引导学生独立思考，正确认识社会进步的大趋势与社会阴暗面并存的客观事实，初步学会辩证地分析社会现象，初步学会正确地选择自己的行为方式。加强学校德育与社区实际生活的联系，是提高学校德育实际效益的必然要求。

专家指津

社区发展对学校德育提出了新的挑战，也提供了有利条件，带来了新的契机。学校德育必须打破封闭、走向开放，与社区发展融为一体；必须创新德育模式，走学校教育、家庭教育和社会教育相结合的道路，充分利用社区内德育资源，化分力为合力，提高教育的整体效益。

第二节　社区德育的基本内涵

一、社区德育概念

问题导读

●何谓社区德育？

●社区德育概念是怎样形成的？

(一) 社区德育概念

社区德育是一个全新的概念。社区德育就是以一定学校为核心，以一定社区为主体，充分利用社区教育资源实施学校德育的教育模式。德育是学校教育的专门过程，提出社区德育概念是对社区的德育任务以及德育功能的特别强调和强化。作为德育主体的社区，包括政府及其各部门、各种社会机构和团体，包括家庭，也包括各级各类学校。就是说，所有这些社会因素都承担着培养儿童青少年良好思想品德的责任和义务，都是儿童青少年思想品德教育的组织者和实施者。“以一定学校为核心”是指，社区德育以儿童青少年思想品德教育为核心内容和根本任务，以各级各类学校为主要组织者和实施者。从这个意义上讲，社区德育仍然属于学校教育的范畴，是学校德育的一种操作模式。

实施社区德育的目的主要有两个：

一是提高儿童青少年思想品德教育的整体效益。就是要加强学校教育与社会教育的联系，提高学校德育的针对性、实效性；充分挖掘并合理配置社区德育资源，使儿童青少年思想品德教育由单一渠道、固定时空向全方位、立体化转化，形成教育合力，提高学校德育的质量和效益。

二是要促进社区精神文明建设。学校要成为社区精神文明建设的窗口、辐射源和重要阵地。学校精神文明建设应该在社区中产生示范效应。学校教育、家庭教育和社会教育互相配合、协调的过程，也将对社会环境，特别是整个社会的精神风貌产生积极的影响。

(二) 社区德育概念的形成

社区德育概念的提出，是现代社会发展的必然要求，是现阶段我国中小学德育实践的需要。改革开放以来，随着社区建设工作的蓬勃发展，社区教育也得到迅速发展，学校教育与家庭教育、社会教育的联系日益加强，这对于提高德育实效发挥了积极作用。但是，学校德育效益低下的问题长期以来仍然没有得到解决，特别是面对社区发展对学校德育工作的新挑战，进一步探索学校教育、家庭教育和社会教育有机结合的基本规律和有效途径，形成具有推广价值的操作模式，成为一个崭新的课题。在此条件下，湖北省教育科学研究所德育研究室于 2001 年提出了“社区德育”的概念，并在部分中小学组织开展“社区德育理论与实践研究”课题研究。2002 年 6 月，该课题被批准为全国教育科学规划课题，同时，课题实验学校发展到 138 所。多年来，总课题组和各实验学校积极开展社区德育理论和实践探索，使社区德育理论逐步完善，社区德育实践逐步推广，产生了良好的社会效益。湖北省教育厅十分重视该课题研究成果，曾要求在全省“推行社区德育模式”，有效地促进了课题研究成果的推广和应用。

信息浪花

应城实验区《社区德育环境的构建与优化》课题成果通过总课题组结题评审

2007年6月27日，湖北省教科所所长刘青春研究员，李友玉研究员，孝感市教科院副院长余章浩及总课题组负责人、省教科所德育研究室主任张爱国研究员等一行四人，参加了在应城市实验小学举行的全国教育科学"十五"规划课题"社区德育理论与实践研究"的子课题"社区德育环境的构建与优化研究"结题评审会。评审专家观看了关于课题研究的专题片，查阅了应城市实验小学、城南初中、长江中心小学和郎君初中等4所实验学校的资料，分别听取了4所学校的结题汇报，进行了现场答辩和专家评析。评审专家组充分肯定了应城市在教育科学研究方面做的积极工作和取得的显著成效，认为4所实验学校圆满完成了社区德育课题研究任务，所取得的成果具有一定的推广应用价值。

应城市教育局有关领导、应城市各学区业务督导员、中心中小学学校分管校长和教科室主任以及课题研究人员共100多人现场参加了结题活动。

（资料来源：湖北教育信息网"社区德育理论与实践研究专题频道"）

中共湖北省委高校工委　湖北省教育厅2008年工作要点（摘录）

进一步加强和改进中小学德育工作。创新教育方法，整合法制教育、毒品预防教育、网络文明教育、心理健康教育、廉洁教育和安全文明教育等教育资源，充分利用"湖北教育网台"，为中小学师生提供教学服务。开展班主任及学校德育工作人员培训，加强德育工作队伍建设。推行"社区德育"模式，重视家庭教育，促进学校、家庭、社会教育相结合，提高教育整体效益。加强青少年活动中心场所、管理人员和专业人员队伍建设。做好关心下一代工作。

（资料来源：《湖北省委高校工委、省教育厅关于印发中共湖北省委高校工委、湖北省教育厅2008年工作要点的通知》（鄂高工委〔2008〕3号）

湖北省教育厅积极推动社区德育研究与实验

为了进一步落实《中共中央、国务院关于改进和加强未成年思想道德建设的意见》，有效推进中小学德育工作的改革和创新，2012年3月，湖北省教育厅发布《关于开展中小学德育"五项专题"研究与实验的通知》（鄂教基〔2012〕13

号），决定在全省范围内组织开展"社会主义核心价值体系融入中小学教育全过程研究与实验""学校文化建设的内容与途径研究与实验""中小学生心理健康教育的机制与模式研究与实验""社区德育模式构建研究与实验""中小学德育工作考核与评估策略研究与实验"等专题研究。其中，"社区德育模式构建研究与实验"旨在探讨学校教育、社会教育和家庭教育之间互相联系与合作的途径和办法，建立三维一体的学生教育网络，提高教育的整体效益。

（三）社区德育与社区思想教育的关系

社区思想教育是社区工作者进行的影响社区居民思想观念的社会活动，其目的是要影响并改变社区居民的思想观念，提高居民素质，改善居民的精神生活质量。社区德育与社区思想教育都是社区教育的组成部分，二者之间又具有广泛而密切的联系。首先，教育内容和目标要求具有一致性。如社区德育与社区思想政治工作都包括爱国主义教育、社会主义核心价值观教育、公民道德教育和法制教育等内容，都要求教育对象热爱祖国、热爱社会主义、遵守社会公德，遵纪守法。其次，教育过程互相沟通、衔接，教育效果互相促进。在学校教育与家庭教育互相联系的过程中，在学校开展家庭教育指导的过程中，家长素质得到不断提高。在社区利用现代传媒等教育手段开展社区思想教育的过程中，学生的思想品德素质也得到不断提升。

但是，社区德育与社区思想教育又是两个不同的概念。首先是工作对象不同。社区思想教育的工作对象是全体社区居民，而社区德育的工作对象是中小学在校学生。其次，二者的工作主体不同。社区思想教育的主体是社区工作者，包括社区党政工作者、社区群团组织成员、社区志愿者及各类兼职社区工作者。而社区德育的工作主体是学校、家庭、社区以及儿童青少年自身。第三，教育方式不同。社区德育主要依托专门教育机构即学校进行，而社区思想政治工作则主要是依靠报纸、电视、广播、书刊等现代传媒和通过开展社区活动进行。

由此可见，社区德育与社区思想政治工作之间既有联系，又有区别，既不能混为一谈，也不能互不联系。正确的思路是，必须加强社区德育与社区思想政治工作之间的沟通与衔接，使二者互相促进，相得益彰。

二、社区德育的理论基础

问题导读

- 系统论观点对学校德育工作有何启示？
- 协同论对社区德育理论的创建有何指导意义？
- 大德育论的基本内容是什么？

关于社区德育理论的创建，最直接的原因是社区发展的推动和社会现实的需要，而作为间接的原因，系统论和协同论等相关科学理论的指导，为社区德育理论的创建奠定了坚实的基础。

系统论 1937年美籍奥地利人、理论生物学家L. V. 贝塔朗菲(L. Von Bertalanffy)第一次提出"一般系统论原理"(general system theory)，奠定了系统论的理论基础。1945年，贝塔朗菲发表《关于一般系统论》，标志着系统论作为一门新兴学科诞生。

系统是相互联系、相互作用着的诸元素的集合或统一体。在这个定义中包括了系统、要素、结构、功能四个概念，表明了要素与要素、要素与系统、系统与环境三方面的关系。系统论的基本思想方法，就是把所研究和处理的对象，当作一个整体，分析系统的结构和功能，研究系统、要素、环境三者的相互关系和变动的规律性，并在此基础上提出系统优化方案。

系统论的核心思想是系统的整体观念。系统论要求把系统的各个组成部分看成是整体的有机组合要素，重视发挥系统的整体功能和整体效益。贝塔朗菲强调，任何系统都是一个有机的整体，它不是各个部分的机械组合或简单相加，系统的整体功能是各要素在孤立状态下所没有的新质。他用亚里士多德的"整体大于部分之和"的名言来说明系统的整体性，反对那种认为要素性能好，整体性能一定好，以局部说明整体的机械论的观点。同时认为，系统中各要素不是孤立地存在着，每个要素在系统中都处于一定的位置上，起着特定的作用。要素之间相互关联，构成了一个不可分割的整体。要素是整体中的要素，如果将要素从系统整体中分离出来，它将失去要素的作用。根据整体观念，我们可以将社区德育过程视为一个包括学校教育、社会教育和家庭教育等构成要素的完整的整体，必须重视发挥社区德育的整体功能和整体效益。

任何系统都具有动态性和协调性，是系统论的重要观点。系统论认为，任何系统都有一个组建、形成、发展和变化的过程，具有动态的性质；同时，系统内各要素之间是互相联系的，具有协调性。只有在系统运动过程中加强各要素之间的联系和协调，才能实现系统的功能优化。根据这一观点，社区德育各要素，即学校教育、社会教育和家庭教育之间，必须加强沟通和协调，完成衔接和配合，以实现德育整体效益最优化。

协同论 1971年，联邦德国斯图加特大学教授、著名物理学家哈肯(Haken)提出了协同的概念。1976年，他系统地论述了协同理论，发表了《协同学导论》和《高等协同学》等等。

协同论认为，在人类社会和自然界，有着千差万别的系统，尽管其属性不同，但在整个环境中，各个系统间存在着相互影响而又相互合作的关系，并因此产生协同效应。如社会上不同单位间的相互配合与协作、部门间关系的协调、企业间相互竞争的作用,以及系统中的相互干扰和制约等。根据这一观点,社区德育的各个子系统,包括学校教育、社会教育和家庭教育必须加强合作,努力克服由于缺乏沟通和协调所造成的教育内容对立、教育方法冲突、教育效果抵消等负面效应,努力提高教育一致性,增强协调效应。

权变管理理论　这是美国心理学家弗雷德·菲德勒在20世纪60年代提出的管理学理论。他认为,管理中并不存在什么通用的最好的方法,相反,管理者必须明确每一种情境中各种变数,理解这些变数之间的相互关系及其相互作用,掌握各种事件的原因和结果之间的复杂关系,从而针对不同的情况做出灵活的变通。此外,管理者还要能归纳出管理情境究竟有哪些因素组成,他们之间又有多少种存在状况,有多少种管理方法。具体到教育上,他们认为教育是社会大系统中的一个子系统,他与社会其他系统之间具有高度的渗透性。学校、家庭、社区必须共同承担责任,是实现资源共享、协调一致、相互配合、相互影响,共同促进儿童全面发展。学校要努力改变过去和家庭、社会在儿童教育方面的脱节现象,注重三者之间的相互沟通与联系。

共同责任理论　这是美国学者爱泼斯坦针对家长和学校的关系提出的理论。他认为家校沟通是指学校和家庭之间关于学校计划及学生进步方面的沟通,家校合作是学校、家庭和社区的合作,学校、家庭、社区对学生的教育和发展是相互影响的。她不仅将家庭和学校看作家校关系中的平等成员,而且还强调社区对儿童发展和成长的影响和作用;不仅将学校和家庭看作是家校合作的成员,而且把学生也看作是家校合作中的一员,并且强调学生在家校合作中的主体地位和作用。她还特别提出了"共同责任",就是家长、教师共同承担学生的教育责任,彼此相互沟通,保持密切联系,交换学生成长、学习与生活信息,共同制定计划并实施。共同责任强调家庭和学校的共同经验、沟通合作与相互影响,强调家长要参与到学校教育中去,教师要参与到家庭教育中来,让家庭和学校教育建立共同的目标,建立和谐统一的儿童成长环境。

三、社区德育的基本理念

问题导读

●如何全面理解社区德育理念?

●社区德育的核心理念是什么?

社区德育基本理念是建立社区德育理论的基本指导思想,是指导社区德育实践的基本原则。社区德育基本理念主要体现在三个方面:

(一)以人为本,关注学生的精神世界,走进学生的生活世界

在应试教育条件下,基础教育表现出强烈的知识本位特征。因为高考录取的基本依据是学生的考试分数,所以教育过程把向学生传授知识视作基本目标甚至最高目标。在实际教育过程中,学校和教师“将本来宽泛的教育概念狭隘化,把知识传授等同于教育本身”,教育活动以知识传授为中心,偏重于向学生介绍和分析学科知识体系,而忽视了教育对象作为生命本体的特征和需要,忽视情感、态度、价值观的培养,缺乏对生命和学生现实生活的关注和对精神的关怀。也就是说,教育从本质上忽视了人的存在,迷失了本来的方向,将一种基于信念的行为,变成简单的技术行为和操作行为。不重视精神的提升,使教育过程停留在技术层面,使人的精神发展处于盲目、自发状态。在具体教学过程中,为了使学生集中精力获取知识,大量存在着“去人文化”现象,即知识传授过程忽略、回避,甚至故意远离对人文精神的阐释和挖掘,知识传授与人文精神的培养互相分离,从而使知识学习者成为简单知识的容器。

由于远离了学生的精神世界和生活世界,所以,学校德育往往效益低下。在很多时候,老师只知道学生成绩下降、纪律性越来越差,并且因此经常批评学生。但是,他却没有深入学生的生活实际去了解这种现象背后的原因。由于这样,教育必然缺乏针对性和效果,甚至会引起对立情绪,导致学生对教育过程的全面抵触。学生长期生活在这种缺乏精神关怀的教育环境里,容易造成精神的丧失、萎缩和变态,形成不健全的人格。由于这样,学生的发展太容易受客观环境的影响,而教育的作用力量微弱。

根据这一现实,我们必须树立以人为本的理念,关注学生的精神世界,走进学生的生活。陶行知说:“生活即教育,社会即学校。”我们的教育对象是活生生的人,教育过程,包括课堂和班级活动,都应该成为儿童生活的组成部分,现实生活应是教育的逻辑起点。将教育过程与儿童生活割裂开来,会降低学生学习的积极性、主动性和探究的兴趣,更会降低儿童成长过程中的乐趣,生命的乐趣。应将教育视为生命的生成活动,将学校视为人生命成长的生活世界。了解学生的需要,满足其需要。教育过程与儿童的社会生活过程,包括家庭生活、社区活动、同学交往等活动应该处于平等的地位。教育是为儿童未来生活服务的,但是教育首先要顾及、甚至优化儿童现阶段的生活状态,不能为了准备未来的生活而牺牲现时的生活幸福。特别是德育过程应该与儿童的生活过程紧密结合,走向儿童的生活世界,关注儿童的生活需要。

专家指津

教师必须从以下几个方面去关注学生的生活世界,改进工作方法:第一,了

解学生的生存状态，鼓励学生勇于克服生活困难；第二，分析学生的学习心理，帮助学生提高学习效率；第三，了解学生的情绪状态，与学生一起营造阳光心态；第四，满足学生的需要与追求，使其获得成功体验，帮助学生增强生活的信心和力量；第五，了解学生对教师、对学校的要求，不断改进工作方法，提高教育质量。

（资料来源：张爱国专题报告《走进生活的现代德育》）

（二）树立学校教育、家庭教育和社会教育一体化的大德育观

学校教育、家庭教育和社会教育一体化的大德育观，是社区德育的核心理念和根本指导思想。

学校教育、家庭教育和社会教育一体化，是指三大德育途径有领导、有组织地协同配合，有统一的部署和计划，充分、有效地利用三个方面所拥有的德育资源，对青少年儿童实施德育的一种新的德育格局。从儿童品德发展和个性形成的角度看，只有学校教育、家庭教育和社会教育互相配合和协调，只有不断优化教育环境，充分挖掘和利用社区德育资源，才能形成教育合力，才能提高整体效益，取得良好的效果。否则，就会出现教育效果互相抵消，产生“学校千日功，不抵社会一阵风”和“五加二等于零”等现象，使德育过程呈现低效或无效状态。

实现教育一体化的关键，是要在教育内容、途径和方法上实现统一协调。要让家长了解学校德育的目标，并且加强与学校之间的沟通和配合。学校也要与公安、宣传、文化、交通、工商、妇联、共青团等部门密切配合，优化教育环境，在教育行为上保持步调一致。在学校内部，要实现“全成员育人、全过程育人”，保证“人人都是德育工作者，处处都是德育环境”，即全员、全程、全面。教育管理部门要通过制定相关政策和教育督导评估标准，来引导、督促学校落实大德育观。

专家指津

大德育观的基本内涵：

全方面育人：促进学生在德育、智育、体育几个方面得到全面、和谐发展；

全成员育人：学校所有教职员工都是育人主体，都担负着育人责任；

全过程育人：在学校内部要做到教书育人、管理育人、服务育人；

全方位育人：实现学校、家庭、社会教育相结合，提高教育的整体效益；

全协调育人：幼儿园、小学、初中、高中和大学在教育目标、教育内容、教育途径与方法等方面实行整体构建，实现沟通与衔接。

(三)开展社区德育是社区精神文明建设的重要措施和手段

开展社区德育的过程既是对儿童青少年进行思想品德教育的过程,也是对全体社区居民进行思想政治教育的过程;学校开展校园文化建设和学校文化建设的过程,对社区精神文明建设具有直接和间接的影响,二者互相促进,相得益彰。在社区发展过程中,学校成为社区精神文明建设的窗口、辐射源和重要基地,对社区精神文明建设产生现实的、长远的影响。这主要体现在三个方面:

第一,学校通过影响学生的精神世界来改变社区文化环境。儿童青少年在学校学习阶段是学生,同时也是社区居民;而在他们毕业之后,则成为纯粹的社区居民,学校德育对学生思想道德品质的影响,必然会直接影响社区精神文明状态。

第二,学校通过影响学生家长的精神面貌来影响社区精神面貌。学校通过家校联系和互动,通过开展家庭教育指导,帮助家长提高文化素质和教育能力,转变思想观念,以此间接地影响社区精神文明建设。

第三,学校作为社区的组成部分,成为社区精神文明建设的重要窗口。学校文化环境以其不可替代的方式,对社区精神风貌产生广泛的、持续的影响:琅琅书声、飘扬的旗帜、富有个性和特色的校园建筑,给社区增添了文化色彩,营造了浓厚的人文气息,使社区居民感到精神充实,充满信心。学校校园往往还以其优美、富有特色的自然环境,成为社区居民倾心向往的景点。校园里星罗棋布的文化走廊、名人名言画幅、黑板报、墙报,以及校训、校歌等等,都会对学生和社区居民的精神面貌产生积极影响。

第四,学校文化建设活动对社区精神面貌产生直接影响。学校通过组织开展社区共建和社会实践活动等途径,直接参与社区精神文明建设过程。如组织学生向社会献爱心,参加植树造林、法制宣传和公益性文艺演出等公益活动,利用传统节日开展纪念活动,等等,都对社区精神文明建设具有深刻的影响。

信息浪花

湖北省宜昌市实验小学通过开设社区体验教育(活动)课程,积极推动教育社区的建设,为社区带来了文明新风。由孩子们组成的“模特小分队”“健美操小分队”经常活跃在社区,和老人同台表演,成为社区的一大亮点,由此推动了社区居民强身健体的热潮。学校每年开展评选优秀家长和支教先进单位的活动,促进了一大批家长成为单位的先进工作者。当某单位的领导接到学校颁发的尊师重教先进单位的奖牌时,激动地说这是他们单位获得的最有意义的奖牌。

(资料来源:《在实践中体验 在探究中成长》,湖北省宜昌市实验小学社区德育课题结题报告)

第三节　社区德育的实施途径及其特点

一、社区德育的实施途径

问题导读

●社区德育的实施途径主要有哪些？

●如何增强社区德育过程的可操作性？

探讨社区德育的实施途径是提高社区德育的可操作性的必然要求，因此，这将是本书的重点内容。社区德育的实施途径主要包括以下几个方面：

（一）充分挖掘、合理整合并科学利用社区德育资源

社区德育资源是指所有可以应用于社区德育过程的要素和条件，包括各种物质、文化要素和条件。在这些要素和条件中，有的具有显性德育价值，如博物馆、纪念馆、某种纪念活动；有的具有隐性德育价值，如山川景物、作为建设成就的著名建筑；有的本身就是德育主体，如学校、家长和英雄模范人物。这些社区德育资源在儿童青少年思想品德教育过程中具有说明主题、加深体验、增强效果的作用，充分挖掘、合理整合并科学利用社区德育资源，是提高德育实效的重要手段。

为了提高社区德育资源的利用效率，必须对社区德育资源进行分类。

按照分布区域，可分为校内德育资源和校外德育资源。校内，有校园、荣誉室、图书室、校史、校训、校歌、名人画像和故事、校友的成功故事、在校生的先进事迹等；校外，有烈士陵园、图书馆、博物馆、文化宫、青少年活动中心等更为丰富的德育资源。

按照存在形态，可以分为场所资源、实物资源、人力资源、活动资源和人文资源五类。

场所资源：如图书馆、博物馆、体育馆、文化宫、青少年活动中心、阅览室、实验室、视听教室、网站、电视广播、纪念馆、文化馆、风景区、影剧院、公园、商场、山川景物、工厂、农场、村庄、各类学校以及各类社区组织等。

实物资源：主要包括文本资源，如图书、教材、报纸、杂志、照片、地图、图表；音像资源，如电影、电视节目录像、光盘、磁带、各类教育软件；器物资源，主要包括日常生产工具和生活用具、多媒体设备、民族服饰、乐器、标本和历史文物、藏品等。

人力资源：校内人力资源包括教师、后勤服务人员等；校外人力资源包括家长、老红军、劳模、警察、科技人员、企业家、工人、农民、解放军战士以及其他社区人员等。

活动资源：社区德育活动资源即社区内各种社区成员广泛参与的活动，如社区的街坊节、运动会、音乐节、联欢会、博览会、庙会等；还包括节假日庆祝活动以及与人物和历史实践相联系的纪念活动，如龙舟赛等；也包括人们的生产活动和生活活动。

人文资源：主要包括精神风貌、文化传统、风俗习惯、道德规范、思想观念、人格品质以及传媒信息等方面的要素。

怎样才能实现充分挖掘、合理整合并科学利用社区德育资源的目标呢？应该从四个方面开展工作：建立社区德育资源档案，建立社区教育实体，开发社区教材资源，建立并实施社区德育资源共享制度。社区教育资源共享的形式主要有四种：一是无偿共享。对青少年学生和社区居民进行政治思想教育、时事政策教育、法制教育、革命传统教育和社会实践教育的场所，如科技馆、图书馆、烈士陵园等场所，免费开放。二是有偿共享，如特长培养等专业技能教育资源。三是优惠共享，实行收费的公共设施和场所，如游乐园、文化宫、电影院等，对社区教育活动实行优惠政策。四是优先共享。凡有成年人活动的场所，在学生放学后和节假日时段优先向学生开放。

信息浪花

湖北省宜昌市五峰土家族自治县土地面积2372平方千米，辖5镇、3乡，总人口20万，其中土家族人口占67%。五峰自然环境独特，素有“仙源”之称。境内峰峦叠翠，碧水长流，有百里幽溪“柴埠溪国家森林公园”、国家级自然保护区“后河原始森林”、暑天冰雪白溢寨、地下迷宫长生洞等，独特的风景本身就是陶冶情操的生动教材；独特的高山气候、土壤条件及丰富的物产资源，培植了果茶、天麻等令五峰人引以为自豪的绿色产业，如享誉全国的“采花毛尖”茶等，都是培植乡土情结的极好素材。这片土家族居民的聚居地，蕴藏着丰富的土家民族文化与遗产，如集歌、舞、吹、打于一体的土家跳丧舞，以板凳作“龙灯”的“板凳龙”及巴山舞等，还有“过月半”（七月初一至十五，均为过月半）等土家族传统节日，及哭嫁“陪十姊妹”、六月初六晒“龙袍”等习俗，这些素材都具有很高德育价值。

（资料来源：《激活乡土教育资源 提高学校德育实效》，湖北省宜昌市五峰县第一中学“社区德育理论与实践研究”课题研究报告）

(二)优化社区教育环境

社区教育环境因素包括社区居民的精神风貌、社会风气、社区文化氛围和社区内的各类文化设施,这些因素对学生思想品德的形成和发展有着潜移默化的影响。优化社区教育环境的基本目标,就是提升社区居民的精神风貌,改良社会风气,加强社区内各类文化设施的建设和管理,营造良好的社区文化氛围。从现实情况看,优化社区教育环境的当务之急,是要营造良好的社区文化氛围,加强社区内各类文化设施的建设和管理。

社区内的文化设施主要有广播、电视、互联网网吧、出版机构、书店、商店、录像厅、歌舞厅和网吧等。各类文化设施都要注意推出符合儿童青少年特点的寓知识性、娱乐性、趣味性和教育性于一体的作品,努力为未成年人提供良好的精神食粮。特别录像厅、歌舞厅和网吧等场所,要注意严格划分成年人和未成年人的界限,坚决抵制不健康因素对未成年人的不利影响。

教育管理部门和学校要配合政府有关部门开展的"扫黄""打非"斗争,坚决禁止在学生中传播淫秽、色情、凶杀、暴力、封建迷信和伪科学的出版物。引导学生远离含有诱发未成年人违法犯罪行为和恐怖、残忍等有害内容的游戏软件产品,远离宣扬色情和暴力的玩具、饰品。

教育管理部门和学校要制定严格而有效的措施,禁止学生进入营业性歌舞娱乐场所、电子游艺厅、录像厅和网吧等社会文化场所。同时加强校园文化建设,加强校园网建设,实行节假日向社会开放校园和有关教育设施的制度,引导学生接受良好文化环境的熏陶。

现阶段特别要加强对互联网网站和网吧的管理和监控。互联网具有隐蔽性、虚拟性和开放性,有优点,也有缺点和不足。网络拓展了当今青少年教育的空间,有利于学生开阔视野,加强对外交流,可以促进青少年个性化发展,可以促进青少年的学业。但是,互联网也容易带来上网成瘾的问题,导致青少年学生出现精神和躯体的病症,影响了青少年的健康成长。有些不健康网站,甚至有些政治反动的网站,热衷于宣传黄色、暴力内容甚至反动内容,容易诱发青少年犯罪。对于网站和网吧,要对有关经营人员进行教育和培训,以帮助其增强法制观念,端正经营意识;要加强社会监督和控制,包括利用高科技手段进行管理和监制。

学校要建立和健全校园安全保卫制度,加强与公安部门的联系,坚决杜绝冲击校园、伤害儿童、拐卖儿童、绑架勒索等侵害青少年学生权益和教唆青少年学生犯罪行为的发生;对学生进行自我保护教育,增强学生的自我保护意识和自我保护能力;对教师进行保护学生权益的教育,增强其防范意识,严禁采用体罚等手段伤害学生的身体，侵害学生的权益。加强校园安全保卫工作，确保学生和教师的人身安全。

（三）实现学校教育与社会教育之间的沟通和协调

加强学校教育与社会教育之间的沟通和协调是学校与社区互动育人的主要形式和过程。这个过程要求各社区主体，包括政府部门、社会团体、企业和各级各类学校，都发挥自身的资源优势，互相配合和协调，互相提供教育场所、安排教育人员、开展教育活动，从而实现社区共建，使儿童青少年和社区居民的素质都得到提高。正所谓各尽其能、各取所需、相得益彰。

从提供场所看，社区可以向学校提供博物馆、图书馆、科技馆、烈士陵园、青少年活动中心、学农学工基地等。而学校可以向社区提供教室、图书馆、运动场等场所。

从安排人员方面看，社区可以为学校安排包括家长在内的社区各类人员做校外辅导人员和社区教育顾问；而学校则可以安排教师担任社区居民学校的老师，参与社区精神文明建设。

社区德育活动是指在社区参与的情况下开展的学生思想品德教育活动，它是学生喜闻乐见的教育形式，往往能够收到良好的教育效果。社区德育活动生动可感，充满探索性，符合学生好奇心强和活泼好动的特性，容易为学生所接受，有利于激发学生积极的情感体验，培养学生创新精神和创新能力，也有利于培养学生的社会交往能力，帮助他们加深对社会的了解，提高社会化水平。这类活动有时候以学校为主组织开展，如组织参观、访问，开展社会调查，开展“手拉手”活动，开展各种献爱心活动，等等；有时候则是以社区为主组织开展，如举办少年警校，举办“珍爱生命，远离毒品”图片展示，组织公民道德知识竞赛，举办夏令营，等等。

（四）开展家庭教育指导，实现学校教育与家庭教育配合一致

家庭教育是我国教育的重要组成部分，它在人的成长过程中具有十分重要的作用。学校教育和家庭教育之间互相配合、协调，是儿童青少年健康成长的重要保证。

但是，由于我们长期以来对家庭教育重视不够，缺乏研究，指导不力，因此，家庭教育基本上处于盲目性、自发性和随意性状态，产生了种种误区，对儿童青少年的成长造成了十分不利的影响。特别是在现代信息社会里，社会环境及其对孩子的影响越来越复杂，家庭教育的难度越来越大，家庭教育的质量和效益呈现下滑的趋势。据一项调查反映，有40%的家长认为自己的家庭教育效果一

般，21%的家长认为自己的家庭教育效果较差，30%的家长感到家庭教育比较困难。对于那些特殊家庭，包括离异家庭、单亲家庭、残疾家庭、违法犯罪家庭、农村“留守家庭”和城市农民工家庭来说，其家庭教育更需要进行必要的指导。

现实表明，必须加强家庭教育指导工作。教育管理部门和中小学要与社区密切合作，通过成立家庭教育指导中心、开办家长学校、举办讲座和报告会等形式，对家长进行有组织的教育和培训，帮助广大家长提高自身素质，树立正确的教育观念，掌握家庭教育知识和方法，提高教育能力，促进家庭教育质量和效益的提高，促进儿童青少年健康成长。

上述社区德育实施途径，本书还将列专章分别予以讨论。

二、社区德育的特点

问题导读

●社区德育有哪些特点？

●为什么说实施社区德育有利于提高德育实效？

社区德育虽然属于学校教育的范畴，但是，与传统学校德育不同的是，它与社区之间有着千丝万缕的联系。美国教育家杜威强调“教育即生活，学校即社会”，要求将教育过程和生活过程合二为一。我国教育家陶行知先生的生活教育观认为：学生应该在生活中受教育，教育在具体生活过程中进行。在新一轮课程改革的背景下，现代德育强调回归自然，走进学生的生活，走进学生的心灵世界，这在很大程度上就是要求学校德育要加强与社区之间的联系，依托社区，充分利用社区资源开展学校德育。

在这一背景下，社区德育具有以下特点：

1. 教育主体多元化

传统德育主要由学校和教师所垄断，教师作为社会的代言人，差不多就是真理的化身，在为人处世方面具有绝对权威。家长虽然也是教育主体，但是家庭教育与学校教育严重割裂，二者之间缺乏有效的沟通和协调。而社区德育的主体包括学校、家庭、社会和学生自身。在社区德育理念之下，人人都是教育者，都是社区德育的参与者，又都是受教育者，都可以在社区德育过程中发挥作用，并得到发展和提高。

在社区德育实施过程中，不同主体发挥着不同的角色作用：

学校教育——主导作用。有目的、有计划、系统地向学生传授道德知识，培养道德情感，养成道德行为。

家庭教育——奠基工程。教育作用贯穿儿童青少年成长的全过程，主要通过家长的言传身教对教育对象的品德、个性产生潜移默化的影响。

社会教育——过滤与强化。社会舆论对儿童青少年的思想品德具有一定的导向作用;社会生活体验犹如一种强效生长激素,对一定的价值观产生抑制作用或促进作用,从而使某些价值观遭到否认和淘汰,另一些价值观则得到肯定和维护;社会生活实践则使一定的价值观念和道德行为模式得到强化和巩固,逐步成为稳定的行为方式。

自我教育——选择与内化。在生活实践中,儿童青少年根据自己的情感体验,将已经掌握的道德知识和道德准则加以分析、甄别和选择,进行过滤和取舍,从而形成自己独特的价值取向和道德行为模式。学校教育、家庭教育和社会教育都是影响儿童青少年思想品德的外部条件,而儿童青少年的自我教育是其品德发展的根本原因,是关键影响力量。

2. 教育过程协同化

这是指在教育过程中,各种教育力量围绕一定的教育目标互相协调,配合行动。这就要求建立政府统筹、教育主办、社区参与、资源共享的教育管理体制和运行机制。在统一的社区德育理念下,在政府的支持和统筹之下,不同的教育主体互相配合、协调,学校与社区互动,学校与家庭密切配合,不同学段的教育(幼、小、中、大)互相沟通、衔接,从而形成整体育人的合力。

教育过程协同化是社区德育的根本特征。

3. 教育效果最优化

社区德育过程要求通过加强社区范围内各种社会因素,包括学校、家庭和社会对儿童青少年进行思想品德教育的功能,加强学校、家庭、社会教育之间的沟通和统筹协调,提高教育的整体效益,提高德育实效,获得最好的教育效果。应该说这个过程是一个动态的过程,是一个向最好的目标逐步接近的过程。我们实施社区德育的目标非常明确,就是要获得最好的教育效果。但是,这个目标不可能一蹴而就,我们必须作出长期不懈的努力。

人人都是教育者，人人也都是受教育者。在教育过程中，学校、家庭、社会和学生个体都应发挥各自的主体作用。

——题记

第二章　社区德育主体

从宏观教育的结构来说，人类的教育基本是由三种形式构成的，即学校教育、家庭教育和社会教育。这也是教育的三大支柱，三者缺一不可。在实施教育的过程中，仅靠学校教育单方面的力量难以完成新时代所赋予的教育任务，家庭教育、学校教育、社会教育应有机结合，相互沟通，积极配合，协调发挥整体的作用。

学校教育、家庭教育和社会教育各有特点，在整个教育体系中的角色地位也不尽相同。学校是作为专门培养人的机构而产生的，学校教育的体系最完整、涉及面最广泛、结构最稳定，在培养人的方面具有其他教育机构所不能比拟的优势。家庭教育是儿童接触最早的教育，在整个教育体系中处于基础地位，是一切教育的根，具有显著的启智、育德、培养兴趣爱好的功能。社会教育是学校教育的延续，家庭教育的补充，它可以弥补学校教育在知识教学方面存在的不足，又可以广泛地开展道德品质、价值观教育，使个体在自身能力、道德情感的发展中愈加成熟完善。而作为受教育对象的学生，在教育过程中只有充分发挥自身的主体意识，主动地认识自我、反省自我、寻求真理、完善人格，才能把自己塑造成为具有鲜明的个性特征和良好素质的社会个体，去面对生活、适应社会、创造人生，最大限度地实现自己的人生价值，成为适应社会发展需要的高素质人才。

在社区德育过程中，学校、家庭、社会和学生个体发挥着各自特有的主体作用。本章通过对主体、主体性及社区德育主体等概念的阐述，进一步探讨学校教育、家庭教育、社会教育及学生个体作为社区德育主体所具有的现实特点及其在社区德育过程中对学生成长与发展和社会稳定与进步的影响。

第一节　社区德育主体构成

一、主体与主体性

问题导读

●什么是主体？

●什么是主体性？

●主体性的基本结构及表现特征是什么？

（一）主体、主体性的概念

所谓主体，是指从事着认识和实践活动的现实的个人或社会集团。主体具有能动性、实践性和社会性等基本特征。教育界对主体的探讨可追溯到30余年前，20世纪80年代初，北京师范大学副校长顾明远教授撰文提出："学生既是教育的客体，又是教育的主体。"[①]80年代末，我国教育理论界对主体问题进行了积极探索，尤其是华中师范大学王道俊、郭文安教授对主体教育理论的研究[②]，北京师范大学王策三教授对教育主体哲学的研究[③]，为我国教育理论界探讨主体问题做了重要的理论准备。

什么是主体性？主体性作为主体的本质属性、主体的规定性，是人作为对象性活动的主体所具有的本质特征，是作为认识主体的人在处理与外部世界的关系时表现出来的一种功能特性，是主体在作用于客体的活动中表现出来的能动性[④]。这种能动性，正是人类作为主体自为决定、自由创造，充分发挥人的主观能动作用的特性。既包括了个体对世界的自觉能动的掌握，也包括个体对世界的自觉能动的创造。

主体性概念，不仅是属性概念，更是关系概念。人之所以能够成为主体，是在他同自然、社会以及他自身发生的主客体关系中确立的。具体来讲，在人与自然关系中，主体性体现在人对自然的认识、改造，以及人与自然和谐统一、共

---

① 顾明远.学生既是教育的客体，又是教育的主体[J].江苏教育.1981年10期.

② 王道俊、郭文安.让学生真正成为教育的主体[J].教育研究1989年第9期；试论教育的主体性——兼谈教育、社会与人[J].华东师大学报.(教科版)1990年04期；关于主体教育思想的思考[J].教育研究.1992年11期.

③ 王策三.教育主体哲学刍议[J].北京师大学报(社科版)，1994年04期.

④ 裴娣娜.现代教学论(第三卷)[M].北京：人民教育出版社，2005：7.

生共存的科学观的确立；在人与社会关系中，主体性则是人的对象性关系的全面生成，是人对社会自由度的提高；在人与自身的关系中，人既是主体，又是客体，主体性体现在人的自主意识以及个性的自我完善。人正是通过处理各种关系的活动来实现、表现和验证自己具有现实的规定性的存在。

相对于依赖性、被动性、模仿性、简单适应性，主体性作为人的一种特性，它集中体现为人的自主性、主动性和创造性。具有主体性的人，能正确认识客观事物，认识自己，掌握规律，改造世界，实现自己的目的。培养学生的主体性，才能使他们成为教育认识的主体，实现他们的社会化和个性化，才能真正实现学生生动、活泼、主动地发展。

（二）主体性的基本结构及表现特征

根据哲学认识论以及教育学、心理学的有关理论，我们认为，主体性是人作为社会活动主体的本质属性。它包括自主性、主动性和创造性三个基本特征。自主性是对自我的认识和实现自我的不断完善；主动性的实质是对现实的选择，对外界适应的能动性；创造性则是对现实的超越。主体性发展水平一方面表现为主体意识，另一方面表现为主体能力。人的主体意识、主体能力构成人全面发展的内在因素。

正是基于以上认识，我们构建了青少年学生主体性发展的三维结构：自主性、主动性和创造性。[①] 自主性也称自我完善性，它是人成为主体的前提和基础，是主体独立自主行使支配自己的权利。自主性在思想观念上集中表现为自尊、自立、自强等自我意识，即对自己作为从客体中分化出来成为相对独立的实体存在的意识，包括符合实际的自我评价、积极的自我体验和主动的自我调控能力。当然，这种自主性是以接受客观规律的制约为前提的，自主性发展的目标可分解为自尊自信、自我调控、独立判断决断、自觉自理等几个方面。主动性集中表现在有目的、有意识地认识世界、改造世界的理性活动中。人不是被动地适应和应付客观世界，而是积极自觉地行动。选择性作为主动性的重要表现，是对客体发出信息的选择、加工、分析和整理，既反映了主体认识的主观性，也反映出主体认识的客观性。主动性发展的目标主要表现在成就动机、竞争意识、兴趣和求知欲、主动参与、社会适应性五个方面。创造性则是对现实的超越，是主体发展的最高表现。创造意味着突破、革新、进步，而不是重复、模仿。主体性强的人在创造性方面，不仅表现为强烈的创新意识，如标新立异、喜欢出“新点子”，而且表现在具有创造思维能力和动手实践能力，思考问题的方法独

① 裴娣娜.现代教学论（第三卷）[M].北京：人民教育出版社，2005:8-9.

特、新颖等方面。他们在学习上能够举一反三，灵活运用知识，有丰富的想象力，善于使用直觉思维和借助具体形象解决问题。总之，自主性、主动性和创造性构成了人的主体性不可缺少的特征。

二、主体性德育

问题导读

●主体性德育的基本涵义是什么？

●如何全面理解主体性德育的基本观点？

主体性德育是在反思传统德育模式低效的基础上形成的一种与传统被动式德育相对应的新的适应社会经济、文化发展变化的德育理论。其基本涵义是指在主体教育原则的指导下，根据社会要求和个体身心发展规律，有目的有计划地引导、激发德育主体的自主性、主动性和创造性，通过平等交往、交流、对话等形式，促进主体现有思想道德品质的自我完善、自我发展，将其培养成为具有主体性道德人格的独立的社会人的德育活动。主体性德育在德育过程中始终把德育对象看成是具有自我主体意识、主体价值观念和独立道德人格的个体，是具有自主性、主动性和创造性的独立个体。主体性德育活动过程的核心就是教育者和受教育者的主体性均得到充分的发挥。

首先，主体性德育是在审视和反思传统德育模式的弊端的基础上形成的一种与传统被动式德育相对应的新的适应社会经济、文化发展变化的德育理念。传统的德育模式不根据青少年学生的身心发展实际和品德发展需要确定德育目标；不重视学生的主体道德实践，把德育过程简单地看成课堂上教育者道德知识的讲授；不尊重学生的主体性发挥，背离学生的道德认知规律；方法上以强迫式和说教式的灌输教育为主；不结合学生的立身做人和人格完善制定德育内容，片面重视宏观的政治教育而轻视品德能力教育和个性化的健康人格教育。这种不正确的德育定位、灌输式的德育方法、狭窄化的德育内容以及简单化的德育过程使得道德的“可能世界”曲高和寡，道德教育低效无为。无“人”的道德教育必定无效。因此，德育工作者应按照受教育者的思想品德发展规律和道德诉求组织德育过程并在这个过程中培养和发挥他们的主动性、积极性、能动性和创造性。

其次，主体性德育强调尊重受教育者的主体性，要求教育者在德育过程中要始终把受教育者看成是具有自我主体意识、主体价值观念和独立道德人格的个体，是具有自主选择、自我追求能力的独立个体。然而传统的教育体制没有给他们发挥和挖掘主体的自主选择的能力，只是强调被动地灌输和接受。不情不愿地接受的最终结果就是不能内化为接受者的主体能力并形成习惯，以至于造成一种特定的教育环境的约束就判若两人的尴尬。主体性德育与此不同，它强调的就是要把受教育者看成是独立自主的个体，看到学生主体的需求和情感，以它们的现实需要为动因来组织德育过程，使其更有针对性和实效性。我们的道德教育只有看到学生的独立自主性，才能将他律转化为自律，才能真正内化为德育主体自身的素质，从而影响其一生，形成比较稳定的人格特质并能较快地成长起来。

第三，主体性德育以培养受教育者的主体性道德人格为目标。主体性德育的目标指向就是要培养学生的主体性，使其形成主体性道德人格。适应现实需求的现代德育，是一种"科学化、民主化、社会化的德育"，是"促进人的精神解放、个性自由的发展性德育"，是"培养人的创造、开拓、革新精神的变革性德育"。主体性德育高扬的就是主体的独立自主、理性自由和自我超越。它以人为目的，承认人的主体性，尊重人的自主的道德选择并以发展人的主体性道德人格为指向。道德人格作为具体个人人格的道德性规定，是由特定个人的道德认识、道德情感、道德意志、道德信念和道德习惯有机结合起来的，它不是天生的，而是在长期的道德交往和道德实践中逐渐塑造而成的。我们所推崇的主体性德育就是要通过高扬人的主体性的道德教育实践活动把受教育者塑造成为"独立、理性、自为、自由的道德人格"，也就是"处变不惊、清醒从容、有所执着、敢于担待、'立于天地之间'的道德人格"，这就是主体性道德人格的内涵。

三、社区德育主体

问题导读

- 社区德育概念的提出？
- 社区德育主体是什么？

社区是进行一定的社会活动，具有某种互动关系和共同文化维系力的人群共同体及其活动领域。它不是一个单纯的地理概念 ，通常指的是县(含县级市、区)以下行政区划的区域性小社会，带有较强的共地性、共生性，甚至呈现出生活方式、行为规范和习惯的共同性和相似性。构成社区的要素主要有六个，即一定的区域、一定数量的人口、一定的制度和组织管理系统、基本相同的经济发展水平和社会意识、一定的社会规范和行为准则、一定的服务设施。社区就是社会的一部分，一个区域，我们每个人都生活在一定的社会环境里，也生活在一定的社区里，我们都是"社区人"。

在我国现阶段，市场经济的发展为社区发展奠定了坚实的基础。现实情况表明，我国的社会组织形态正在逐步发生变化，政府职能和财政功能正在由经济建设型向公共服务型转化，社区的作用越来越大，社区日益显示出强大的社会组织功能。随着多种所有制经济形式的共同发展和社会保障体系的建立和完善，人们的社区意识和归属感与日俱增，在计划经济时代占统治地位的"单位人"逐步向"社区人"转化。

社区德育是一个崭新的概念。提出这个概念是社会发展的必然结果，是教育改革和发展的必然要求。按照社会学的观点，社区德育是在一定地域内借助社会控制手段，如政权、法律、制度、纪律、团体、教育、宗教、道德、风俗、艺术、舆论等，使人接受通行的价值观念，遵从相应的社会规范。按照教育学的观点，社区德育即是教育者利用各种社区教育资源，根据一定社会（或阶级）的要求，有目的、有计划地对受教育者施加影响，把社会对受教育者在政治、思想、道德等方面的要求，转化为受教育者的思想品德，以促进其社会化。按照心理学的观点，社区德育是指由社区组织实施的，旨在对社会群体意识和个体品德产生特定影响的活动。按照政治学的观点，社区德育是社区上层建筑为维护阶级和国家政权利益所进行的宣传、教育活动。

综上所述，笔者认为社区德育就是以一定社区为主体，以一定学校为核心开展的儿童青少年思想品德教育活动，它是社区教育的重要组成部分。社区德育是一项社会系统工程，它不仅涉及德育方针、原则、内容、途径和方法，还包含了教育者和受教育者与德育环境相互作用的关系。社区德育的系统性决定其实效性是教育者、受教育者和德育环境三方面互相作用的结果。在社区环境中，只有联合动员社区各方面的力量都来关心、支持社区德育，学校、家庭、社会形成合力，社区德育才能取得良好效果。

在德育系统整体运行过程中，家庭德育是基础环节，学校德育是关键环节，社会教育是重要补充。家庭德育是形成和培养青少年人格与个性的重要因素。家长是儿童最早的教育者，家长的言谈举止、思想作风、待人处事、生活习惯，以及对子女的要求和为子女所造成的生活、文化环境等，都会对青少年产生重要的影响。学校道德是对青少年进行思想、政治、品德教育的主要阵地，学生每天大部分或全部时间是在学校中度过，系统科学的、有目的、有计划、有组织的学校德育对青少年德性健康成长起着主导作用，它对家庭、社会教育也产生导向、示范和辐射影响。社会教育作为家庭、学校以外的德育运行空间，具有极大的覆盖面、极强的辐射力和综合的渗透力。它通过营造良好的环境氛围和培养青少年的社会意识、社会归属感，对其施加潜移默化的德育影响，并对家庭、学校所传授的思想道德观念进行强化和制约，最终对其价值取向和行为方式产生决定性影响。因此，社区德育的主体包括学校、家庭、社区和学生自己，互相渗透，彼此依赖，既相对独立，又互为统一，既相互制约，又互为促进，以其目标上的一致性、内容上的相似性、途径和方法的互补性构成一个完善的德育运行系统。

可以说人人都是教育者,都是社区德育的参与者,人人又都是受教育者。

第二节 学校德育的主导作用

一、学校德育的时代特点

问题导读

●学校德育有哪些独特的时代特点?

●这些时代特点如何体现在学校德育的实践中?

道德教育是道德活动的重要形式之一,它指一定社会或集团为使人们自觉遵循其道德行为准则,履行对社会和他人的相应义务,而有组织有计划地施加系统的道德影响。它是一定社会或集团的道德要求转化为人们内在品质的重要条件之一。大多数国家的学校德育限指道德教育,我国学校德育泛指政治教育、思想教育、道德教育等。政治教育指形成学生一定政治观念、信念和政治信仰的教育;思想教育是形成学生一定世界观、人生观的教育;道德教育即促进学生道德发展的教育。学校德育有明确的目标体系,系统的德育内容和德育课程体系,实施德育的管理体系。学校德育具有与家庭教育和社会教育所不同的时代特点。

(一)职能的专门性

学校是专门培养教育人的场所,学校德育与社区德育、家庭德育相比,其不同之处首要的便是学校德育的专门性。学校德育的专门性特点主要表现在任务的专一。学校唯一的使命是培养人,其他任务都是围绕着培养人来实现的。学校德育有专门的德育工作者——教师,他们都是经过严格选拔并经过专门训练培养出来的。这样的教育者不仅学识广博、品德高尚,而且懂得教育规律和教育方法,保证了学校德育的有效性。学校的科学思想、科学精神、科学思维方式、信仰倾向,对当地人们的思想信仰、价值结构以潜移默化的方式起着价值观导向的作用。

(二)内容的系统性

学校具有文化的传递、继承和发展的功能,是各种优秀的文化道德思想的集中地,学校对各种社会影响都要进行筛选、吸收、调节和整合。[1] 学校德育内

① 班华.现代德育论(第二版)[M].合肥:安徽人民出版社,2001:207.

容特别注重内在连续性和系统性。社会教育和家庭教育在内容上一般具有片断性。即使是有计划性的社会教育，也往往是阶段性，就其知识总体来说也具有片断性。学校德育既注意知识体系，又要符合认识规律，所以，德育体系是系统的、完整的。教育内容的完整性和系统性是学校德育的一个重要特点。

（三）形式的稳定性

学校德育形态比较稳定。它有稳定的教育场所、稳定的教育者、稳定的教育对象和稳定的教育内容，以及稳定的教育秩序等。学校德育的这种稳定性，更有利于个人的发展。当然，稳定是相对而言的，它也要有相应的改革变化。稳定不是僵化，如果把相对稳定看作是墨守成规、僵死不变，那就必然要走向反面。

（四）手段的有效性

学校具有从事道德教育的完备的教育设施和专门的教学设备，如声像影视等直观教具，实验实习基地等等，都是学校德育的有效手段。这些都是保证教学顺利进行的不可缺少的物质条件，这是社会教育和家庭教育所无法全面提供的。同时，在社区文化设施尚不完备，社会文化力量尚薄弱的地区，学校的文化活动往往是当地文化活动的核心内容。学校是一支稳定的、庞大的队伍，其活动能力是社区其他力量所不可比拟的。

二、学校德育的主导作用

问题导读

- 学校德育的主导作用体现在哪些方面？
- 学校德育如何发挥社区德育的窗口作用？
- 学校德育如何做好社区德育的纽带？
- 学校如何发挥学生品德形成主阵地的作用？

学校在社区德育网络中所具有的独特的时代特点，决定了它在社会德育网络中的地位以及它所具有的主导的、积极的作用，具体体现在以下三个方面：

（一）学校德育是社区文明的窗口——辐射作用

学校是社区精神文明建设的中坚力量，学校德育是社区德育的重要组成部分。作为社区德育的主要阵地，学校德育的好坏，直接关系到社区德育的成败。学校德育在促进精神文明建设，优化德育环境方面具有重要的意义。

1. 道德同化作用

学生接受学校道德教育后将道德思想观念带到家庭与社会生活中去。学校利用广播、报刊等宣传工具进行道德价值观传播，以形成社区居民积极的价值观。

2. 文化宣传作用

学校可以组织学生利用各种文艺形式进行文化宣传，提高全社区成员的素质和文化水平。

3. 形成良好的社区文化环境

学校要建设好校园文化，同时也应对社区文化建设贡献一份力量，特别是在农村地区，学校应充分发挥优化社区文化环境的作用，使社区居民过上文明健康的精神生活。因此，学校必须把德育工作摆放在学校教育工作的首位，以德立校，坚持德育创新，把学校建设成文明社区的窗口。

信息浪花

我校是一所农村初级中学，自始至终重视学校环境文化建设。近年来，多方筹措资金，用于校园环境建设，使校园焕发出勃勃生机。当你走进校园，不仅感到整洁美丽，更感觉到浓厚的文化教育氛围。如鲜艳的花草、葱葱的树木、典雅别致的假山喷泉、形象逼真的雕塑、灯厢式的标语牌以及图文并茂的文化长廊等，随时都起到"润物细无声"的作用。在此基础上，学校提出了"校园无小事，事事育人；校园无闲人，人人育人；校园无空处，处处育人"的德育理念，广大教工积极参与德育实践活动，学校领导通过卓有成效的管理、良好的工作作风育人，每个教师通过关爱学生、严谨治学的教学活动育人，所有职工通过耐心周到的工作服务育人。同时，还把学校德育融入社区德育之中，以学校德育带动社区德育，为社区德育创造必要条件，提供成功经验，使学校真正成为社区德育的窗口，受到各级领导和社区群众的一致好评。学校党支部连续五年被镇党委授予"文明单位"，有力地推动了社区德育工作的开展。

（资料来源：湖北省钟祥市丰乐镇杨集初中社区德育课题结题报告）

（二）学校德育是社区德育体系的纽带——调节作用

在社区德育网络中，作为专门的教育机构，学校既是联系学生家庭的纽带，又是联系社会的纽带，在协调学校、家庭、社会三方面的教育影响上具有重要的作用。只有充分发挥其优势，社区德育才能搞活，使三方面力量有机合成一体化的教育共同体，形成目标一致的教育活力，以发挥教育整体效益。每个家长都期盼自己的子女健康成长，有着与学校配合的主观愿望，这是学校与家庭密切合作的基础。教师要主动与家庭经常沟通，保持联系，和家长在一起研究学生、认识学生，共同探讨符合学生实际的教育方法。校长和老师既要善待学生，也要善待家长，让家长从教师对学生的关爱中感受温暖，感受教育的伟大。

信息浪花

近年来，我校“坚持学校工作都是为了服务学生、服务家长、服务社会”的办学宗旨，结合农村家校实际，除了运用家访、家长学校、家长委员会、家长会议、家校联系卡、发放教工电话号码录等形式进行家校沟通外，我们还创造机会让家长参与学校教育活动，共同探讨教育学生之大计。具体做法：一是开放德育课堂，鼓励家长参与其中，和教师研讨德育课的上法，有时直接做德育的主持者。二是聘请家长做一回“班主任”，时间为一天或半天。家长到校后，先领取“值日班主任工作职责”和“值日班主任工作检查记录表”，然后下班听课和检查工作，值日结束时，将记录表交给班主任。三是学校和家长联手评价学生。学期初制定学生素质综合评价内容及标准时，聘请家长参与；举办活动时，特邀家长参与学生评价；学期结束时，先学生自评，然后教师复评，最后家长终评。通过让家长参与学校的教育教学活动，使家长了解到学校到底在教学生们学什么、做什么，从中得到教育自己孩子的启示和新方法。同时，他们观察到学校、班级情况，提出一些有参与价值的管理意见和建议，有利促进学校德育工作。

社会是个大课堂，学校只有加强与社会各方面的联系，把学生放入社会大熔炉里锻炼，才能培养出时代的精品。因此，我校结合农村实际，采取“走出去，请进来”的办法，将学校与小社区、大社会紧密联系在一起，形成育人的合力。所谓“走出去”，就是让学生走出校门，走入社会、迈进生活、进行自我教育实践活动。我们利用社区服务的资源优势，引导学生走进集贸市场、商店，学习怎样接待顾客、给商品分类、了解食品保质期、结算、识别真假货币等；走进社区医疗服务机构，学习医疗保健知识，如打针、量血压、测体温、煎药等。所谓“请进来”，就是将社区教育资源引进校园，对师生进行教育的活动。每学期我校都将请老党员、老干部进校给师生上革命传统教育课；请公安干警、法官，律师给师生上安全教育和法制课；请农业技术员给学生讲农作物、蔬菜和果树栽培技术；请现役军人对学生进行国防教育；请医生、护士给学生讲卫生保健、预防传染病等知识。通过让学生参与社区活动，既增长了知识，又培养了品质，还增强了能力。

（资料来源：湖北省钟祥市丰乐镇杨集初中社区德育课题结题报告）

（三）学校德育是学生品德形成的主阵地——导向作用

学校德育是德育教育的主要实施者，肩负着塑造人的完美人格和高尚精神世界的基本职责，教育归根结底是培养对家庭对社会有用的人才，所以学校教育不仅要重视学生知识的积累和更新，注重培养学生良好的习惯，更重要的是培养学生良好的品质，把理论知识变成实际技能，让学生在实践中应用，学用相长，才能达到最终的教育目的。教育实践表明，要想使学生在各方面都健康正常地发展，取得最优化的教育效果必须以学校为中心，奏好学校教育、家庭教育、社会教育三结合的“交响曲”。

我国社会进入转型期，不良影视文化、网络信息及网吧、游戏机厅等不健康娱乐场所对学生课余生活的负面影响越来越大；加上重组家庭比例增多，家庭结构残缺，使孩子缺乏父爱或母爱，家庭教育难以同学校教育保持一致，导致有些孩子性格孤僻、脆弱、自卑或具有过强的自尊心，有的甚至贪图享受、自私自利、缺乏责任感。这些新情况新问题对学校德育工作提出了严峻的挑战。这就迫切要求学校切实加强学生思想道德建设，真正落实育人为本、德育为首的教育目标。学校德育特点决定了青少年健康成长所需的爱国主义教育、日常行为养成教育、心理健康教育、法律法规教育等都必须通过学校这方主阵地加以完成。

社区德育系统中所有成员的德育理论水平及其教育能力，是正确把握教育方向和充分发挥社区德育活动力的基础，学校通过与各种组织的联络，举办德育讲座，开办家长学校，组织德育经验交流以及开展教育理论学习研讨活动等，在社区成员传授教育学、心理学知识，宣传学校德育的目标、要求，提高社区成员的德育理论水平，确定正确的德育思想观念，从而把握德育的方向，防止、矫正、消除可能产生的各种不良影响，对社区德育工作起到积极的导向作用。

第三节　社会教育的决定作用

“社会教育”作为一个特定的概念出现，最早是在 1835 年，由德育的教育学者狄斯特威格在《德国教师陶冶的引路者》中使用的。社会教育的定义有很多，目前国内的学者一般从广义和狭义两个角度理解社会教育。侯怀银认为：“广义的社会教育，是指有意识地培养人、并使人身心发展的各种社会活动；狭义的社会教育，只指由政府、公共团体或私人所设立的社会文化教育机构对社会全体成员所进行的有目的、有系统、有组织、独立的教育活动。”①显然，我们现在所

① 由雪．浅析我国青少年社会教育[J]．教育教学研究．2009 年 36 期．

说的社会教育是指狭义的社会教育，具体体现在社区对社区全体成员所进行的教育。

社会教育是学校教育、家庭教育的延伸和发展，通过环境熏陶、社会活动和媒体宣传对人施加影响，同时也为配合学校素质教育提供场地和机会。实行教育改革，开展社会教育，是实现教育社会化和社会教育化，建立终身教育体系，提高全民素质的有效途径。社会氛围、社会环境对学校教育、家庭教育，对学生成长产生着巨大的、直接的影响。以社区为例，社区是青少年生活的直接场所，对青少年的社会教育具有最直接、最深刻的影响。当前我国社会也比较重视社区教育的发展，强调以社区的力量推动青少年社会教育的基础性工作。作为青少年社会教育的重要环节和场所，社区针对青少年的文化活动不应只是简单的娱乐，还应着眼于教育，重点在于培养青少年高尚的道德情操、良好的思想品质、优秀的社会公德、积极的进取精神。社区成员是青少年教育的丰富的人力资源，尤其是那些拥有高科技生产管理知识与技能的科技人员、专业文化工作者和医务工作者，我们完全可以发动上述人员凭借自身的优势对青少年的社会教育言传身教，为青少年成长营造好的文化氛围，使青少年在高雅、健康、活泼的文化气氛中茁壮成长。

一、社会教育的时代特点

问题导读

- 社会教育有哪些独特的时代特点？
- 这些特点如何体现在社会教育的实践中？

社会教育在培养受教育者知、情、意、行的过程中体现出综合协调性、复杂多样性、开放灵活性、全员、全程和全方位性等特点。

（一）综合协调性

社会教育是一种区域性、整体性、系统性的教育管理活动，同时又是一种组织协调社区内外各种力量参与社区德育实践，为提高青少年素质，促进社区经济文化发展而提供服务的德育新机制，因而具有较强的综合协调性。加强社会教育需要全党、全社会的关心支持，需要各级教育行政部门在党委、政府的领导下，积极争取宣传媒体、新闻出版、公安政法等部门和工会、共青团、妇联等群众、社会团体的支持，坚持不懈地治理整顿社区治安，特别是校园周边环境，调整广播电视节目内容，加强各种音像制品的审查，消除黄色书刊、音像制品的不良影响，切实加强对游戏机室、歌舞厅、网吧等的管理，千方百计地消除危害人民群众身心健康、误导青少年违法犯罪的社会因素，共同创建和谐、健康的育人环境，以实现其综合育人的保障功能，促进人们身心健康发展。

信息浪花

2013 年 10 月 4 日下午，汉口姑嫂树前街一家网吧，两名青少年因上网时唱歌引发争执，冲动之下，其中一名青少年将另一人当场刺死。现场血迹未干，几名背着书包的中学生又往这家网吧里钻。

事发于 4 日下午 2 时许。出事的网吧处于一片待拆迁区域，其房屋外墙上还涂着“拆”字。马路对面，是武汉某中学初中部。

一名向本报爆料的目击者，当时正好在该网吧上网，目睹了事发全过程。据这名目击者介绍，遇害者和行凶者的家庭均租住在附近。行凶者胡某无业，遇害者则在几天前才从外地来到父母身边。事发前，胡某边上网边唱歌，引发坐在身旁的遇害者不满，两人发生争执。随后，胡某起身离开网吧，不久后返回，手持刀具刺向遇害者，之后快速逃离现场。救护车赶到后，遇害者已经死亡。

记者在现场看到，这家网吧内约有二三十台电脑，悲剧发生后，网吧已被警方封锁调查。网吧老板前往派出所配合警方调查。

现场一名居民告诉记者，这家网吧经营多年，两三年前，网吧曾被有关部门查处过一次，关门几天后，又重新开张。每到放学时间和周末，这家网吧里总少不了学生的身影，甚至在上课时间，也可以看到学生们在此上网。①

（二）复杂多样性

人们在社区生活中随时随地都要受到来自社会环境的影响。社会纷繁复杂，我们生活的世界瞬息万变，因此，以使人适应社会为目标的社区德育自然带有复杂多样的特征。环境影响人，人也改变着环境。环境对人的影响是自发的，环境只有在教育的组织和利用下，才能向着社会所要求的方向，对人的发展起积极作用。而社区德育却是一个主动作为的过程，能够对社区环境影响加以鉴别和筛选。新时期社区环境朝着经济成分和经济利益多元化、社会生活方式多元化、社会组织形式多元化方向发展，这种变化导致青少年的自身需求、利益和价值取向也呈现出多样性和复杂性，它们或明或隐、或多或少会反映到青少年的德性成长过程中来。社区德育应该主动适应这种变化，转变思想，及时调整教育目标，改革德育内容、方法，最大限度地发挥社区环境中的积极因素，屏

① 楚天都市报，2013 年 10 月 5 日。

蔽、过滤和抵制消极因素对人们的影响，使其收到实效。

（三）开放灵活性

社区德育发展是德育观念转变的产物。从以往单一依靠学校德育到利用社会资源、面向社会办学，进而发展到学校、家庭、社区三位一体的综合育人格局，这一转变过程本身就包含着革命性的突破。社会教育利用广泛的社会教育机构和教育设施来开展工作，它属于一个开放的、动态发展的育人体系，在内容和形式上要面向社会、面向市民，与时代合拍。从社会教育的物质依托不断更新换代，到先进的德育理论、德育方法的引进和实施，处处洋溢着开放、进取的时代气息。随着知识经济的脚步日益临近，以培养创新意识、效率意识、全球意识、信息意识、合作意识、环境意识等为突破口的社会教育必将更具开放性。

社会教育同家庭教育、学校教育相比，在其采用的德育方式上，往往是寓德育于公共服务活动和丰富多彩的社区文化活动之中。社会教育既沿用传统的理论灌输方式，也采用了大量非灌输式德育方法。即通过引导青少年参与现实生活过程，采取直接的与间接的、显性的与隐性的、行政的与民间的、教育的与环境的多种手段结合，多渠道贯通，从德性认知、情感意志、行为规范等多个环节着力，全面提高青少年的德性修养，反映了社会教育的灵活多样性。

（四）全员全程和全方位性

社会教育需要全员、全程、全方位育人。“全员”指全社会成员人人都要参与社会教育，人人都是社会教育网络中的一分子，担当相应的角色和责任。社会教育的全员性是全民教育观念在德育中的生动体现。《面向21世纪教育振兴行动计划》中强调了“要动员全社会力量，家庭、学校和社会协调配合，为提高全民族的教育文化水平而努力奋斗”，充分凸显和肯定了社会教育全员参与这一特征。“全程”是指全时空。社会即学校，生活即学习，社会教育无时不有，无处不在。在家庭、学校、社会生活的各个层面，从婴儿呱呱坠地到走进坟墓之前的各个阶段，社会教育都可以有所作为，对青少年的思想、品德潜移默化。“全方位”是指社会教育作用范围广泛，从德性认知、情感、意志、动机、行为、评价等各个环节对人们的德性萌发、养成、转化进行全程关照，通过不同的社会群体履行不同的德育功能，从而实现对青少年德性的全方位培养。心理学界认为，人的德性发展会随着生理、心理机能的成熟以及时代的变化和社会的进步不断地补充新的内容，更换新的形式。社会教育对青少年的德性养成实施全员、全程、全方位的关照，符合德性发展的内在规律，因而具有极强的生命力和开发前景。

二、社会教育的决定作用

问题导读

●社会教育在社区德育体系中的决定作用是什么？

●社会教育对青少年道德教育的影响？

●社会教育与学校教育、家庭教育的关系？

（一）社会教育是整合对青少年的社会影响的需要

当前我国正处于社会转型期，急速发展变化的社会环境成为青少年面临着的数量巨大的社会影响源，必须通过发展社会教育来整合这些影响源，使它们有利于青少年成长。

信息浪花

大冶市实验小学把学生在校外时，无组织无目的的活动纳入在一定的管理和影响中，对学生进行正确引导的形式。学校社区教育工作者，可以让学生按自己的兴趣和意愿，自主选择参加某些小组活动。如：木工、电工、机械、航模、电动赛车、无线电、科技小制作等科技活动，诗歌、戏剧、乐器、舞蹈、书法、绘画、球类、武术等文体活动，以及夏令营、冬令营、少年民警、少年银行、少年记者、少年法庭等。总之，丰富多彩的校外活动，为学生提供了广阔的天地，既丰富了生活，广泛接触了社会，又培养了个性和特长。这是学校教育难以做到的。

（资料来源：湖北省大冶市实验小学社区德育课题结题报告）

（二）社会教育是青少年道德发展的需要

发展社会教育，有助于激发青少年在轻松的环境中产生道德学习兴趣，提高他们的道德水平。随着青少年年龄的增长，社会对他们的影响和作用越来越大。社会教育可为青少年提供学习和成长榜样。

信息浪花

我校充分利用社区德育资源开展德育活动，使学生在活动中通过反复观察、实践、反思，最终形成一定认识，掌握一些技能，养成良好的习惯。我校根据所在地的文化氛围、文化底蕴和文化特色，针对学生的认知实际，家长的需求实际，社会的适应实际，相继建立了敬老、消防、税法、环保、家长学校、社会实践、革命传统等社区德育基地。一是请进来。如重阳节当天，请社区老人到学校参加“关爱长辈·传承文明”主题大队会。通过给爷爷奶奶献鲜花、唱节日歌，为爷爷奶奶表演节目《实话实说话敬老》、听奶奶讲古人尊老敬老的感人故事等互动过程让社区老人度过了难忘的重阳节。会上学生代表向全市未成年人发出《"让道德之泉永驻心田"倡议》(倡议做到"五个一":为长辈让一次座、倒一杯茶、剪一次指甲、过一个节、说一句贴心的话),呼唤文明,推广文明,将中华传统美德代代相传。请老党员、干部进校上革命传统教育课;请社区各界人士为学校建设出谋划策,让学校接受家长和社会性的监督等等。二是走出去。充分利用社区德育资源弥补课堂教育和学校硬件的不足,让学生走出校门,进入家庭,走向社会。如利用人民银行小区的场地建立文体活动基地,开展全民健身活动、家庭体育比赛、家庭联谊会等,这些都成为促进队员之间、沟通家庭之间的友情的纽带,成为社区居民的又一休闲方式。在省第七个环卫节到来之际,带领学生来到环保基地(市环卫处),参观环卫修理厂,了解垃圾箱的制作流程工序、清洁车的构造等,采访在平凡的岗位上做出了不平凡的业绩的全国劳动模范、清洁工人梁开全,树立无论在什么岗位都可以做出成绩及劳动无贵贱的观念,培养了学生从小爱劳动、保护环保设施、争做"城市美容师"的好品质。

(资料来源:湖北省宜昌市西陵区东方红小学社区德育课题结题报告)

(三)社会教育是改善青少年学习的必然要求

一直以来,社会对青少年学习的认识存在着很强的片面性,忽略了包括社会认知、社会经验以及社会情感等的社会知识的学习,而这些社会知识的学习对于每一个终将走向社会的青少年来说是至关重要的。

信息浪花

古城襄阳有许多名胜古迹:三国时诸葛亮出山的隆中,南漳水镜先生生活的水镜庄,还有唐代著名山水田园诗人孟浩然隐逸之所鹿门寺,宋代书法家米芾的纪念馆——米公祠,被誉为中国三大影壁之一的"绿影壁"。今有代表时代发展与科技进步的锦绣园、神农园,反映现代文明的汉江大道,还有宽阔明亮的诸葛亮广场,等等。《三国演义》中的故事,有四十回发生在襄阳。襄阳市第三十一中学通过组织学生参观隆中、水镜庄等三国故地,讲三国故事,让学生体会历史人物所具备的智慧与美德,受到古文化的熏陶,在感叹家乡景色美的同时,更为家乡的风景名胜和文化名人而感到骄傲,从而激发尚学之情。组织学生参观锦绣园、神农园等景区,学生们由此感觉到一种淳朴的农家风格以及现代农业的发明成果,切身体会到"科学技术是第一生产力",从而激发学生立志为把家乡建设得更加美好而勤奋学习的学习热情。另外,充分利用社区其他资源,如宽阔气派的诸葛亮广场,别致新颖的沿江大道等人文景观,让学生感受到时代在发展,家乡也在与时俱进,从而激发学生热爱襄阳、建设襄阳、美化襄阳、发展襄阳的信心和决心。

(资料来源:湖北省襄阳市第三十一中学社区德育课题结题报告)

(四) 社会教育是弥补家庭教育和学校德育不足的重要途径

家庭教育是个体社会化的出发点,儿童最初获得知识技能,养成习惯,形成道德和价值观等,一般源于家庭生活,而儿童社会化的完成需要在社会环境中进行。从家庭、社会的对应、相关和同质上,我们可以看出在教育目的、价值取向上二者是基本一致的,但社会作为人们赖以生存和发展的重要场所,它会通过一定的形式提出教育目的、行为标准,希望社会成员能向着预期的方向发展。现在学校教育本身存在着很多问题,例如,理论脱离实际,缺乏创造性,不能很好地满足个性发展的需要等,而由于社会教育内容丰富、方法灵活,既能发展能力,又能巩固学生在学校所学的知识、技能和技巧,从而可以提高学校德育的实效。

开发、利用社会德育资源,加强德育力度基本上有以下几种做法:(1)组建校外德育队伍,使校内、校外德育队伍组合为整体德育力量。每个学校所在地区内退休的干部、工人、农民、军人以及各类先进人物可被聘为兼职教师或校外辅导员,他们充分利用自己独特的工作经历,以报告、讲座、谈心等各种形式对学生进行教育,具有真实可信的特征。(2)建立校外德育基地,使学校教育与社区教育结合,进一步提高德育整体有效性。校外德育基地有多种类型。开发、利用革命遗址、历史文物、纪念场馆、重大建设工程等设施,作为进行爱国主义教育、社会主义教育基地。与工厂、农村、部队挂钩,建立劳动、军训、社会调查基地;利用社区文化娱乐设施、体育场(馆)作为课外文体活动基地等。①

信息浪花

上海市真如中学社会教育委员会章程②

总　则

第一条　真如中学社会教育委员会的性质,是以学校为中心,由镇政府、乡政府、学校、工厂、部队、农村等单位参与教育管理,促进教育发展,推进社区物质文明、精神文明建设的跨行业、跨系统的横向群众组织。

第二条　真如中学社会教育委员会宗旨

(一)实践马克思、恩格斯关于学校教育必须同家庭教育、社会教育密切配合的教导,以学校为中心,政府协调,社会参与,"双向"服务,共育人才为目的,努力实现教育社会化,社会教育化。

---

① 班华.现代德育论(第二版)[M].合肥:安徽人民出版社,2001:198.

② 真如中学社会教育委员会.社区教育新探[M].上海:华东化工学院出版社,1991:1-3.

(二)充分组织、动员社区各界了解教育,支持教育,参与教育,为振兴真如中学做贡献。

(三)坚持“教育必须为社会主义建设服务,社会主义建设必须依靠教育”的根本方针,贯彻互惠互利原则。充分发挥各方面优势,共建“两个文明”。

第三条　真如中学社会教育委员会任务

(一)宣传“百年大计,教育为本”的思想,形成尊师重教的良好的社会风气,落实尊师重教的各项措施。

(二)共商办好真如中学大计。学校定期向理事会汇报工作,共商共研学校中心工作,解决工作中存在的困难,全力提高学校教育、教学质量。

(三)参与学校教育管理,及时反馈社会信息,向学校提出办学建议,培养适应社会经济发展需要的德、智、体、美、劳全面发展的人才。

(四)坚持“双向”服务,共创“两个文明”。

1. 学校为适应改革、开放,培养现代化各层次合格人才需要,各理事单位为学校提供学生学工、学农,开辟第二渠道的基地,为教师提供教学、科研基地。

2. 为实现德育一体化,根据教育网络,社会、家庭要配合学校对学生进行军训,开展爱国主义、爱社区教育,实施道德规范教育。

3. 学校以知识分子集中、文化素质较高优势积极为社会提供文化咨询,举办文化短训班,开展社会公益劳动,为社区文明建设尽责任。

(五)筹集资金,扶植校厂。

1. 社会教育委员会每年为学校筹集一次资金,用以改善办学条件。

2. 扶植校办厂。“造血”创收,用以改善师生集体福利。

第四条　组织机构

(一)真如中学社会教育委员会成立理事会,由二十七个单位组成。其中理事长单位是:真如镇人民政府、长征乡人民政府、上海铁道学院、长江塑料编织厂、长征乡五星村、真如中学。

(二)理事会成立了管理组、教学组、德育组参与学校教育管理和咨询。

第五条　活动形式

社会教育委员会每学期召开两至三次理事会,会议由理事长单位轮流召开,理事长任东道主。

第六条　协调工作

真如中学社会教育委员会,根据市区教育行政部门的工作部署,根据镇社区教育委员会、区社区教育委员会意见,协调学校的各方面工作。

附　则

第七条　本章程在实践过程中,根据实际,经理事会讨论,可以进行修改。

第八条　本章程自一九八六年九月三十日真如中学社会教育委员会成立起生效。

第四节　家庭教育的深刻影响

家庭教育是人生的奠基性教育。当孩子从呱呱落地的那天起，做父母的就成了自己孩子的第一任教师，肩负起对孩子教育的重任。父母的一言一行、一举一动直接影响着孩子。我们古代的《周易・家人》已认识到“教先从家始”，《礼记・大学》也强调“欲治其国，先齐其家”，所谓“先齐其家”就是强调搞好家庭教育。德育著名教育家福禄贝尔也曾指出：“国家的命运与其说是操纵在掌权者手中，不如说是掌握在母亲手中。”可见家庭教育不仅关系到少年儿童的健康成长和千家万户的幸福，而且关系到国家的未来和社会的正常运行与可持续发展。

家庭教育指在家庭里，由父母或其他年长者按照一定社会的要求，自觉或不自觉地运用各自家庭所具有的条件和自己的言传身教，对年轻一代施加的教育影响。任何人的成长发展，都是学校、社会和家庭共同作用的结果，家庭教育作为一种独立的教育形态，具有其他教育所不能替代的特殊地位和重要作用。家庭德育是家庭教育的核心和灵魂。儿童青少年智力开发和文化学习的任务主要在学校，家庭教育只起辅助作用；而家庭教育的主要功能在于培养子女如何“做人”方面，即育德。

一、家庭教育的时代特点

问题导读

●新时代的家庭教育具有哪些特点？

●这些特点如何体现在家庭教育的实践中？

（一）耳濡目染、潜移默化的渗透性

家庭教育虽然也是一种有目的、有意识的积极影响过程，但又不同于学校德育，即直接、形象地通过各科教学或各种德育活动来进行，它是在自然状态的各种日常活动中进行的。家庭教育与家庭生活具有统一性，这使传统的家庭教育不仅仅局限在父母对子女的道德谈话和品德评价上，而是融于整个家庭的各项活动中。父母作为子女的第一任老师，他们的劳动态度、兴趣爱好、行为习惯等个性特征都是孩子们模仿的榜样。家庭教育是一个持续时间长、反复波动的过程，年轻一代在家庭生活的时间比其他任何一种活动的时间都长，接触家庭成员的时间也就特别地多，尤其是接触父母的机会更多，因此受到父母潜移默

化的影响就越大。可以说，无论是从家庭成员之间的情感，还是从伦理道德的内在关系来看，家庭一直对他们的品德形成起着陶冶作用，所以父母是子女的终身教师，家庭的人际氛围、文化素养、生活习惯等都会在耳濡目染的作用下，渗透到孩子们的思想意识中去。

（二）实施过程中的双向互动性

家庭教育是在家庭环境中，通过家庭成员之间的相互影响来实施的。在传统意识占优势的旧家庭中，由于受几千年封建思想的影响，家庭内部成员之间，特别是长辈与晚辈之间的等级观念非常鲜明，对长辈而言，家庭德育是一个发出指令的过程，而对于晚辈而言，家庭德育就是一个接受服从的过程，这是一种建立在不平等关系上的单向性德育影响。在进入 21 世纪后，家庭德育成员之间形成了一种新型的德育关系。首先，子女自主意识增强，渴求亲子之间的平等交流，亲子两代人在家庭中处于平等的地位。其次，孩子在社会化过程中，对成年人的影响也在不断增大。社会上的新知识、新观念、新事物层出不穷，而成年人对新情况的适应能力远不如孩子强，孩子们在接受成年人教育的同时也在不断向成年人提供新的信息和生活方式，家庭成员之间是一种双向性的积极互动的影响过程。

（三）血缘伦理上的权威性

权威是一种不可怀疑的长者的力量，它具有强大的人格感化作用，是一种无声无形的教育力量。家庭是以血缘为基础建立起来的社会基层组织，家庭内部的人与人之间最重要的关系就体现在父母与子女的亲子关系上，这种关系不仅受到法律的确认和保护，存在着一定程度的不可离异性，同时也产生着一种本能的依恋情感，父母对子女的爱以及子女对父母的爱是一种无比天真、纯朴、自然、深厚的爱，子女对父母的批评教育比其他教育更容易接受，即使是较为苛刻的斥责，也很少抱怨和记恨。所以，在家庭教育中的这种血缘伦理上的权威性具有巨大的教育感化作用。当然，这种权威也不能只依靠父母在家庭中的地位和权势来获得，更多地应依靠父母的高尚情操、事业心、责任心等个人品德来换取，因为父母的示范对儿童世界观和道德观念的建立起着定势作用，否则，“沈鹏弑母”[①]的惨剧还会出现。

---

① 2000 年 12 月，年仅 18 岁的成都少年沈鹏先用围裙将其母亲勒死，随后又手执菜刀杀伤其父，沈鹏最后自杀未遂。

(四)遇物则诲的灵活性

家庭教育具有与家庭生活相统一的特征,儿童生在家庭,长在家庭,与家庭成员朝夕相处、休戚与共,这为家庭教育的进行提供了广阔的空间和范围,使其成为了家庭生活中经常性的活动。家庭德育是通过日常生活或在与孩子共同的活动中,利用每个可以利用的机会,对孩子的道德观念、道德判断力、道德情感和道德行为习惯进行影响和训练的,家庭成员对儿童的道德教育时时处处都在进行,显得非常灵活。如带孩子逛公园时,可以教育孩子爱惜花草树木,不要随意采摘,从而进行爱护大自然的教育;看见法院的判决公告,就要对孩子进行遵纪守法的教育。这些都充分体现了家庭教育的遇物则诲的灵活性。①

二、家庭教育的深刻影响

问题导读

●家庭教育如何影响个人的成长与发展?

●家庭教育如何影响社会的稳定和进步?

家庭是社会的细胞,是以一定的婚姻关系、血缘关系或收养关系组合起来的初级社会群体,也是个人最初加入的群体,是个人与社会联系的桥梁。在人类发展的历史长河中,家庭虽然在社会生产和生活中的作用和地位发生了许多变化,但它始终担负着生育、抚养和教育子女的重任,是学校教育和社会教育的基础。近年来西方国家关于家庭教育作用的一些研究表明,面对日益纷繁复杂且难以调控的社会环境,面对学校德育实效日趋下降的现实,家庭教育显示了它前所未有的作用,一些西方学者估计,家庭教育对青少年发展的影响可以占到30%—50%。

理论撷英

当前家庭教育方式的主要类型②

第一,本末倒置型。教育孩子的思路应该呈金字塔形,越在小的时候分量越重。"三岁看老""桑条服小育"都说明早期教育的重要性。但是家长往往舍不得在小时候教育孩子,或者忽视孩子小时候的教育。等孩子长大了,坏脾气也形成了,家长却觉得教育的时间到了,但那时教育的难度大了,甚至已经有点

① 阮学勇、卢佳.论当代家庭德育的特点[J].西昌师范高等专科学校学报,2002年03期.

② 何明艳.从家庭教育的现状看学校教育如何与家庭教育相结合[J].家长学校,2007年20期.

为时过晚了。

第二,望子成龙型。这是典型的中国特色的家庭教育,占有相当的比重。家长们因为历史的原因,常常把自身成长过程中的种种“遗憾”,用最美好的“希望”寄托在孩子身上,因而对孩子成长的期望值较高。

第三,放任自流型。孩子成长时期也正是家长奔事业的时期。许多家长因为忙事业而无暇顾及孩子的教育,或因为自身的局限而无奈放弃孩子的教育。许多家长把教育子女的事情让位于祖父祖母、外祖父外祖母等“隔代人”。于是,长辈们的晚年生活都以孩子为“中心”。孩子许多的不良行为和习惯,就在长辈无微不至的“关爱”中养成。

(一)家庭教育对个人成长与发展的深刻影响

1. 家庭教育在教导受教育者(子女)一定的社会基本道德规范,形成基本道德行为方面起重要作用

每一个人从出生到成熟,都经历了一个从自然人到社会人的发展过程。在此发展过程中,除必须具备一定的知识技能技巧外,还必须学习和遵循一定社会的行为规则、道德规范,具备一定的政治思想观念。而这些规范、观念首先来源于儿童最初接触的环境——家庭和最初的老师——家长,家庭成员之间的道德关系、行为规范、家长的榜样示范、家长的品德教育和引导,这一切都将为此时处于可塑性极强阶段的儿童去积极模仿、学习、认同、实践,逐渐内化成儿童自己的一套道德行为方式和一定的道德观念,用以调整自己和他人和社会的关系。儿童进入学校,进入社会,其品德的发展是建立在家庭德育的基础上的,由于家庭德育的基础性和影响的深刻性,这个基础成为儿童品德发展的背景。儿童进入学校,进入社会,家庭德育并没有结束,它强有力地制约着学校德育和社会德育。这种制约,在重视家庭伦理道德教育的中国,甚至可以持续影响人的一生。

2. 家庭教育在指导个体发展方向、目标,形成个人理想等方面起着重要作用

家庭德育能够直接满足受教育者(子女)品德发展的需要,给予受教育者心理机能的培养与锻炼,逐渐培养和树立一种符合社会需要的,满足受教育者精神需求的人生观、道德观。家庭教育的实施者主要是家长,家长对于子女品德方面的教育,如家长的政治态度、对人生和世界的看法、人格及理想、对子女的期望和引导,都会对孩子产生教育和影响。同时由于家长和子女的血缘关系,家庭生活又是一种面对面的活动,基本没有心理距离,感情融洽,因此,家庭德育活动就极易对受教育者的立场、情感、生活态度和目标、生活方式等方面产生

重大影响，甚至是终身影响。在现实生活中，一般的父母对子女都是抱有一定期望的，所谓“望子成龙、盼女成凤”便是天下父母的共同心愿。这种期望在家庭教育的早期以引导子女的兴趣发展、引导子女认识现实生活的意义为主，随着子女的年龄增长、学识的增加，这种期望的内涵也随之不断地具体和丰富。到了大学阶段，帮助子女树立远大的抱负和理想，并用自己全部的生活经验培养孩子的进取心，督促孩子不断成长、奋斗，从而使子女在人生道路上做出有价值的选择则是这种期望的最具体的体现和实施。纵观古今中外许多著名人物成功的历程，几乎无一不受家庭的熏陶感染，烙下家长人格的印痕，如岳母刺字“精忠报国”。当然，这并不是说家庭德育在任何情况下都能决定人以后发展的方向，社会发展、时代变迁等许多因素都会影响人的发展。但总而言之，家庭德育的这种作用是客观存在的，它为个体人一生的发展方向，形成个人理想、人格圈定了“底色”，并在个体发展中，与学校、社会共同作用，协调控制个体发展方向。

（二）家庭教育对社会稳定与进步的深刻影响

1. 通过家庭教育促进社会道德文化的传递和发展

一个民族、一个国家，在长期的生产生活过程中，积累和形成了自己特定的道德文化传统，包括思想信念、道德观念、价值取向、风俗习惯、生活方式等。家庭作为社会的基本组织，有两项非常重要的功能：一是生育功能——文明社会中人口的再生产只能由家庭来承担；二是教育功能，即家庭教育下一代，促使其良好的生活化。而要成为一个社会人，道德文化是不可能绕过遗传方式进行的，只能通过教育来传递，而家庭教育便是这种道德文化传递的起点和基础。瑞士著名教育家裴斯泰洛齐说：“道德教育最主要的场所在家庭。”纵观人类文明史，特别是强调“家庭感”的东亚文明史，可以发现，家庭德育活动在保存、传递、发展民族道德文化过程中起着基础性的作用。

2. 家庭教育通过传播一定社会（或阶级）的政治思想、道德规范、价值观念，维护了社会的稳定

家庭存在于一定的时代背景下，家庭德育的目的一般是为了使子女心灵及行为“向善”，即形成一种被时代和大多数人所认可和褒扬的政治思想和道德行为。一个家庭重视对子女的品德要求，家庭就会稳定和谐；全社会每一个家庭都重视子女的品德培养，社会就会形成良好的风尚。当代发达的资本主义国家如美国、日本、德国等，预防和减少犯罪，也越来越重视家庭教育，特别是家庭中的伦理道德教育和价值观教育。美国教育部部长曾呼吁全社会充分重视家庭教育，要求家长放慢生活节奏，多花时间和孩子在一起，限制孩子看电视的时

间，要求家长在行为举止方面为孩子树立榜样。在我国，教育界、心理学界、社会学界对家庭教育与子女成才、社会安宁的相互关系研究较多，结论是：重视家庭教育特别是家庭品德教育，是预防和减少青少年犯罪，保障社会稳定的重要措施。当前，在我国进行社会主义物质文明、精神文明和政治文明建设的过程中，充分重视并把家庭德育放在家庭教育的重要位置尤为重要。

3. 通过家庭教育向社会输送符合社会发展的合格公民

一定时代、一定国家，都需要通过教育向社会输送合格的公民。其中，家庭教育特别是家庭德育不仅是这种“输送”的基础、在一定时期更是一种特别重要的输送渠道。在我国古代社会，学校教育很不发达，一般奴隶、平民子弟的教育都在家中完成，家庭教育教会他们生产、生活的技能，同时也为培养该时代统治阶级所需要的驯服的“听天命”的“公民”起着重要的作用。随着社会的进步，学校教育空前发展，家庭德育的部分功能转移到了学校，但是，人们并没有轻视家庭德育，因为在培养具有社会所期望的政治立场、思想意识、道德观念的公民，家庭德育依旧发挥着基础性的作用。在我国进行全面建设小康社会的今天，家庭在培养政治上有当家做主意识、思想上有民主科学精神，具有高尚道德情操的社会主义公民方面的基础作用已经被越来越多的人所认同和重视。家庭德育通过陶冶人的思想道德，提高公民的精神文明程度和境界，进而提高劳动者劳动的主动性、积极性和创造性，从而推动社会生产力的不断发展。

第五节　青少年学生的主体能动性

发挥学生的德育主体性是现代德育发展的必然要求，它体现了现代德育的人性化走向，体现了以人为本的现代教育理念。鲁洁教授曾说过：“教育虽然存在着一种外部施加影响的过程，但是其主题却应是促进、改善受教育者主体自我建构、自我改建的实践活动的过程。”班华教授也指出：“对德育现代化或现代德育的理念，可以有多种理解，我认为其主要特征，就是关怀人、关怀人的个性发展，或者说它的根本精神就是以德育主体（儿童）的个人发展为本，走向主体——发展性的德育。这是现代人的发展和社会发展的要求，是时代的呼唤。”

一、青少年学生的主观能动性

问题导读

- 发挥青少年学生主体能动性的重要意义？
- 如何培养青少年学生的主体能动性？

(一)发挥青少年学生主体能动性是提高社区德育实效性的核心力量

青少年学生道德教育的根本目标是使学生具有符合社会需要的道德品质，在社会实践中做出符合社会标准的道德行为，并且表现出一贯性和稳定性。学生形成并巩固这种符合社会需要的道德品质、行为习惯是需要一个长期的过程的。在这一过程中，来自学校、家庭和社会的影响作用于青少年学生主体，促使其在知、情、意、行上发生变化。但长期以来，我们在认识学生的道德教育问题上，对于外在因素的作用及影响的认识不断深化，而在如何开发德育主体的内在因素尤其是主观能动性上认识不足，方法欠缺，这也是德育成效不尽如人意的重要原因之一。根据辩证唯物论的观点，事物的发展变化是内外因的交互作用决定的，而内因起着主导的决定性作用，外因只能通过并且最终要通过内因才能起作用。就青少年学生的社区德育来说，我们所做的一切工作的价值都无一例外地要通过青少年主体的道德实践的能动状态来实现和考验，我们不可能代替青少年个体的道德养成，最根本的还是作为德育主体的青少年学生真正参与到德育实践活动中，发挥内在的主体性，不断形成自身稳定的思想道德品质和一贯的行为习惯。反观我们现实的德育工作，更多的是强调学校应如何，社会该怎样，家庭须咋办，却对学生主体能动性的关注不够。在现代社会里，学生作为德育的对象正是德育的主体，教育者与被教育者在人的权利上是完全平等的，我们不能因为强调德育需要的规定标准而忽视甚至抹杀了学生作为独立个体的个性存在，进而只把学生作为德育对象化的工具，而不作为德育目标的本身。实际上体现青少年学生个性存在的最富于建设性的最重要的方面就是学生主体参与道德建设的主观能动性，这是其现实必要性的体现。事实上，现代社会正处于信息化的开放体系中，学生接触校园德育环境和家庭德育氛围以外的空间的机会越来越多，他们与越来越纷繁复杂的社会环境打交道的频率和程度越来越高，缺少了主体能动性的积极建设作用，学校、家庭和社会教育越来越显得心有余而力不足。因此，青少年学生的社区德育工作必须实现由重外因的各种环境施加影响向重内因的开发学生主观能动性的重心转移，这是必然性的要求，也是提高社区德育实效性的核心力量。

(二)培养青少年学生主体能动性的有效方法

培养青少年学生主体能动性是一个复杂的系统工程，因其旨在改变主体的被动地位，确立主体的自觉精神，从根本上实现内外因辩证关系在实际社区德育工作中的应有作用，所以进一步丰富、发展和创新培养主体能动性的科学有效的方法就成为必须面对而且必须解决好的重大课题。基于现实任务和客观环境等因素的影响，培养青少年学生主体能动性应当重点做好以下几个方面。

1. 教育青少年学生掌握好独立思考正确判断的基本能力

新时期的青少年学生由于时代、社会和家庭影响的原因，存在着主观、任性、以自我为中心对待周围环境的不良倾向，严格要求自我的素质不够，独立思考问题的能力不足，科学分析判断的思维欠缺。这些现实问题已经直接阻碍了社区德育工作的开展，尤其是对培养主体能动性产生了严重的破坏性作用。如果不从这一关键环节上取得突破，主体参与道德建设的能动性将从根本上沦为空谈。解决这一问题，要求学校、社区和家庭在开展德育工作时避免包办代替，要敢于放手，又要善于把握。首先，要加强对青少年学生进行基本常识的教育，帮助他们分析认识事物，自觉克服教条式、经验式、盲从式的认知缺点，学会全面、发展、辩证、实事求是的思维方法和习惯，教会学生选择。其次，要努力创设有助于青少年学生独立思考问题和处理问题的环境，提供他们暴露缺点和问题的机会，拓宽他们张扬个性的渠道，帮助他们在分析处理问题的过程中积累经验，提高能力。第三，社区德育工作要加强对青少年学生相关表现的客观把握，针对表现出来的问题做好导向性的、规范性的宏观调控，保证既合乎主流要求，又体现个性特点。在教会学生选择的过程中提高实效性，全面增强育人功能。

专家指津

在一定意义上，教育是对未来生活的准备，教育必须使主体具有对未来生活的适应能力，其中包括对价值观念和行为方式进行自主选择的能力。对于青少年学生而言，未来是一个未知的世界，在那里，他们将会遇到一个个正确或错误的观念，面临方向不同、甚至截然相反的生活道路，这就要求他们进行自主判断，作出自主选择。教育学生学会选择的实质是教会选择，即帮助学生树立自主选择意识，形成道德判断能力，从而在面对纷繁复杂的价值取向和行为方式的时候能够作出正确的自主选择。①

2. 保持社区德育的系统性并防范社会不良因素影响

一方面，青少年学生在现实生活中不可避免地要受到整个社会大环境的影响，在社区德育过程中，主动接受来自全社会道德建设积极因素的辐射和作用，通过引进社会优势德育资源，为社区德育工作提供源源不断的方针政策指导和

① 张爱国. 教会选择——析学校德育对社会现实的适应与超越[J]. 学校党建与思想教育，2002 年 05 期.

精神智慧支持。另一方面，社区德育工作必须注重发挥对不良社会因素的抵制、过滤和净化作用，决不允许消极腐朽的思想意识和沦丧、颓废的道德糟粕在社区范围内孳生、传播、泛滥。青少年学生的素质水平存在差异，道德素质较低的学生本身缺乏免疫力，一旦他们受到这些不良影响，不但可以抵消对于其自身的德育努力，而且还会很快滑向道德丧失的境地，甚至会走上违法犯罪的不归路。所以对这部分青少年学生要特别加以关注和教导，不能听之任之，放任自流。

3. 加强心理健康教育并培养青少年学生良好的心理品质

当前，尽管我们在不遗余力地加强学生的道德教育，但违反道德规范以至违法犯罪的现象时有发生。究其原因，并非我们的德育内容缺乏正确性，并非我们的德育方法缺乏科学性，也不是我们的德育手段缺乏实效性，在很多方面和很大程度上，是由于学生自身心理品质不够健康所引起的。学生的心理品质从家庭教育到学前教育，从小学教育到中学教育，受特定时代、特定环境、特定条件和特定模式的长期塑造，社区德育工作必须把立足点放在下工夫塑造青少年学生心理品质的工作上。要充分利用社区心理健康教育资源，帮助青少年学生形成必备的心理健康常识，掌握基本的心理调节方法。同时，在社区内组织开展健康向上、丰富多彩的活动，在有益的活动中使他们的道德认识、道德情感、道德意志、道德行为、道德习惯、道德规范水平得到科学有效的提升，形成稳定、健康的心理品质结构。现代社会是一个偶然性因素大量增加的社会，在越来越多的突如其来的外界作用面前，具备了良好心理品质，就可以处变不惊，处惊不乱，使个体的思想和行为以合乎理性的方式表现出来，社区工作正是要通过坚实的心理品质的建构来承载这些压力和任务，实现德育科学方式与有效结果相统一。

4. 全社区应该为青少年学生全方位实践提供必要保障

青少年学生的德育工作不仅仅是学校的职责，整个社会和每个家庭都要担负起相应的责任，而社区在这方面的责任尤为关键。青少年学生参与社会实践是时代发展的需要，也是他们自身成长进步的需要。不管是他们在校期间的实践，还是他们离校以后的实践，在他们的职业和生活没有相对稳定之前，学校、家庭和社会都有责任有义务为他们的成长进步做出贡献，最大程度地帮助他们跨过存在于学校和社会之间的断层。社区德育要把青少年学生作为国家建设宝贵的人才去呵护去培养，为青少年学生的实践成才创造一个相对安全、相对健康的环境，最大限度地帮助他们实现期望值与现实值的统一。

理论撷英

衡量青少年学生主体能动性的标准①

青少年学生道德教育的主体能动性是指学生个体在参与自身、他人和社会的道德建设的过程中所表现出来的积极主动的、科学向上的、活跃有效的、稳定持久的一种心理机制和精神状态,是一种使道德品质不断丰富完善的内在动力,是决定德育有无成效和成效高低的核心因素。衡量青少年学生德育的主体能动性的基本标准主要有以下几个方面:

一是价值趋向性。一般来说,我们把起到积极作用的能动性称为能动正值,把起到破坏作用的能动性称为能动负值,对于正值和负值的表现倾向就可以称作价值趋向性。

二是选择自觉性。选择自觉性是指学生主体在主动迎合的基础上,以理性而不是盲目的态度对外在作用采取趋利避害、取益舍损的主动选择。

三是判断科学性。青少年学生主体对作用于道德品质形成的各种因素都有一个甄别判断的过程,判断科学性是指学生主体在道德品质形成过程中认清事物本质,以便更好地借助外力达到德育最佳效果的能力。

四是意志持久性。主体能动性的意志持久性品质是指青少年学生在道德品质的形成与巩固过程中排除干扰、持之以恒地进行自身道德品质建构的心理品质。

五是反馈有效性。青少年学生及时对德育过程中出现的新情况、新问题、新需要做出思想、心理和行为的必要的、合理的调整与改进,这就是能动性中的反馈有效性品质。

六是过程深入性。青少年学生道德素质的培养会经历一个由浅表到深层、由感性到理性、由被动到主动的递进过程。过程深入性是指在这一过程中,主体能调动并整合所有心理因素使道德素质按照既定的德育目标不断地丰富发展、完善提高。

---

① 聊大新青年:高校德育工作主体能动性构建. http://youth.lcu.edu.cn/old/news/25/20041014144546.htm.

充分挖掘和整合利用社区德育资源，是提高中小学德育实际效益的有效途径和捷便道路。

——题记

第三章　社区德育资源的挖掘和整合利用

长期以来，德育实效性问题一直是全社会十分关注的问题。

德育的实效性实质上就是德育的实际效果与期望值的吻合程度。吻合程度越高，人们就认为这种德育是有实效的；反之，如果德育的实际效果与期望值相差太远，或者德育的正向潜在功能不能转化为正向显在功能，这就是所谓的德育实效低下。在现实中，尽管我们一直高度重视学校的德育工作，投入了大量的人力、物力、财力，可结果却与人们的期望存在差距，德育实效性遭到质疑。德育实效低下主要是“无人的德育导致德育功能的缺乏，张力的失衡导致德育缺乏个性，无限的提升导致德育丧失生活的基础，市场的泛化造成德育内容的失范”等几个原因造成的。

近年来，随着社会组织形态的逐步变化，社区的作用越来越大，社区日益显示出强大的社会组织功能，社区发展成为社会发展的重要内容。社区教育资源尤其是丰富的德育资源已经成为学校教育的强大储备力量，其强劲的教育功能已被越来越多的教育部门和广大教育工作者认可。社区德育资源极具价值，必须引起重视，加强管理；社区德育资源蕴含效益，必须挖掘整合，优化配置；社区德育资源是生产力，必须利用开发，发挥综合效应。

开发利用社区教育资源进行学生德育教育，是21世纪教育管理体制改革的重大课题，是中小学德育改革的崭新切入点，是提高学校德育的针对性和实效性的必然要求。

当前形势下，我们要树立大德育观，充分挖掘和整合利用社区德育资源，使青少年儿童思想品德教育工作由单一渠道、固定时空向全方位、主体化转化，形成合力，强化针对性，注重实效性，提高学校德育的质量和效益。

第一节　林林总总的社区德育资源

一、社区德育资源分类

问题导读

●什么是社区德育资源？
●怎样对社区德育资源进行分类？
●你所了解的乡土德育资源有哪些？

（一）社区德育资源的界定

社区德育资源是指社区内能对学生思想品德产生积极影响的各种资源，即所有可以应用于青少年思想品德德育过程的要素和条件，包括各种物质、文化要素和条件。在这些要素和条件中，有的具有显性德育价值，如博物馆、纪念馆、某种纪念活动；有的具有隐性德育价值，如山川景物、作为建设成就的著名建筑；有的本身就是德育主体，如学校、家长和英雄模范人物。

信息浪花

地球上有一片山，在长江中上游的南岸，叫武陵山；人类中有一个民族，是古巴人的后裔，叫土家族；世界上有一个州，是中国最年轻的民族自治州，叫恩施土家族苗族自治州。神秘的北纬三十度，绮丽的八百里清江画廊，二百一十五万年的“建始人”历史，亿万年发育良好的喀斯特地貌，二万四千平方千米的土地，百分之七十的森林覆盖。拥有“洁净能源基地”“绿色食品王国”之桂冠，盛享“鄂西林海”“华中药库”“世界硒都”之美誉，民族文化绚丽而厚重，民俗风情独特而灿烂，土苗儿女纯朴而善良，土家民族浪漫而开放，好一处人类居住、健康旅游、探索开发的圣境乐土，好一幅山、水、洞、情、城的大美长卷。

（资料来源：《恩施概况》，中国恩施旅游网，网址：http://www.esly.gov.cn/）

（二）社区德育资源的具体分类

不同的社区内都蕴藏着丰富的教育资源，社区德育资源内容丰富，涵盖宽，辐射广。可以从“分布范围”“存在形态”和“功能与作用”三个方面对社区德育资源进行分类。

1. 按照分布范围分，可分为校内德育资源和校外德育资源

校内，有校园、荣誉室、图书室、校史、校训、校歌、名人画像和故事、校友的

成功故事、在校生的先进事迹等；校外，有烈士陵园、图书馆、博物馆、文化宫、青少年活动中心等更为丰富的德育资源。

2.按照存在形态分，可以分为场所资源、实物资源、人力资源和活动资源四类

场所资源：如图书馆、博物馆、体育馆、文化宫、青少年活动中心、阅览室、实验室、视听教室、网站、电视广播、纪念馆、文化馆、风景区、影剧院、公园、商场、山川景物、工厂、农场、村庄、各类学校、家庭以及各类社区组织等。

信息浪花

我们通过摸底调查，了解社区资源分布，并建立社区资源资料库，并按其形态进行分类为场所资源（如：宜昌市博物馆、东山烈士陵园、三国古战场、高炮旅、武警消防中队、武警支队、戒毒所、新华书店），人力资源（如：老红军、英模、劳模、见义勇为英雄、成名企业家、再就业明星、五好家庭成员等）和活动资源（如：社校联宜会、运动会）。

（资料来源：《优化环境，整合资源，提高德育实效》，湖北省宜昌市东方红小学社区德育研究课题组）

实物资源：主要包括文本资源，如图书、教材、报纸、杂志、照片、地图、图表；音像资源，如电影、电视节目录像、光盘、磁带、各类教育软件；器物资源，主要包括日常生产工具和生活用具、多媒体设备、民族服饰、乐器、标本和历史文物、藏品等。

信息浪花

我们组织相关专家积极探索"忠孝雅诚"的价值取向，基本内涵，作出恰当的主题释义，并以名言赏析、故事感悟为主要内容，编写了《忠孝雅诚主题教育读本》。读本内容丰富，故事生动，可读性强，有利于学生自我阅读，自我教育；有利于教师引导学生学习，发挥了积极的教育载体作用。

（资料来源：《忠孝雅诚读本》，湖北省恩施州教育科学研究院）

人力资源：校内人力资源包括教师、后勤服务人员等；校外人力资源包括家长、老红军、劳模、警察、科技人员、企业家、工人、农民、解放军战士以及其他社区人员等。

活动资源：社区德育活动资源即社区内各种社区成员广泛参与的活动，如社区的街坊节、运动会、音乐节、联欢会、博览会、庙会等；还包括节假日庆祝活动以及与人物和历史实践相联系的纪念活动，如龙舟赛等；也包括人们的生产活动和生活活动。

3.按照功能和作用分，可分为专项德育资源和综合德育资源

有些社区德育资源，由于其内容和性质的限制，主要将对学生思想品德的

某一个或几个方面产生影响，因此可以看作是专项德育资源。具体如地方民俗习惯、革命历史、名人轶事、文化传统、山川景物、建设成就和节日假日等。可以利用这些社区德育资源，对学生进行内容比较单一的专项教育。

信息浪花

俗话说"诚信二字丢，莫在世上走"，"君子一言，驷马难追"。湖北孙水林兄弟俩注重诚信，每年都会在年前给农民工结清工钱。2009年底哥哥孙水林为赶在年前给农民工结清工钱，在返乡途中遭遇车祸遇难。弟弟孙东林为了完成哥哥的遗愿，在大年三十前一天，将工钱送到了农民工的手中。兄弟俩的诚信之举深深打动了全中国人。孙东林20年来坚守"新年不欠旧年账，今生不欠来生债"的承诺在网上广为传播，这兄弟俩，被人们称为"信义兄弟"。人们通过电视、报纸，向兄弟俩致以注目礼的同时，武汉市黄陂区精神文明建设指导委员会将"诚信兄弟"的称号授予了两兄弟，湖北省总工会也将两枚湖北省"五一"劳动奖章分授给了两兄弟。沉甸甸的奖章，嘉奖的是兄弟俩生意接力还工钱的"义"，呼唤的是整个社会诚实守信的"心"。

（资料来源：荆楚网.信义兄弟）

有些社区德育资源，如学生家庭教育、学生校外活动基地、社区德育活动等，将会对学生的思想品德产生广泛的、综合性的影响，因此可以看作是综合德育资源。可以利用这些社区德育资源，对学生进行综合性教育。

（三）乡土德育资源

社区德育资源中一个重要的内容就是"乡土德育资源"，即本土化的德育资源集合体。凡是具有本土特色、贴近学生生活、能在德育中发挥重要作用的教育资源，经过分门别类整理后而形成的集合体都可以成为乡土德育资源。换言之，凡是在思想、政治、法制、道德、心理健康等教育中，可供教育者或被教育者利用的一切本土化的东西，均可称之为乡土德育资源。

信息浪花

从内容上我们将乡土资源分为本土概况、历史纪要、乡土自然、乡土人物、乡土政治、乡土经济、乡土文化等，大类下又可划分若干小类，如乡土文化又可分为乡土民俗、乡土语言、乡土诗词、乡土音乐、乡土体育等，乡土经济，又可分为乡土农业、乡土工业、乡土商业等。

（资料来源：《激活本地教育资源 建立乡土德育资源库》，湖北省五峰县第一中学，刘悝、叶定华）

学科课程中也具有丰富的德育要素，如果教育者在教学过程中注意挖掘并充分利用学科课程中的德育要素，有机渗透德育内容，学科课程资源就转化为德育资源。因此，乡土学科课程资源与乡土德育资源之间并没有不可逾越的鸿沟，而是息息相通的。

信息浪花

学生对生育他们、养育他们的一方“乡土”本能地怀有一种依恋情结。家乡的一山一水、一草一木、乡土人物、淳朴风情、经济腾飞、社会风貌等，无一不牵动学子的心，他们会为家乡的发展而自豪，也会为家乡的落后而羞愧。在教学中，如果能充分利用好这一方“乡土”，充分挖掘乡土资源的德育价值，将大大增强学校德育的实效。

（资料来源：《激活本地教育资源 建立乡土德育资源库》，湖北省五峰县第一中学，刘悝、叶定华）

由于历史与现实多种因素的作用，不同社区、同一社区不同地方，德育资源内容不同，功能不同，形式也有差异。人们生存发展的多样性，决定了社区德育资源的多样性。一般说来，学校开展德育活动，总是可以在社区找到相应的德育资源。

二、社区德育资源的教育意义

问题导读

●社区德育资源有哪些显著特点？
●社区德育资源有哪些教育意义？

（一）社区德育资源的显著特点

社区是学生接触最直接、最能具体感知的生动形象的生活环境，社区生活是学生道德品质形成和发展的现实土壤。中小学生是一个个活生生的个体，他们既生活在学校里，更生活在社会中。因此，他们的思想道德品质的形成和发展无时无刻不在接受着社会、家庭、学校的影响。纷繁复杂的社会现象，社会生活中的真伪、美丑、善恶，都在积极或消极地影响着中小学生的价值观、人生观和行为方式的形成和发展。

社区德育资源具有强烈的感染力、说服力和示范性。具体而言，社区德育资源具有三个显著特点：一是体验性（深刻性）。社区德育资源与学生的日常生活紧密相连，学生与各类社区德育资源零距离接触，可以使之产生各种具体的情感体验，对学生具有深刻的影响。二是生活性（亲近感）。社区德育资源存在于原生态现实生活中，是学生所熟悉的生活场景和环境，容易产生亲近感，易于学生接受。三是便利性（可行性）。社区德育资源存在于本乡本土，教育过程对社区德育资源的使用往往是就地取材，经济、方便、可行。所以教育家陶行知先生提出“生活即教育”“社会即学校”“教学做合一”的教育思想。在新形势下，广大教育工作者务必要树立社区德育资源意识，即充分认识社区德育资源的教育价值，重视广泛挖掘和整合利用社区德育资源，努力把德育渗透于教育教学的各个环节，贯穿于学校教育、家庭教育和社会教育的各个方面。

信息浪花

课题组对学校所在社区的德育资源进行了调查，调查发现社区有着丰富的德育资源，通过适度的整合，是学校德育取之不尽的宝藏。就场所资源而言，就近方便为学校德育服务的有：驻黄陂部队黄继光纪念馆、高庙山革命烈士公墓、姚家山新五师旧址、双凤亭、武警消防中队、黄陂区公安局看守所、前川街福利院、盘龙经济开发区、区图书馆、区体育活动中心，它们是对学生进行革命传统教育、传统文化教育以及法制教育、爱国主义教育的良好基地，由于分散在不同的地点，能满足学校开展不同形式与内容的德育的需要。就人力资源而言，有老红军、解放军英模、劳动模范、见义勇为英雄、名企业家、再就业明星、“五好家庭”成员等，是推动学校德育工作、提高水平的动力，也是与学校共同育人的重要力量，他们的奉献精神、大局意识、国家观念、高尚品德是教育学生树立正确人生观的鲜活示范教材。就活动资源而言，有校社联谊会、运动会、木兰文化节、木兰运动会以及党政团体的大型庆祝颁奖活动等，由于本校开设有旅游服务、酒店餐饮、体育艺术、电子机工等专业，社区德育的活动资源能较好地为学生的专业发展服务，既能使学生走进社区、服务社区，又能丰富课堂教育教学内容，能较好促进学生专业知识的掌握，提升学生整体的素质，也能产生联动效应，特别是推动学校教育教学改革的深入开展。

（资料来源：《创新德育工作 增强德育实效》，湖北省武汉市黄陂区职业中学，杨祖传）

（二）整合利用社区德育资源的现实意义

社区德育资源在儿童青少年思想品德教育过程中具有说明主题、加深体验、增强效果的作用，充分挖掘、合理整合并科学利用社区德育资源，有利于调动全体社区人员的责任感、义务感，形成整体育人合力；有利于发挥社会德育资源的强大的教育功能，达到资源共享，优化使用的目的；有利于提高学校德育教育的针对性和实效性。这具体体现在三个方面：

1. 整合社区人力资源，壮大德育工作队伍

在整合利用社区德育资源的背景下，德育队伍已不再仅仅只有班主任、大队辅导员和其他教职工了，而是一个包括教师、家长和社会各界人士的实力雄厚的团队，德育队伍从校内扩展到校外，人员越来越多，层面越来越广。

信息浪花

经过合理整合，我校的社区德育团队初步形成，其成员主要包括五个方面：1.指导专家，起引领作用；2.学校教职员工，发挥教育主体作用；3.热情关心学生德育的社区群团组织机构，起协管监督作用；4.家长学校教师队伍，培训提高家长，推动家校联系；5.生动活泼的学生群体，发挥主观能动作用。这五大人力资源有机整合，相互协调配合，确保做到参与到位，管理到位，育人到位，形成了多元化的德育人力资源集合，呈现出较强的教育合力。

万寿桥小学德育教育人力资源网络图

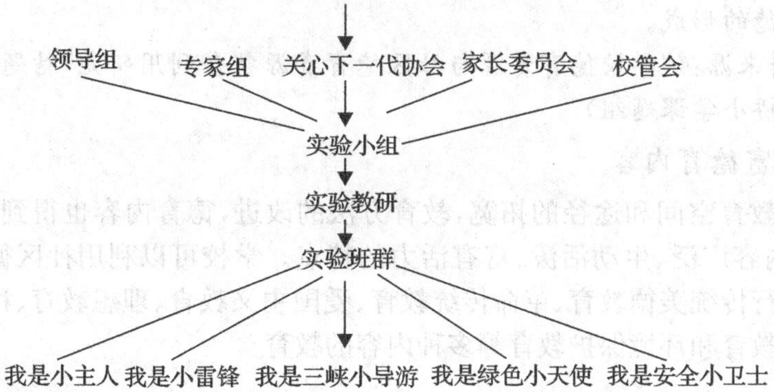

（资料来源：《“学校德育资源与社区德育资源整合利用研究”结题报告》，宜昌市万寿桥小学课题组）

2.拓展德育空间和渠道，更新德育方法

整合社区德育资源，有利于开辟社会大德育课堂，形成大德育多维空间，学生获取道德知识和道德体验的途径不仅仅局限于教科书、课堂和校园，还包括社会实践、校外生活和大自然。学校德育从单一的学校生活和课堂教学中解放出来，融入到生活体验和交流互动中，使德育知识的获得渗透于生活中的每时每刻，德育时空通过社会生活实践而得到了广泛的拓展和延伸。

一个常用的做法是把社区德育资源引进课堂，把学科教学活动搬到社区中进行。比如，数学学科一直是一个单调、枯燥的学科，老师们在开掘运用社区德育资源的过程中，结合小康村建设，与学生一起探讨公路的弯曲角度，绘制农民收入的前后比照统计图表，开展庄稼的收成估算；在铁路建设工地，堤坝的高宽比例、运载工具运量运力的计算、土石方的丈量计算，等等，都让孩子们倍感新奇，不断受到智慧的启迪。

引导学生积极参加社会实践活动，是强化道德认识、道德情感和道德行为的有效途径。学生在参加社会实践活动的过程中，关爱弱势群体，奉献爱心，有利于激发学生自觉珍惜美好生活、发奋学习的思想感情。社会实践不仅教会同学们做人的基本道理,还可以培养学生良好的行为。

信息浪花

在开展社区德育理论与实践研究过程中,我们重视学生的实践感知,把学生带出课堂,带入社会,让学生广泛接触社会,广泛参与生活实践,使良好的思想品质建立在体验感知中,形成在是非辨别中,并在自己的行为中得到体现和升华。我们带领学生在科技馆开展实践活动,在长江边进行水资源调查,在110报警台现场体验,还让学生以小导游的身份模拟带团……我们的做法打破了以往单靠书本说教、单靠被动接受、一味盲从的单一的教育格局,有效地促进了学生良好品德的形成。

(资料来源:《"学校德育资源与社区德育资源整合利用研究"结题报告》,宜昌市万寿桥小学课题组)

3.丰富德育内容

随着教育空间和途径的拓宽,教育方法的改进,德育内容也得到极大的丰富,呈现内容广泛、生动活泼、富有活力的特点。学校可以利用社区德育资源,对学生进行传统美德教育、革命传统教育、爱国主义教育、理想教育、科学教育、社会公德教育和环境保护教育等多种内容的教育。

信息浪花

课题组通过深入挖掘整理民族文化,分析扬弃,展示社区文化精品,结合学校一年一度的体育艺术节和常规德育活动,开展丰富多彩的德育活动。例如在体育活动中安排土家族传统运动项目高脚竞速、跳旱船、打陀螺等,在文艺汇演中安排摆手舞、撒尔荷及龙船调、黄四姐、堂戏、皮影戏等传统节目,并请当地的民间艺人、恩施州授予艺术大师的黄在秀、邓习稳、谭文碧等登台献艺。在传承土家文化的同时,让学生在博大精深的土家文化中耳濡目染受到熏陶和教育,激发他们的民族自尊、自信和自豪感。同时,也教育学生认识到56个民族是一家,土家族是中华民族大家庭中的成员,土家族融入中华民族,使用汉语言,推广普通话是民族团结、自身发展和国家繁荣的必然,从而教育学生明白传承本民族优秀文化是为中华民族这个大家庭作贡献的道理。

(资料来源:《"社区德育资源优化配置与整合利用研究"结题报告》,湖北省巴东县第二高级中学课题组,向宏茂、邓传选)

4.提高德育实效

在整合利用社区德育资源的过程中,新的德育形式、途径、手段应运而生,学生获取达到的知识和道德体验的途径、方法多种多样,其便利性、快捷性和零距离接触等优势充分凸现,而这些正是学生喜闻善乐见的。这些新的德育方式，有效地推动了学校德育工作，促进了学生良好品质的形成和发展。这主要体现在以下三个方面：

第一，促进学生的主动发展。通过对社区德育资源整合利用，让学生在社区德育系列活动中产生真实的体验，发现自我潜能，树立起对人生的自信心，收获希望，并在探究、实践与关爱的过程中历练爱心。同时，通过互相合作、不断交流，以及听报告、写倡议、助弱者等系列活动中提高社交能力，增强社会责任感。

信息浪花

学校根据学生不同年龄特点、不同兴趣特点、不同层次特点，设计了一系列让学生可以自由选择的少先队活动，如“四走进”活动，即走进军营“当一天消防兵”；走进工厂“当一天印刷工人”；走进农村“当一天柑橘果农”；走进家庭“当家理财一天”。在社区生活活动中，学生承担不同社会角色，自觉履行角色义务，尽情享受角色快乐。

（资料来源：《优化环境，整合资源，提高德育实效》，宜昌市东方红小学课题组）

第二，促进学生良好习惯的养成。社区德育资源的综合开发和利用，打破了传统的德育课以课堂为中心，以教师为中心，以说教式为中心的教育模式。学生借助丰富的社区德育资源所赋予的众多弹性空间，亲自动手参与活动和交流总结，从中受到关爱他人、奉献爱心、热爱家乡的教育，在潜移默化中养成良好的行为习惯。

信息浪花

这是发生在建始茨泉社区的一个故事：一天，父子俩到收购站卖废纸，趁老板不注意时，孩子悄悄用右脚踩秤，当老板报出重量时，父亲吃了一惊，这次怎么比前几次重这么多。心里正犯嘀咕……回头一看，孩子的一只脚搭在秤板上。父亲当即严厉训斥孩子，并毅然要求老板重新过秤。果然，第二次净少了18斤。父亲狠狠训斥了儿子一顿，告诫他一要诚实守信，老板激动地说：“像你这种人太少了。”父亲却严肃地说：“钱是小事，孩子的成长是一辈子大事呀！”学校将这个鲜活的故事搬进课堂，对学生进行诚信教育，学生都能够从内心欣然接受！

（资料来源：《“社区德育资源的整合利用研究”课题结题报告》，湖北省建始县大堰中学，王国强）

第三，促进良好校风、班风的形成。通过社区德育资源的挖掘和整合利用等实践活动的开展，可以有效促进良好的校风、班风的形成。

信息浪花

通过社区德育资源的挖掘和整合等实践活动的开展，我校校风及班风有了明显的好转。4 年中，全校所有班级均达到学校文明班标准，有 7 个被评为区、校文明示范班。学校学生行为规范合格率达100%,所有学生均能遵守纪律,热爱劳动,认真学习,关心集体。

(资料来源:《"社区德育资源的整合利用研究"课题工作报告》,湖北省建始县大堰中学,王国强)

第二节 社区德育资源的开发与管理

一、开发社区德育资源应遵循的基本原则

问题导读

●开发社区德育资源应遵循哪些基本原则?

●为什么要对社区德育资源进行分类管理?

社区德育资源的挖掘、整合与利用应遵循主题化原则、服务课程原则、构建生活原则和分类管理原则等基本原则。

主题化原则。为发展学生的思想品德素质,学校应当确定一定的教育主题,围绕主题,充分争取社区的支持与协作,开发利用相应的社区德育资源,实现一定的教育目标。如确立"创安全型校园"主题,学校聘请法制副校长上法制课,开展警示教育;积极邀请街道、派出所、城管,帮助学校整治周边环境等。

信息浪花

在社区组织的积极协助下,学校的系列文明活动逐步迈出校门,走进社区,走向社会。课题组倡导的"小手拉大手,文明一齐走"活动,掀起了文明共建的热潮,"把忠心献给祖国、爱心献给社会、孝心献给父母、热心献给他人、信心留给自己"的"五心"主题活动正被具体化、生活化,被越来越多的人所知晓、所认同。

(资料来源:《积极探索德育新路 努力拓展育人空间——老河口三中课题研究工作总结》,湖北省老河口市第三中学,朱国平)

服务课程原则。根据学生学习课程的需要,学校、教师可以通过整合利用社区德育资源,加强学科教学与现实生活之间的联系,帮助学生深刻地理解教学内容,提高学生的社会实践能力。如组织学生到校外采风,到工厂实习参观,组织学生服务队到社区开展各种服务活动等,借以丰富课堂教学内容,提高教育教学效益,深化知识,陶冶情操。

信息浪花

建始县船儿岛社区一名语文教师在教授《黄河的变迁》一课的过程中,没有

空洞向学生宣传治理黄河，保护环境的重要性，而是带着学生来到穿越社区的广润河畔，让学生看看河面浮着的垃圾，看看河中大大小小的砂石堆，再让他们回家问问家长，了解一下几十年前广润河的情况，写一篇与广润河有关的文章。结果，全班同学大都认识到了环保的重要，有的还发出了"救救我们的母亲河——广润河"的呼吁。这样一种教学方式，对语文教学和社区德育渗透都有利。

（资料来源：《"社区德育资源的整合利用研究"课题结题报告》，湖北省建始县大堰中学，王国强）

构建生活原则。充分挖掘和利用丰富的社区德育资源，拓宽德育渠道，把学生从课内带到课外，又从课外带到课内，增强学生与社会生活的密切联系，有利于优化学生成长的学习环境和生活环境，帮助学生掌握生活技能，为提高学生的生活能力服务。

信息浪花

我们鼓励同学们利用课余时间拾捡垃圾，然后将拾捡的垃圾变卖，再购买洗衣粉、肥皂等生活日常用品赠送给福利院的老人。学生与老人们同台表演各式各样的节目，使学生在奉献爱心的同时，也感受到身体健康的青少年学生是多么应该珍惜当前的美好生活，发奋学习。这样一来，青少年学生不仅培养了良好的行为习惯，而且还懂得了做人的基本道理。

（资料来源：《"社区德育资源的整合利用研究"课题结题报告》，湖北省建始县大堰中学，王国强）

分类管理原则。不同的社区德育资源具有不同的教育内涵和教育功能，教育者应在广泛征集社区德育资源的基础上，根据各类资源的特点和教育价值，进行归类处理，建立社区德育资源库，以保证全面收集，充分利用，使用方便。

信息浪花

在社区德育资源的使用及管理过程中，我校充分发挥学校电子信息中心的作用，利用校园网这块重要阵地，及时更新资源，并对资源的再创作为老师们提供技术服务或指导。发挥学校图书室的作用，对乡土德育库的平面资源，设立专架，按图片、报纸、杂志、书籍、录音磁带、录像带、影视光碟分类存放，及时更新，严格借出归还制度。发挥学校劳技室的作用，对乡土德育库中的不宜放在图书室的实物资源，如锄头、镰刀、器皿等，在校劳技室开辟专室，专人保管，分类存放。

（资料来源：《激活本地教育资源 建立乡土德育资源库》，湖北省五峰县第一中学，刘悝、叶定华）

二、开发社区德育资源的途径与形式

问题导读

●社区德育资源开发有哪些途径与形式？

（一）确认

社区资源非常丰富，同时良莠不齐，需要加以甄别确认。应该协同社区，在广泛调查的基础上，分析已有各种社区资源的特点及其教育功能，经过选择和取舍，通过挂牌、命名等形式，将其确认为社区德育资源。如将某个图书馆或名人故居加挂牌匾，确认为社区或学校传统文化教育基地。

信息浪花

针对我校流动人口子女所占的比率大，学生对学校所在地的社会环境了解甚微的实际，为了缩短流动人口子女与本地户口学生的距离，消除他们之间的地域差异、文化差异、教育差异、德育素质差异，使流动人口子女尽快地了解本地区的文化从而融入到学校大环境之中，学校通过大量的调查、访问、搜集、汇总、整理出了三峡本土人文“资源包”，让学生从中汲取丰富的人文内涵。

（资料来源：《学校德育资源与社区德育资源整合利用研究”结题报告》，湖北省宜昌市万寿桥小学课题组）

（二）新建

社会发展和社区发展对中小学德育工作提出了新的要求，其中一个重要的内容是建设新的青少年校内外教育和活动场所、设施、阵地和载体，如建立图书角、学校社区德育资源库、校史陈列室等校内教育场所，建设科技馆、图书馆、青少年校外教育基地等青少年校外活动场所，编写教材，等等。以新建方式开发社区德育资源，在课程改革进程中具有独特的意义。

2006年中共中央办公厅、国务院办公厅颁发《关于进一步加强和改进未成年人校外活动场所建设和管理工作的意见》，要求“各级政府要把未成年人校外活动场所建设纳入当地国民经济和社会发展总体规划。大中城市要逐步建立布局合理、规模适当、经济实用、功能配套的未成年人校外活动场所，‘十一五’期间要实现每个城区、县（市）都有一所综合性、多功能的未成年人校外活动场所”。还要求“加大农村未成年人校外活动场所的规划和建设力度。要按照建设社会主义新农村和加快发展农村文化教育事业的要求，加强农村未成年人校外活动场所建设。”根据这一要求，全国各地新建的青少年校外活动场所如雨后春笋般涌现，成为社区德育资源的重要组成部分。

信息浪花

湖北省宜昌市伍家区政府采取集中使用省级资助专款和区政府划拨配套资金的办法，于2008年2月撤并位于城区中心地区的胜利小学，将该校整体改建为区青少年校外活动中心。中心占地面积3315.2平方米，建筑面积1849.5平方米，室外活动场地面积1640余平方米，可同时容纳近千人开展校外教育活动。两年多来，我们共组织发动了3万多人次的小学生参加了区级以上大型科普、体育艺术活动和竞赛，指导学生获奖500余人次。组织青少年学生校外实践活动20余次，大型全区性展示、交流竞赛等活动13次，取得了良好的社会效益。全区参加校外活动的学生数达到1万多人，占全区未成年人总人数的100%。多姿多彩的活动不仅极大地丰富了全区中小学生校外生活，提高了他们的综合素质和能力，也进一步推动了全区校外活动教育的蓬勃发展。

（资料来源：《夯实校外教育基地，谱写育人新篇章》，湖北省宜昌市伍家岗区青少年校外活动中心，石惠芬、李运芳）

（三）整合

社区德育资源种类繁多，阳春白雪、下里巴人，包罗万象。各种社区教育资源在没有被整合之前，往往是以零散、孤立的状态存在的，如果原封不动地原版拿来，直接运用于学生实际教育中，将会导致事倍功半的效果。为此，需要联系教育的实际对各种社区德育资源进行有机重组，科学整合，形成新的社区德育资源集合体。这样，才能为有效利用铺好路，搭好桥，产生“同鸣共振”之功效，才能提高利用效率。

社区德育资源内容丰富，挖掘潜力很大，各地区都有许多可供开发利用的爱国主义和革命传统教育的材料和基地，也有反映近年来改革开放成就的现实的生动材料，还有许多可以利用的校外文化教育阵地，更有一批热爱孩子、关心下一代的离退休干部、教师和各界人士。整合这些德育资源的潜在力量，在此基础上构建社区教育的网络组织，使之基地化、具体化、现实化，这将使我们的德育内容更具体生动、切合实际，使我们的德育策略更有吸引力和实效。

社区德育资源整合的途径和形式主要是联合和重组，即通过对已有的社区德育资源进行联合和重组，建立新的、具有教育价值的机构、场所和组织。如，利用学校的教室和部分师资，利用社会上的家庭教育专家和富有家庭教育能力及经验的家长，成立社区家长学校；组织社会各界热爱孩子、热心教育的离退休干部、教师和各界人士，成立关心下一代委员会；依靠政府统筹，整合各种社会机构和组织，成立功能健全的青少年校外教育中心，等等。经过整合而建立的新的教育机构、场所和组织，往往具有强大而全面的教育功能，成为社区德育的重要力量。

信息浪花

经过努力，宜昌市伍家岗区青少年校外活动中心建立了六个基地，分别是：高射炮旅、宜昌市消防支队、宜昌市科技馆、博物馆、稻花香酒厂、高农科技园、派出所，形成了一个中心六个基地的格局。

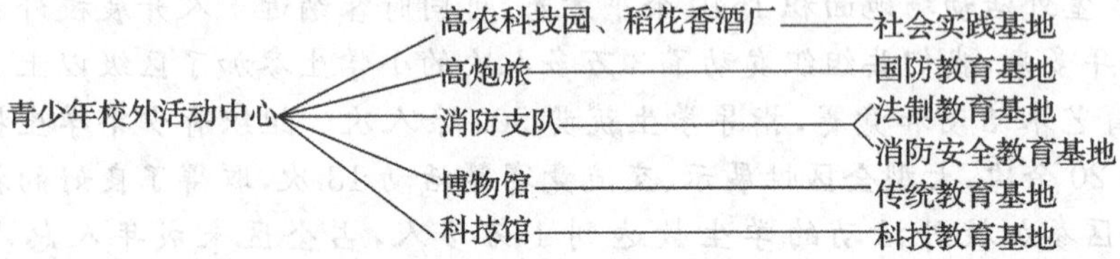

（资料来源：《夯实校外教育基地，谱写育人新篇章》，湖北省宜昌市伍家岗区青少年校外活动中心，石惠芬、李运芳）

值得说明的是，在具体工作过程中，上述三种社区德育资源开发的途径和形式往往是配合使用，交叉呈现的，也只有这样，才能够最大限度地提高社区德育资源的利用效率。

三、社区德育资源管理

问题导读

●如何依靠政府统筹，做好社区德育资源的开发与管理？

●如何开展社区德育资源现状调查？

●如何建立社区德育资源库？

（一）依靠政府统筹，做好社区德育资源的开发与管理工作

要做好社区德育资源的开发与管理工作，必须依靠政府的统筹功能。依靠政府统筹，积极建立社区教育组织，开发社区教材资源，建立并实施社区德育资源共享制度。

社区德育资源共享的形式主要有四种：一是无偿共享。对青少年学生和社区居民进行政治思想教育、时事政策教育、法制教育、革命传统教育和社会实践教育的场所，如科技馆、图书馆、纪念馆、烈士陵园等场所，免费开放；二是有偿共享。对学生进行艺术教育、特长培养等专业技能的教育机构，可以适当、合理地收费；三是优惠共享。实行收费的公共设施和场所，如游乐园、文化宫、电影院等，对社区德育活动实行优惠政策；四是优先共享。凡有成年人活动的场所，在学生放学后和节假日时段优先向学生开放。

建立社区德育组织，协调社区德育资源的整合利用工作，有利于提高社区德育资源的利用效率。可以充分整合六种力量成立社区德育组织，使教师、家

长和社区携手，营造良好的德育氛围，使家庭、学校和社会共同担负起对学生进行教育的重任。一是由党政企业事业单位领导组成的校外教育理事会；二是由离退休老干部组成的关心下一代协会；三是由英雄模范人物组成的英雄事迹报告团；四是建立劳动基地；五是由教育有方的家长组成家长工作委员会；六是由当地驻军、公安干警组成的共建精神文明协会。

信息浪花

一是我校与交警支队联系，在闹市区设立了我校安全监督岗，无论酷暑还是寒冬，只要在寒暑假青年学生都坚持上岗，此举既磨练了学生的意志，又增强了学生的安全意识，还服务了市民、教育了市民。二是将郧县农业示范区、恐龙蛋化石群作为我校学生活动基地，请示范区技术人员讲解科学种田和如何引导农民致富等知识，增强了同学爱科学、爱思考、善分析的品质。三是将我校扶贫点、市福利院作为献爱心基地，通过带领同学们参观扶贫点和市福利院，“体察”民情，同学们纷纷捐款、捐物奉献一片爱心，也让弱势群体体验到社会主义大家庭的温暖。社会实践活动的开展，使同学们感受到祖国建设的雄健步伐，领略党的富民政策，进一步使其认识到社会主义优越性。

（资料来源：《社区德育的实践与思考》，湖北省十堰市第一中学，王杰 、黎明）

（二）开展社区德育资源现状调查，建立德育资源库（德育资源档案）

开展社区德育资源调查并建立资源库是实施社区德育的基础。实施社区德育首先必需有资源，没有资源的支持，再好的德育创新设计都将成为无本之木、无源之水。社区德育资源虽然无处不在，无时不有，但不进行有计划有目的的搜集，不进行科学的分类整理，不注意有效地保存，就会陷入“不需要时随处有，需要时却无处寻”的困境。因此，一个市或是一个县，一个乡镇或是一个街道，甚至一所学校，开展社区德育资源调查并创建自己的社区德育资源库是非常必要的。

建立社区德育资源库的基本程序如下：

1. 调查现状

各地有各地的资源特色，应对社区德育资源进行实地调查，主要依靠“确认”法，准确把握本地实际的德育资源现状。要全面了解本地的国土面积、所辖行政区划、自然资源、人物事迹、文化典籍、民俗民风、名胜古迹、历史故事、建设成就等方面的内容，经过甄别取舍，选择其中富有教育意义的资源，确定为社区德育资源。

2. 建立库模

根据调查论证的实际，建立德育资源库的大致模型，即确定德育资源库的呈现方式和内容体系。有了宏观的构想或模型，才可能有的放矢地建立资源库。社区德育资源库的主要呈现方式有两种：一是实物陈列式，二是档案记录式。

3. 收集资源

从收集资源的主体来看，既可是教师，也可是学校，还可是单位、部门及热心的社会人士。从对象来看，一切能对学生思想品德产生积极影响的社区资源，都可以成为收集的对象，可以是社区历史，也可以是乡村发展现状及对乡村发展的展望；可以是乡土文化和艺术成果，也可以是乡土政治、经济和人物等。从途径来看，可以从网络上收集，可以通过新闻媒体收集，也可以从乡土典籍中获得，还可以通过实地考查或访问获得第一手资料。

4. 整理资源

通过各种途径收集来的文化或实物资源，可能有重复，也可能有虚假，这就需要建库者进行甄别取舍，以保证资源的可靠性和有效性。还有一些东西虽然是真实可靠的，但不适宜公开入库，或是不适宜直接入库的，就需进行适当的处理。

5. 归档入库

对整理后的资源，按照先前构思的库模类型，建好档案，分类存放。对同类资源，又可按时间，或是地域，或是重要性、适用程度等标准确定先后顺序，依次归档入库。

6. 更新资源

资源库的建设不是一劳永逸的事情，随着时间的推移、时代的变迁，会产生新的资源，这就需要及时将这些与实践同步的鲜活资源补充进库。随着新情况、新问题的出现，原来的资源可能会过时，就应随时代的发展而进行删减。惟有对资源库进行更新、补充、完善，才能使德育真正贴近实际，贴近生活，贴近未成年人。

7. 加强管理

在资源的使用及管理中，一是要充分发挥电子信息中心的作用，利用校园网这个重要阵地，及时更新资源，并对资源的再创作为老师们提供技术服务或指导；二是要充分发挥学校图书室的作用，对社区德育资源库的平面资源，设立专架，按图片、报纸、杂志、书籍、录音磁带、录像带、影视光碟分类存放，及时更新，严格借出归还制度；三是要充分发挥学校劳技室的作用，对社区德育资源库中的不宜放在图书室的实物资源，如锄头、镰刀、器皿等，在校劳技室开辟专室，专人保管，分类存放。

信息浪花

我校建立起了独具特色的乡土教育资源库并初具规模,开始发挥实质性的作用。我校充分发挥学校电子信息中心的作用,利用校园网这块重要阵地,及时更新资源。依托学校图书室,对乡土德育库的平面资源,设立专架,按图片、报纸、杂志、书籍、录音磁带、录像带、影视光碟分类存放,及时更新,严格借出归还制度。对乡土德育库中的不宜放在图书室的实物资源,如锄头、镰刀、器皿等,依托学校劳技室,开辟专室,挂出"五峰一中乡土德育资源库"牌匾,专人保管,分类存放。

学校乡土德育资源库构建模式如下图所示:

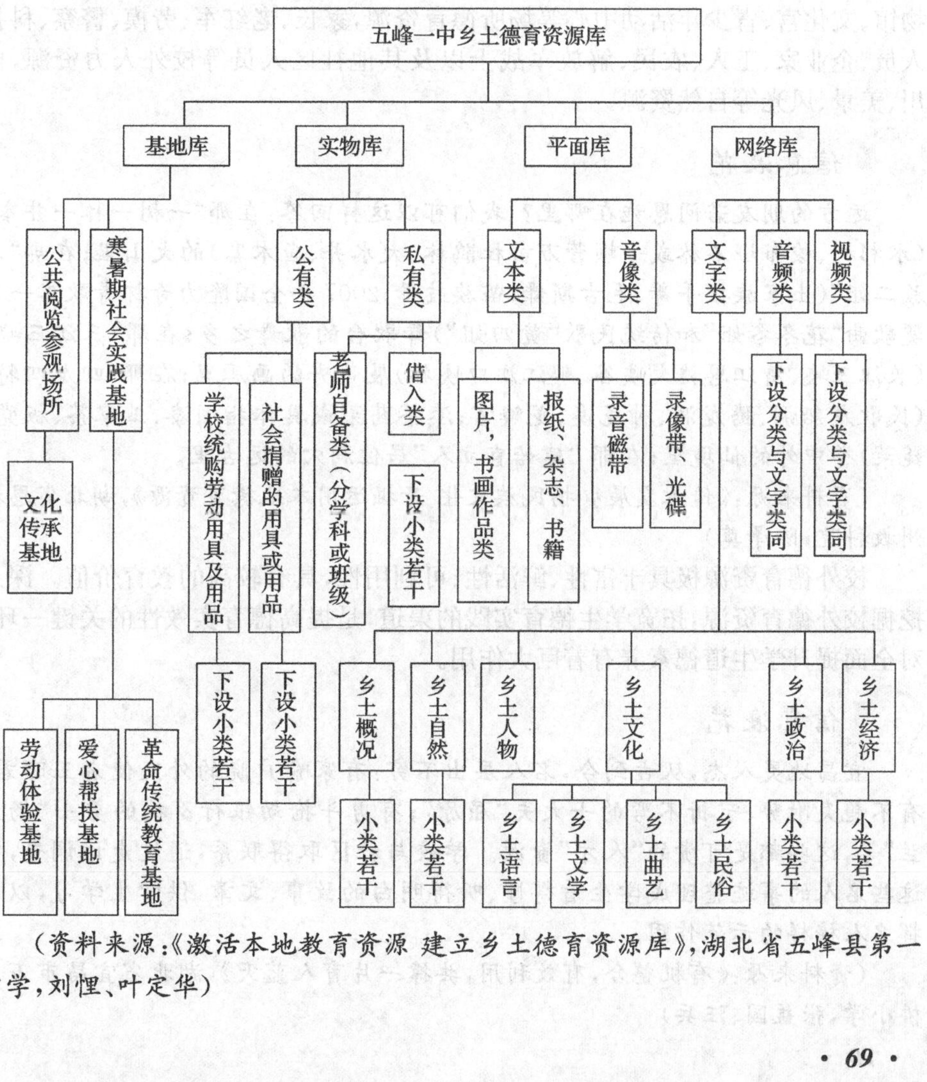

(资料来源:《激活本地教育资源 建立乡土德育资源库》,湖北省五峰县第一中学,刘悝、叶定华)

第三节　校外德育资源的整合利用

一、丰富的校外德育资源

问题导读

●你所了解的校外德育资源有哪些?

根据分布范围,社区德育资源可以分为校本德育资源与校外德育资源两大类。校外德育资源就是学校以外的社区德育资源。诸如烈士陵园、图书馆、博物馆、文化宫、青少年活动中心等场所德育资源,家长、老红军、劳模、警察、科技人员、企业家、工人、农民、解放军战士以及其他社区人员等校外人力资源,山川、美景、风光等自然资源。

信息浪花

远方的朋友若问恩施在哪里?我们可以这样回答:在那"一树一林一井寨"(水杉树、梭布垭石林或平坝营万亩杜鹃林、大水井、鱼木寨)的大山里;在那"二族二姐"(土家族摆手舞、毛古斯舞,苗族鼓舞;2007年全国隆力奇杯青歌赛一等奖歌曲"花冬冬姐"和传统民歌"黄四姐")舞歌台的歌舞之乡;在那"三江三峡"(长江三峡、清江恩施大峡谷、郁江江口峡谷)展奇秀的画廊里;在那"四龙四特"(民歌龙船调、腾龙洞、神龙溪、龙鳞宫;漆茶药菜或具体指坝漆、玉露茶、板党、莼菜)誉中外的仙境里;在那"建始直立人"居住洞穴的远古里。

(资料来源:《传承发展弘扬民族文化 开掘运用本地德育资源》,湖北省恩施州教科院,陈泽奠)

校外德育资源极具丰富性、鲜活性、可利用性,具有较高的教育价值。深入挖掘校外德育资源,拓宽学生德育实践的渠道,是提高德育实效性的关键一环,对全面提升学生道德素养有着巨大作用。

信息浪花

宜昌地灵人杰,从古到今,名人层出不穷:有家喻户晓的外交使者王昭君;有不趋炎附势、宁折不弯的士大夫"屈原";有勇斗抢劫银行歹徒的勇士"杨大兰"等,这些都是可贵的"人才"资源。学校与社区取得联系,通过走访调查,将这些名人的事迹整理成学生看得懂、听得明白的故事、文章,供学生学习,以发挥名人榜样的示范作用。

(资料来源:《有机整合,有效利用,共撑一片育人蓝天》,湖北省宜昌市万寿桥小学,张益国、汪兵)

二、校外德育资源的整合利用

问题导读

●专项社区德育资源有哪些？如何利用专项社区德育资源开展德育活动？

●综合社区德育资源有哪些？如何利用综合社区德育资源开展德育活动？

（一）利用社区中丰富的专项德育资源，开展各类专项教育

——结合当地的民风和习俗，进行尊老爱幼、孝亲敬长、互相帮助、团结和睦等传统美德教育。

信息浪花

土家族有其独特的人生礼仪习俗。土家人接亲时，男方有送一坛酒到女方的习俗；生小孩后，娘家就用这个坛子装一坛米酒（醪糟）送回去，俗称"今年吃火酒，明年吃甜酒"。婴儿出生后，其父去外婆家报喜，第三天"洗三"，外婆家一方带着许多担礼物到女婿家"打三朝""送祝米"，贺喜。礼物除米酒外，以粮食和婴儿穿戴为主，有布料、衣、帽、鞋、袜，还有鸡、鸭、鱼、肉等。女婿家鞭炮齐鸣，接过礼品，并将礼担整齐地在堂屋里摆放，待各路亲朋好友到齐，女婿家最长者把婴儿抱至堂前，向祖先和众长辈行礼，表示谢意。在"祝米酒"宴席上，婴儿再由父亲抱着向诸位行礼，发打发（给礼钱），以示吉利。

（资料来源：《社区德育资源的优化配置与整合利用研究总报告》，湖北省建始县大堰中学，王国强）

——利用社区革命历史故事和纪念场馆等"红色资源"，对学生进行革命传统教育和共产主义信念教育。诸如在广大学生中开展"革命前辈抛头颅、洒热血"故事的征集活动，有针对性地引导学生走访红色德育基地，搜集（聆听）革命前辈保家卫国的故事，通过"生在新中国、长在红旗下"的演讲活动进行爱国主义教育。

信息浪花

红安县是闻名世界的"将军县"，除"黄麻起义和鄂豫皖苏区革命烈士陵园"外，全县有国家级重点文物保护单位"七里坪长胜街革命旧址群"等 37 处，省级重点文物保护单位"董必武旧居""李先念旧居"等 8 处，市县级重点文物保护单位 163 处，先后被命名为"全国青少年教育基地""全国爱国主义教育示范基地""全国百家爱国主义教育基地""全国优秀社会实践基地"等。共有 70 多个国家和地区的学者友人先后来这里考察研究，有 260 多个省内外机关团体及大专院

校、部队院校在这里挂牌建立了“革命传统教育基地”。

（资料来源：《湖北省中小学德育现状调查研究报告》，湖北省教育厅调研组）

——整理利用社区名人资源，包括社区的名人轶事，结合开展理想教育和热爱家乡的常规教育，对学生进行人文精神教育和热爱家乡、热爱本土民族的教育，引导学生树立成人成才的理想和志向，培养学生热爱家乡的品质。俗话说，一方水土养一方人，社区文化环境对于培养学生独特的人文精神、文化气质和个性品德具有重要作用。引导学生搜集社区中的名人资源，感受名人身上特有的人格魅力和那种热爱家乡的淳朴与赤诚，从而培养学生热爱家乡的意识、情感，教育学生将来为家乡的发展和繁荣做出实实在在的贡献。

信息浪花

《三国演义》中的故事，有四十回发生在襄阳。通过参观隆中、水镜庄等三国故地，讲三国故事，让学生体会历史人物所具备的智慧与美德，受到古文化的熏陶，在感叹家乡景色美的同时，更为家乡的风景名胜和文化名人而感到骄傲，从而激发尚学之情。

（资料来源：《社区德育资料的开发与利用研究结题报告》，湖北省襄阳市第三十一中学，王江）

——整理利用社区文化资源，与学校的体育艺术节活动结合起来，提高学生的文化艺术素养，培养学生的民族自尊心和自豪感，以及热爱家乡的感情。

信息浪花

49 名身着鲜艳民族服装的学生或击鼓或拉二胡或吹唢呐，将节奏明快的丝弦锣鼓完美地展现在大家面前。这是湖北省恩施州建始县长梁民族小学丝弦锣鼓艺术团正在开展活动。建始丝弦锣鼓被誉为“土家人的交响乐”，至今已有 200 多年的历史，是湖北省非物质文化遗产。建始丝弦锣鼓厚重的文化底蕴和独特的民族魅力，引起了建始县长梁民族小学校委会的极大兴趣，丝弦锣鼓是本土民族文化精品，又是大人和孩子们喜闻乐见的东西，如今学校实施素质教育和新课程改革，何不把这一独特文化引入校园呢？为此，校长刘诗林组织专人走村串户进行调研。2007 年春，学校将报告送到县、州、省教育和民族工作部门后，引起了重视，有关部门将长梁民族小学“丝弦锣鼓进校园”课题破例吸纳为省级研究课题，并安排专家予以指导。2007 年秋，该校成立了丝弦锣鼓进校园课题组，学校通过教育部门，调丝弦锣鼓的资深艺人刘明俊到学校负责丝弦锣鼓的教学工作。2008 年 3 月，由 49 人组成的“长梁民族小学丝弦锣鼓艺术团”正式成立。学校投资数万元购买了 20 多种乐器。该县民宗局也资助 3 万元，帮助解决了一些实际困难。该县“黄四姐艺术团”的聂志全等教师主动担任传艺顾问，协助刘明俊教学。两年来，该校的传艺活动开展得有声有色，渐入佳境，演奏水平迅速提升。2008 年 10 月，艺术团代表建始县委、县政府出席“首届中国长江三峡天坑地缝国际跳伞节”文艺晚会，表演令观众如痴如醉，许多外国朋友也伸出大拇指给予夸奖。张继玉老师告诉记者，很多学生参加丝弦锣鼓艺术团后，变得充满自信，热心助人，学习成绩大幅提升。据该校教导主任付勇介绍，丝弦锣鼓进校园后，有效促进了民族工作和教学工作的有机结合，增强了学生的民族情感和民族认同感。

（资料来源：《湖北恩施长梁民族小学将丝弦锣鼓引入学校开展素质教育——“土家人交响乐”在校园响起》，《中国教育报》2009 年 8 月 22 日第 2 版）

——利用社区的自然资源，包括山川景物、风景名胜，结合环保教育和热爱家乡的常规教育，培养学生热爱自然、保护环境和热爱家乡、热爱祖国的思想情感。通过组织少年儿童开展远足、绿色小卫士、野炊、登山等活动，让他们更多地接触大自然，领略祖国山川的秀美，体验人与自然和谐相处的重要性，增强学生的社会责任感和环保意识，明白保护大自然就是保护我们家园的道理，引导少年儿童树立科学的自然观，做大自然的好朋友。

信息浪花

巴东二中所在的社区内，自然景观丰富，可谓山川秀丽，距学校 11.5 千米处有一棵高 38.7 米的亚洲松王——巴山松；距学校 4.5 千米处有一处洞中有洞，洞中有山，山中有洞，洞内乳石千姿百态的地下乐园——鸳鸯洞；距学校 6.5 千米处的石桥坪村有树中奇观——五样树，一颗枝叶繁茂的樱桃在近三米高的地方又同时生长着香椿树、黄荆树、木瓜树和牛奶子树。这里还有一座天生桥，杂树丛生，古藤缠绕，三棵千年油杉雄壮遒劲，有诗曰：“石桥高耸小龙头，物换星移几度秋，堕履老人今尚在？长留遗憾在明流。”像这样很有旅游开发价值的秀丽景观社区内比比皆是，随处可见。课题组带领学生或春游、秋游，或野炊、探险等，指导学生开展家乡自然风光摄影比赛，撰写家乡自然景观调查报告或拟写开发报告等，引导学生认识家乡、了解家乡，从而培养了学生热爱自然、爱护自然的情怀，培养了学生热爱家乡和建设家乡的浓厚感情。许多学生在课题研究的过程中，也激发了赞美家乡、歌颂家乡、热爱自然的写作热情，有多篇习作在《恩施日报》《恩施晚报》《中国恩施网》《长江巴东网》发表或转载。

（资料来源：《“社区德育资源优化配置与整合利用研究”结题报告》，湖北省恩施自治州巴东县第二高级中学，向宏茂、邓传选）

——总结社区的经济建设成就和社会发展状况，对学生进行热爱祖国、热爱社会主义、热爱中国共产党的教育。

信息浪花

建始县的小康建设成就显著，广大农民的获得感显著增强。全县农村环境变美了、公路变黑了、农户变富了、钱袋子鼓起来了、私人轿车多起来了、恩格尔系数低下来了、服装靓起来了、饮食精起来了、文化程度高起来了、人均寿命长起来了、住房大起来了、通信方式快起来了。

（资料来源：《“社区德育资源的整合利用研究”课题结题报告》，湖北省建始县大堰中学，王国强）

——利用各种节日和纪念日，开展各种专题教育活动。各种法定节日，传统节日，革命领袖、民族英雄、杰出名人等历史人物的诞辰和逝世纪念日，建党纪念日、红军长征、辛亥革命等重大历史事件纪念日，“九一八”、“南京大屠杀”等国耻纪念日，以及未成年人的入学、入队、入团、成人宣誓等有特殊意义的重要日子，都蕴藏着宝贵的思想道德教育资源。要抓住时机，整合资源，集中开展思想道德主题宣传教育活动。要组织丰富多彩的主题班会、队会、团会，举行各种庆祝、纪念活动和必要的仪式，引导未成年人弘扬民族精神，增进爱国情感，提高道德素养。每年的“公民道德宣传日”，在面向社会公众开展道德教育的同时，要注意组织面向未成年人的宣传教育活动。要丰富未成年人节假日参观、旅游活动的思想道德内涵，精心组织夏令营、冬令营、革命圣地游、红色旅游、绿色旅游以及各种参观、瞻仰和考察等活动，把深刻的教育内容融入到生动有趣的课外活动之中，用祖国大好风光、民族悠久历史、优良革命传统和现代化建设成就教育未成年人。结合重大节日，请老红军、英模、劳模、见义勇为英雄、成名企业家、再就业明星、五好家庭成员等来校作专题报告，讲述自己生动、成功的感人故事，以此来净化学生心灵，培养他们积极向上的品质。

(二) 利用社区中的综合德育资源，开展系列教育活动

1. 利用校外德育基地，有计划、有组织地开展丰富多彩的教育活动

各地各校可因地制宜，主动联系公园、消防训练中心、居委会、烈士陵园等教育活动基地，主动联系交警、农业、环保、城管等部门开发德育基地，并分期分批组织少年儿童到这些教育基地开展体验活动，使广大少年儿童能够利用节假日集中进行多种多样的实践体验，提高综合素质。诸如利用社区革命斗争历史资源，对学生进行革命传统教育寻访英模足迹。清明时节组织学生去烈士陵园扫墓、参观抗日英烈博物馆，通过观看那一件件珍藏的物品，一幅幅感人的图片，一篇篇翔实的资料，让学生了解革命的战斗史实和英雄们可歌可泣的英雄事迹。请老红军、英模、劳模、见义勇为英雄、成名企业家、再就业明星、五好家

庭成员等来校作专题报告,讲述自己生动、成功的感人故事。并结合重大节日请他们参加学校系列德育活动,以此来净化学生心灵,培养他们崇尚英模的品质。

信息浪花

我们社区内有一处烈士墓,里面葬着在解放战争时期"赵家院"战斗中牺牲的烈士,我们学校修整了该墓地,把它定为学校德育基地。每年清明我们都带领不同班级的学生拜祭这些先烈,为他们敬献花圈、花篮,让学生牢记我们今天的幸福生活是无数革命先烈用鲜血和生命换来的。学生们自觉在烈士墓前宣誓,要学好本领,报效祖国,上了一节节生动的传统教育课。

(资料来源:《优化社区教育环境,提高德育实效》,湖北省当阳市窑湾小学课题组)

2. 推进家校合作,开发家庭德育资源

家长是孩子的第一任老师,家庭是孩子的第一所学校,学校和家庭必须互相配合,密切合作,共同开展对孩子的教育。学校还可以通过开展"星期天我当家""为爷爷奶奶做力所能及的事""我和父母谈谈心""正确对待父母的批评和遇到的挫折"等系列活动,引导学生承担起对家庭的责任与义务,感受亲情的温馨,培养热爱劳动、孝敬长辈、自立自强的品质,做一个好孩子。

信息浪花

为推动家长学校工作最优发展,我们实行分层考评,努力促进家长完成从"自然父母"到"合格父母"的转变。家长学校首先制定评比表彰"优秀家长"条件,让家长在参与学习、活动和教育孩子过程中对照条件,创"合格家长",争"优秀家长"。而后由学校家教研究组组织对家长进行分层考评,即在问卷调研的基础上,针对家长的学历水平,分层次考评。如高中或中专以上文化程度的家长,每学期要进行一次考试,初中以下文化程度的家长以考查代替考试。考试的方法尽量灵活,或开卷考试,或预先发给试卷,带回家答题,限期交回考卷。对一部分家长还可以进行口试。在完成规定的课程后,凡考试考查合格的家长,发给"家教合格证书",以资鼓励。

(资料来源:《"家庭教育指导研究"结题报告》,湖北省宜昌市伍家岗区实验小学课题组,杨英友、胡书琴)

3. 开发社会活动资源,引导孩子积极参加社会实践

引导学生自愿组织和成立交警小队、消防小队、环保小队、记者小队、服务小队等一系列假日小队,开展相应的社会实践活动,让社会成为"活的课堂",让

学生在了解社会、服务社会的过程中，增强社会责任感，树立公德意识，养成文明行为；开展城乡学校手拉手活动，让学生在实践中体验生活，如有针对性地引导城市学生到新农村建设示范村参观，让大家身临其境地感受吃、穿、住、行、用的变化，深切体会中国共产党的伟大、光明和正确，懂得只有社会主义能够救中国和发展中国的深刻道理，从而增强对中国共产党和社会主义的热爱之情，对生活更加充满信心。

信息浪花

我校以大队辅导员和校外辅导员共同组建社区少先大队部，再分街道分居委会，分楼层建立起社区中队，在中队选择有共同爱好、共同兴趣的队员组建小队。这样，校内班级中队与校外社区中队相结合，校内外组织双轨并存，校内外教育同步进行。开展丰富多彩的社区少先队德育实践活动。如开展绿化校前一条街活动；号召一名学生影响一个家庭，开展“大手拉小手，小手牵大手，文明结伴走”活动，在社区各大院内张贴宣传书，倡议克服脏、乱、差现象，为文明大院、文明社区建设出力。同时，还成立了社区红领巾广播站，由队员自己采编、自己设计、自己播音，进行“文明卫生公约”“文明守则”宣传，进行“生活小窍门”“休闲时光”栏目的播音；向社区居民介绍生活常识、健康知识，还成立了爱心、卫生、护绿等治安小队，开展手拉手美化家园活动。在活动中，我们与家长交友，与社区“攀亲”，建立密切的家校关系和社校关系，初步形成了学校、社区、家庭一体化大教育格局。

（资料来源：《“社区德育模式”课题研究报告》，湖北省襄阳市谷城县城关镇城内小学课题组，李海清）

第四节　校本德育资源的开发与利用

一、校本德育资源与学校文化

问题导读

●你所了解的校本德育资源有哪些？

●如何理解学校文化在学校发展过程中的意义和作用？

校本德育资源就是学校内的社区德育资源。随着国家课程改革的不断深入，实现国家课程、地方课程和校本课程的整合和互补是学校向更高办学层次迈进的发展之路，也是课程改革中国家对一些学校的建设要求。所以，进行校本德育资源的开发和研究是学校自身发展的要求，也是丰富校本课程，建设学校文化的需要。

一所学校的魅力从何而来？从根本上说，来自学校文化。文化是一所学校最值得品味的东西。所谓学校文化，是指学校围绕一定的价值观所展现出来的精神面貌、行为方式和物质形态，包括学校的教育理念、管理制度、人际关系、教学模式、教学风气和校园面貌等。学校文化是具有力量的，这种学校文化力是学校核心竞争力的基石。

“未来学校的竞争，归根结底是学校文化的竞争。”中外著名学校都是依靠学校文化获得成功，展现魅力的。苏联时期，帕夫雷什中学的办学理念是“设计和造就全面和谐发展的人”，为了实现这个目标，校长苏霍姆林斯基倡导爱的教育、自主教育，致力于构建家校合作教育网络。帕夫雷什中学成功了，她从一所普通的农村中学变成“教育的圣地”。山东杜郎口中学的办学指导思想是：相信学生、依靠学生、解放学生、发展学生。学校规定：课堂上教师讲课时间等于或少于10分钟，学生自主活动时间不少于35分钟；撤掉讲台，搬走讲桌，学生动起来。北京十一中学确立“改革、选择、发展、和谐”的办学理念，锐意改革、与时俱进。学校率先举办“国有民办制”学校，率先提出“创造适合学生发展的教育”。同时，致力于扩大教育的选择性空间，允许学校、教师、学生有更多的选择权。“十一人”以主动变革的人生态度，积极进取的奋斗精神，自主选择发展道路的执着和坚韧，追求成功，追求卓越，开创了教育的一片新天地。其实，清华大学附属中学、华中师范大学附属中学等知名学校，无一不是学校文化建设的实践者和排头兵。

学校是一种有领导、有组织、有目标、有计划的专门教育机构，在德育资源方面具有得天独厚的优势。校本德育资源比比皆是，诸如校名、校训、校徽、校报(刊)、校歌、铭文碑刻等；操场上的国旗、旗杆；校史、杰出校友；学校文化长廊，校园文化牌；有声墙壁，校园温馨提示语；师生中的好人好事、国旗下的讲话……所有这些，都是学校文化的组成要素，都是重要的校本德育资源。

信息浪花

湖北省襄阳市昭明小学位于市中心，附近有为纪念南朝梁昭明太子萧统而建的昭明台，校内建有为纪念革命先烈肖楚女而建的肖楚女陈列室。学校充分发挥“名人精神”的引领作用，引导全体学生熟知并宣传校园文化，增强学生的光荣感和使命感。引导学生学习萧楚女烈士的革命精神、坚强意志，萧统的严谨治学态度、良好品德，形成了昭明文化和红烛文化特色品牌，教育成效显著。学校先后获得“全国校本德育创新基地”“全国特色学校”“全国创新型学校”“湖北省爱国主义教育基地”等荣誉。

(资料来源：湖北省襄阳市昭明小学社区德育理论与实践研究课题结题报告)

二、校本德育资源的发现与生成

问题导读

●校本德育资源的生成应遵循哪些原则？

●开发校本德育资源的途径有哪些？

校本德育资源的发现与生成问题，其实就是校本德育资源的开发问题。因为校本德育资源是社区德育资源的组成部分，所以，校本德育资源的开发也必须遵循社区德育资源开发的原则和途径、形式。但是，校本德育资源开发也有自身的特殊规律，必须遵循特定的原则和途径、形式。

（一）校本德育资源开发的基本原则

有效生成校本德育资源必须遵循特色化原则、主体化原则、民主化原则、动态化原则等基本原则。

特色化原则：校本德育资源是校本课程的重要组成部分，校本德育资源的有效生成必须依据学校自身的特点和条件，充分发挥学校优势与特长。

信息浪花

耀华中学是一所有着悠久历史的名校，德育资源积淀丰厚。耀华学校的建校，是解放前天津英租界华人争取中国人自主教育权的成果。自建校之时，就确定了“勤、朴、忠、诚”的校训，并以光耀中华为己任，堪称德育为先的典范。近80年来，耀华培养出了包括金怡濂、于敏、梁思礼等十三位院士在内的众多优秀学子，他们在祖国的各条战线上创造出巨大的物质财富和精神财富，成为贡献社会、建设中国特色社会主义现代化的重要力量。

（资料来源：耀华中学校园网，网址：http://baike.baidu.com/view/279584.htm?fr=aladdin&fromtitle=%E8%80%80%E5%8D%8E%E4%B8%AD%E5%AD%A6&fromid=618659&type=syn）

主体化原则：校本德育资源的有效生成要体现“人本”思想，强调以学生为主体。紧贴学生发展实际，注重激发学生主动经历、主动感悟，引导学生自己去掌握道德概念、道德评价、道德判断和提高自我教育能力，使学生能对不同意识形态作出自主判断，并学会汲取其中有益的东西，完善自身的品德素质。

信息浪花

江苏栟茶中学决定对所有教学楼予以命名，且名称全部在学生中征集，要求学生提出楼名并阐述命名思路和基本理念。在所有学生进行独立思考、自主命名的过程中，自我教育的作用悄然发生。各楼名称如下：风正楼、风范楼、风华楼、风淳楼、风雅楼、知行楼、知辛楼、学思楼、成思楼等。

（资料来源：江苏栟茶中学校园网，网址：http://baike.baidu.com/view/829418.htm）

民主化原则：校本德育资源的有效生成要积聚各方意见和力量，形成开发合力与和谐气氛，激发德育资源的开发潜力。

动态化原则：校本德育资源的有效生成属“解决问题型”开发，是一个开放的动态过程，不可能“一劳永逸”。它本质上要求学校和老师不断地开拓创新，使校本德育资源不断地丰富和完善，以适合社会生活不断变化的现实和学生不断发展的需求，增强学校德育主动适应的机制和能力。

（二）校本德育资源有效生成的途径与形式

显化。显化就是使一些具有隐蔽性的德育资源明朗化。在学校生活中，可开发的德育资源比比皆是，真可谓“校园处处皆教材”。学校和教师可以利用确认、新建和重构等手段，对各种校内教育素材加以处理，赋予其道德教育的含义和价值。例如：绿化校园时，在大树下竖一块植物的介绍牌，告诉学生树木的名称、树龄、生长的喜好等资料，使得孩子们不仅对树木有所了解，也培养了学生对花草树木的爱惜之情。

转化。转化就是将校外德育资源引入校内，使之成为学校和教师可以掌握和利用的德育资源。学校在开展社区德育资源调查，了解校外德育资源现状的基础上，依靠确认、新建和重构等手段，开发校外德育资源，最终通过建立德育资源库，掌握一切可供利用的校外德育资源。从这个意义上将，校内德育资源与校外德育资源都是相对的概念，二者之间存在着互相转化的关系。例如，学校邀请社会各界人士到学校对学生作专题报告，学校邀请教育专家到学校家长学校给家长作家庭教育指导的报告，学校将从社会上收集来的传统生产工具收藏进学校乡土德育资源库，就是一个校外德育资源转化为校本德育资源的过程。

内化。校本德育资源具有多质性，也就是说，同样的校本德育资源可以为实现不同的课程目标服务，不同的学科可以运用同一种校本德育资源。因此，必须提倡加强学科渗透，在学科教学过程中积极运用各种校本德育资源，实现校本德育资源共享，实现学校德育过程与学科教学过程之间的完美结合。

信息浪花

“一方水土养一方人——为传承文化搭桥”

学生通过收集整理有关钱塘江的诗、词、歌、赋民间传说；收集了解该地的民俗、方言；建立语料库、钱塘名人录等活动。既了解了钱塘自古繁华，东南形胜，三吴都会，几千年的历史；又深深地感受到钱江深厚的文化积淀，及钱塘江区域给我们留下的文化遗产，更进一步增强学生热爱家乡的情感，提高自己的人文素养。活动的设计正是本着将语文、常识、思想品德学科相互渗透，以充分发掘同一校本资源为不同的学科目标服务的功效。

外化。学生开展社会实践活动，可以看作是校本德育资源的外化。因为学生校外获得的主要组织者是学校，因此，从本质上看，学生社会实践活动属于校本德育资源。但是，由于社会实践活动是在校外、社会上进行的，因此，它是外化的校本德育资源。通过开展社会实践活动，既达到了教育学生的目的，同时优化了社会环境，促进了社会精神文明建设。

信息浪花

我校重视建设课堂内外相结合的德育过程，将课堂教学与专题讲座、社会实践、外出考察活动、主题表演等相结合，由“形式课堂”走向“非形式课堂”，促进学生生动活泼发展。几年来，我校坚持开展以“五走”为主体的综合实践活动：走进贫困农村——姣儿冲，到农家访贫问苦，到田间了解香菇的生长，到山沟埋锅做饭，开阔了学生的视野；走近环卫工人，与环卫工人一起扫大街，体味环卫工人的甘苦；走入军营，学习军人顽强拼博、无私奉献的精神品质；走向广水支柱企业——烟厂，了解中国加入世界贸易组织对烟厂的冲击，了解先进生产工艺带来的深刻变革；走进农村薄弱学校——金星小学，了解农村教育现状，树立刻苦学习的雄心壮志。

（资料来源：《初中学生思想品德现状调查报告》，湖北省广水市实验中学课题组，代道强）

信息浪花

教育社区的建立和社区德育活动的开展也给社区带来了一缕春风。由孩子们组成的“模特小分队”“建美操小分队”经常活跃在社区，和老人同台表演，成为社区的一大亮点，由此推动了社区居民强身健体的热潮，给社区带来了文明新风和朝气蓬勃的气象。

（资料来源：《在实践中体验 在探究中成长》，湖北省宜昌市实验小学课题组，杨德强）

强化实践活动应根据学生思想品德发展的实际，精心组织，同时在活动中要把握好三个转变，即由认知性实践向解决问题的实践转变；由模拟性实践活动向现实性实践活动转变；由校内实践活动向社会实践活动转变。有意识地锻炼学生的道德行为，并在各种活动和交往中加强学生自我教育能力的培养，尤其要加强学生运用道德知识、概念对别人和自己的道德行为进行判断、评价能力的培养，以及学生自己确定思想修养的目标、计划、行动与自我检查、监督能力的培养。

从实质上来讲，校本德育资源开发的过程，不仅是一个积累的过程，也是一个创新的过程，只有经过不断的积累和创新，校本德育资源才会更加丰富和完善。

三、校本德育资源的实际应用

问题导读

●你能说出你所在学校校名的来历吗？
●你打算怎样利用学校走出的成功人士对学生进行教育？
●如何利用各种校本德育资源开展教育实践？

学校要充分挖掘和整合校内教育资源，构建校本德育资源和校本课程，打造学校办学特色。具体说来，应该充分利用校名、校训、校歌、校史、碑刻铭文、校风、杰出校友、校园环境、校庆、校规和国旗下的讲话等校本德育资源，积极开展各类教育活动，让学生接受学校的文化的熏陶。

校名　校名是一所学校的象征，对于一所具有较大影响力的优秀学校来说，校名往往具有品牌效应。如山东杜郎口中学，就是在逆境中改革创新求发展的典范，同时是高效课堂的代名词。学校的校名一般都有一定的历史渊源和深刻的含义，都能够反映出一定的时代特征。比如，上海市少云中学，是一所以抗美援朝英雄战士邱少云的名字命名的学校，现为杨浦区爱国主义教育基地。

校名是对学生进行思想品德教育的良好素材。利用校名可以对学生进行爱校教育，引导学生热爱学校，维护学校声誉，以校为荣，积极为学校增光。还可以利用学校的优势和特点进行特定内容的教育。如，山东杜郎口中学可以根据学校的发展历史，教育学生奋发图强，自强不息，勇于创新；在上海少云中学，战斗英雄邱少云那严守纪律、不惜牺牲生命的事迹，是该校对学生进行爱国、守纪教育的特有资源。

校训　校训是体现学校精神风貌、对师生有教育和激励作用的词语，要求言简意赅、便于记忆。[①] 校训是广大师生共同遵守的基本行为准则与道德规范，它既是学校办学理念、治校精神的反映，也是一所学校教风、学风、校风的集中表现，体现学校文化的核心内容。

校训对师生的行为规范有指导意义，也有巨大的感染和激励作用。校训往

① 教育管理词典[M]. 海口：海南出版社，443.

往被设置在学校最为醒目的地方，使每一个师生经常看到它，受其潜移默化的影响作用，久而久之，逐渐受其感染，慢慢化为自己的内在价值尺度，并以此来自觉地衡量、调整和校正自己的行为。① 学校要对校训进行必要的诠释和宣传，使校训深入学生内心，对学生发挥积极的引领和激励作用。

信息浪花

国内外学校校训集锦

大学类：

东南大学：止于至善

复旦大学：博学而笃志，切问而近思

清华大学：自强不息，厚德载物

武汉大学：自强弘毅，求是拓新

华中师范大学：求实创新，立德树人

北京林业大学：养青松正气，法竹梅风骨

首都医科大学：扶伤济世，敬德修业

香港辅仁大学：真善美圣

香港中文大学：博文约礼

美国宾夕法尼亚大学：毫无特性的学习将一事无成

美国多伦多大学：像大树一样茁壮成长

美国加州理工学院：真理使人自由

美国光州大学：青春开放活力

伦敦政治经济学院：了解万物发生的缘故

牛津大学：上帝给我光明

中学类：

桂林中学：专心志、忧天下

长沙市雅礼中学：公勤诚朴

广西南宁市武鸣高级中学：走光明之路

莲花中学：说实话，办实事，做真人，求真理

中山市华侨中学：自强不息，敢争第一

河北衡水中学：追求卓越

胶州市第四中学：德才兼备，至真至美

① 百度百科：http://baike. baidu. com/view/476424. htm.

小学校训

北官厅小学：真诚待人，快乐生活

北京曙光小学：文明、勤奋、自主、健美

北京景山分校：明礼、勤奋、严谨、创新

北京翠微小学：明德至翠，笃行于微

校歌　校歌是学校规定的代表本校的歌曲，是学校办学理念、校园精神和学校特色的集中体现。校歌与校徽、校训等相得益彰，是反映学校精神风貌的重要标志，是引领学校发展方向的精神宣言。好的校歌，起着明责、励志、抒情、催人奋进的教育鼓舞作用。校歌的歌词要求符合青少年的特点，寓意深远、简洁明快、朗朗上口，便于传唱。

温州市实验小学校歌

我们是异想天开的翅膀
在世纪广场飞翔
我们是脚踏实地的蓓蕾
在百年籀园绽放
我们是快乐的朝霞
每张笑脸都闪耀着金色的畅想
我们是遨游的风帆
每次航行都荡漾着明天的希望

实验小学　美丽的殿堂
关注世界关爱生命是我们不变的志向
实验小学　梦想的地方
我们明天的辉煌就是从这里启航

校园有惠风和畅的师长
引领我振翅翱翔
校园有百舸争流的江海
任凭我乘风破浪
校园有辛勤的园丁
每次浇灌都倾注着无限的衷肠
校园有耀眼的红烛
每次燃烧都伴随着汗水的流淌

实验小学　知识的海洋
兼容并蓄自我超越使我们快乐的成长
实验小学　梦想的地方
我们明天的辉煌就是从这里起航

南京金陵中学校歌

大江滔滔东入海，我居江东，
石城虎踞山蟠龙，我当其中。
钟楼嵯峨，教育之宫，桃李坐春风，
恩如潮，气如虹，永为南国雄。

校史　记录学校建立发展和变迁的过程的文献资料，包含简介、历史、展品、荣誉、发展等。

碑刻铭文　依据学校历史、学校文化、校园方位、师生状况和学校发展前景等内容进行文学加工而形成的鼓励广大师生昂扬向上、奋斗不止的一种文体。这种文体，通常是散文般的笔调、诗一样的语言，朗朗上口，引人深思。

信息浪花

凤凰形胜，实小独踞其首；夷水古城，雏凤沐羽其阳。热血暄衔火之喙，寒窗鉴积薪之恒。香木焚烬，赋发涅槃之情，歌其鹜新；华诞佳期，石取精卫之海，法其精神。实小师生，受命拳拳；教育行政，重托殷殷。何也？大器有赖初陶之功，巨材沾恩始培之本。生命初程，童话幻境。开窍暗消混沌，启蒙潜悟人生。夏萤冬雪，学子自有真乐；春华秋实，泮林当萦好音。借力当代成果，乘风高浪颠顶。桃李春风，处优渥而能妍；青衿花发，临尘嚣而不渝。丁丁摧斧，无伤参天之苗；耿耿敬业，能秉红烛之忱。科教之强校，楚天曜星；教改之名牌，奋翮鼎盛。嗟夫！名校者，时代所授殊荣也；实小者，民族瞻瞩之宝树也。名实相符，故百凤翔集也。（恩施市实验小学纪念碑文）

校风　学校的风气。表现为有形的和无形的情景条件。由认知、情感、意志、行为等多种因素构成。包括领导作风、教风和学风。对学生产生潜移默化的影响，起着积极或消极的作用，是一种无形的力量。①

校园环境　文化氛围就是校园环境（包括楼阁建筑、山水园林、文化长廊等）给人自然形成的精神力量，能够对周围的人形成一种积极、向上的影响力。

① 教育管理词典[M]. 海口：海南出版社 ,443.

学校的文化氛围直接影响学生的健康发展。学校在办公条件改善、场地建设的同时,必须努力营造学校自身的文化氛围,因为学校的图书馆、机房、电子阅览室,还有演播室、多功能教室等,甚至于一草一木,都是进行德育教育的重要场所。学校文化氛围形成后,可以去感染学生、激励学生,使师生的精神面貌发生质的变化。

信息浪花

建始县业州镇大堰中学根据不同时段的钟声,设置不同内容的提示语,使校园钟声独具魅力。晨读时,“同学们,晨读开始了,请捧起书来,去寻找你的快乐吧!”课间操时,“请同学们到操场上做操,天天做操,身体好”。做眼保健操时,“眼睛是心灵的窗户,同学们,做好眼保健操,保护好你的双眼”。就餐时,“就餐时间到了,请同学们不拥不挤走向餐厅,文明就餐。餐厅是我家,清洁靠大家”。这些温馨的提示,让同学们心情愉快地学习、就餐,去掉了浮躁,宁静了心灵。就寝时,“结束了一天的学习生活,反思一天的得失,请同学们准备就寝,进入甜甜的梦乡”。周五放假时,“紧张有序的一周结束了,请同学们关好教室门窗,备好书本,按时回家,遵守交通规则,安全乘车,乘安全车,文明守纪,不到危险的地方玩耍。未经允许,不走亲访友,不做与中学生身份不符的事,爸爸妈妈在等你。请老师们关好办公室、寝室门窗、电闸,回家休息吧。祝同学们周末愉快”。这些话语,温情提示中暗含规矩,让同学们时刻不忘安全。打造钟声文化,将品德、安全、卫生、纪律等教育融入钟声中,显示出人文关怀,优化了育人环境,一举多得。①

校庆 为纪念学校建立而举行的庆祝活动。一般是历史悠久或有某种特色的学校,在建校若干周年时举行。目的是联系校友,增进感情,交流经验,激发学生的爱校热情,提高学校的知名度。

信息浪花

“庆七十华诞清江岸上桃芳李艳添秀色,创千秋伟业凤凰山下根深叶茂谱新章”。2009 年 11 月 24 日,恩施市实验小学迎来了建校七十周年华诞。校园里彩旗飘扬,鲜花遍布,到处充满欢声笑语。全校 4300 多名师生员工和各位来宾为七十华诞举行了隆重而热烈的庆典大会。该校校长作了题为《追溯历史,汇聚力量,奋力实现新跨越》的致辞,回顾了学校 70 年的办学历程和取得的丰硕成果,坚定了进一步办好学校的决心。他承诺,广大教师将进一步加强修养,提高能力,努力成为学生爱戴、人民满意的好教师;广大学生将珍惜美好时光,

① 王国强.校园钟声“变身”温馨提示语[M].中国教育报,2010.4.21.

加强品德修养,加强体育锻炼,认真学习科学文化知识,全面发展,茁壮成长。学生代表杨鑫、教师代表何名芳以及利川市实验小学校长张承锋在会上发了言。庆典大会结束后,该校师生还为来宾们献上一台精美的文艺表演,以庆祝学校成立70周年。下午还举行了校园文化建设学术报告会。

(恩施市实验小学70周年校庆简况)

优秀校友　校友就是曾经在同一个学校学习、工作的人。成为校友以学校为标准,并不以班级等为标准。校友的定义很广泛,有老校友新校友等。从学校走出去的优秀校友无疑是对学生进行教育的最好教材。由于校友可亲、可敬,其事迹可信、可学,容易与人产生共鸣,优秀校友自然成为大家学习的榜样。

信息浪花

杨再平博士是从我校走出去的优秀人物,他不仅自己发奋学习,而且不论在什么时候、什么地方,都始终不忘鼎力支持家乡教育。在他的引荐下,深圳世多利贸易有限公司董事长黄辉堂先生捐资20万元人民币为母校修建了一栋漂亮的综合办公楼,取名"辉堂大楼"。他利用自己的人际关系,介绍外地朋友为该校30多名寒门学子捐资助学。每隔一段时间,他都要专程回到母校看望老师和同学。1999年4月,他回到母校欣然题字"知识改变命运",以此来鼓励同学们发奋读书求学。在杨再平博士的家里面还摆放着一些苗族、土家族特有的物件,比如草鞋、小石磨……"一是拿它来装饰家庭,同时也代表一种浓浓的思乡情怀。"他在接受央视《西部论谈》专访时很惬意地说。"我现在到夏天我还穿草鞋,当拖鞋穿,很舒服。"我们有意识地让同学们通过电话联系、发送电子邮件、听人讲解的途径,了解他的感人事迹,使大家从他身上感受到热爱家乡、眷念家乡的赤诚,从而激发、升华热爱家乡的感情,这种感情就显得格外真诚和浓厚了。

(资料来源:《大堰中学社区德育资源的整合利用研究课题结题报告》,湖北省建始终县大堰中学,王国强)

管理制度　包括办学的理念、方向、思路,包括如何实现办学理念、方向、思路的各项管理制度。前者是凝聚全校师生共同奋斗的目标和强大动力,后者是全校师生共同的行为规范,是实施目标的保证。

好人好事　发生在校内的好人好事,真切、可信赖,极具感染力,学生受到的教育最大。

信息浪花

建始县大堰中学一个真情的故事感动了社会:一天,校长室里塞进一个信封,内装25元钱和一封饱含深情的书信。信中这样写道:"在这次开学典礼上,我虽没有得到任何奖项。但我看到克服困难、发奋学习的三(3)班的那个大姐姐站到领奖台上时，内心十分激动。她给了我无限的力量，我决心向她学习，并把我仅有的25元'压岁钱'通过您转给她……不过，请您不要查找我是谁。我只想表示一份爱心，让她永远生活在爱的世界里……记住，请不要查找我是谁。”

（资料来源：《大堰中学社区德育资源的整合利用研究课题结题报告》，湖北省建始县大堰中学，王国强）

国旗下讲话　每周星期一或重大节日、重大活动中升国旗仪式后进行的讲话，是学校德育的重要载体。与其他德育载体相比，国旗下讲话有其不可替代的价值。

信息浪花

同学们，你们是二十一世纪的主人，是未来祖国建设的生力军，是中华民族的希望！过去，我们民小为各中学输送了一大批优秀的生源，赢得了中学、广大学生和学生家长的信任和支持。今后，我们将继续发扬学校的优良传统，不断提高教育教学水平。学校会尽力为同学们创造良好的学习条件，同学们要加倍努力。你们的父母在关注着你们；我们的每一位教师都在祝福你们。今天我们要将新学期视为一个新的起点，以全新的精神面貌投入学习和生活之中。遵守学校规章制度，尊敬老师，刻苦学习，热爱劳动，关心他人，善于合作，以优异的成绩向你们的父母汇报。

（资料来源：《国旗下的讲话》，湖北省建始县长梁民族小学校长，刘诗林）

放眼校园，我们就能感受到校本德育资源赋予德育建设的新的生命力。

“生活即教育，社会即学校。”生活是教育的源泉，教育应该走进学生的整个生活世界。

——题记

第四章　社区德育环境的优化与重塑

第一节　社区德育环境的构成

问题导读

●什么是社区德育环境?

●试分析校内德育环境的构成要素

●试举例说明社区文化环境的构成要素

所谓社区德育环境，就是指社区范围内影响青少年学生道德素质形成、发展和学校德育活动开展的一切自然条件和社会条件的总和。

社区德育环境按照分布区域划分，可分为校内德育环境和校外德育环境；按照存在形态划分，可以分为自然资源环境、实物资源环境、场所资源环境、人力资源环境和活动资源环境五大类。山川景物、自然环境属于自然资源环境。矿产资源、工农业产品、各种建设成就属于实物资源环境。各种人文景观、图书馆、博物馆、体育馆、文化宫、青少年活动中心、影剧院、公园、商场、工厂、农场、村庄以及学校等，属于场所资源环境。教师、老红军、劳模、警察、科技人员以及社区各类人员(如学生家长)等是人力资源环境。活动资源环境包括两类：一是社区成员广泛参与的活动，如社区的街坊节、运动会、音乐节、联欢会、博览会、庙会等；在节假日，城乡都有一些庆祝活动，还有一些与人物和历史事实相联系的纪念活动，如龙舟赛等；二是人们的生产活动和生活活动。社区内的这些资源，城乡会有所不同，但对于学校德育而言，都是可以开发和利用的宝贵教育资源。

在此以校内德育环境和校外德育环境两方面来分析。

一、校内德育环境

校内德育环境主要包括精神文化环境、物质文化环境和制度文化环境。精神文化环境包括办学目标、办学理念、办学特色、学校精神、校风、学校道德、学校活动等;物质文化环境包括学校建筑、学校环境以及各种教学设施等;制度文化环境包括各种规章制度,师生道德规范,行为准则,工作、学习、生活模式,传统习惯,时尚风俗,人际交往方式等。

(一)学校精神文化环境

学校精神是学校在长期历史发展过程中逐渐形成的价值取向,是一所学校的灵魂和精髓。学校精神对师生的行为起着潜移默化的统领作用,并体现在师生的思维方式、行为方式和生活方式之中。学校精神文化环境主要包括以下几方面的内容:

1. 办学目标

办学目标是学校具体价值观的集中体现,一所学校的办学目标决定了学校的工作方向、工作策略和工作标准,是学校教育教学行为的发展方向、预期成果和评价标准,也是学校文化建设的出发点和归宿点。

2. 办学理念

学校的办学理念是学校为实现办学目标而在教学、科研、管理等方面特有的基本信念,是学校领导及全体职工对教育方针、教育策略、人才培养等方面的理性思考。它是在学校长期的办学实践中总结、积淀、提升、概括形成的,是学校全体师生员工认可和接受的教育思想,具有相对合理性、先进性和稳定性。

3. 办学特色

办学特色是学校在长期工作中形成的、本校特有的、优质而独特的风貌。特色蕴藏着优势,优势体现着良好的办学水平。学校办学目标、办学理念、工作模式、工作环境的复杂性和教育与受教育者之间的巨大差异,为学校形成不同的办学特色提供了可能。学校间追求卓越、谋求最优化发展的竞争态势,为学校形成鲜明的办学特色创造了必然。只有大力培育特色并发展自身优势,才能更好地提高学校整体实力和核心竞争力。

4. 学校精神

学校精神是学校教育观念、传统习惯、工作态度、行为方式的高度概括和总结,体现了一所学校师生的群体特征和集体风貌,是支撑师生勤奋工作、发奋进取的心理召唤,也是学校师生有意识地培养和倡导的精神依托。学校精神不是凭空产生的,也不是人为编制的,它需要一个长期的积累、总结和提炼过程,它与学校环境、学校历史、工作传统和师生结构有着不可分割的联系,是在学校长期工作中形成的集体智慧的结晶。学校精神主要以校训、校歌、校徽、校旗等为表现形式。

信息浪花

部分高校、中学校训选录：

北京大学：爱国、进步、民主、科学

清华大学：自强不息、厚德载物

复旦大学：博学而笃志、切问而近思

北京师范大学：学为人师、行为世范

中山大学：博学、审问、慎思、明辨、笃行

北京舞蹈学院：文舞相融、德艺双馨

北京林业大学：养青松正气、法竹梅风骨

中国海洋大学：海纳百川、取则行远

南开中学：允公允能、日新月异

建平中学：今天我以建平为荣，明天建平以我为荣

福州一中：植基立本、成德达材

菏泽一中：厚德至善、博学致远

濮阳市油田十九中：省吾身、做小事、善为人

5. 校风

校风是一所学校的工作风气和传统习惯，是学校文化的外在表现。校风一般有两层含义：第一层是指一般的良好风气，只有形成了带有普遍性的、重复出现且相对稳定的行为心理状态，并成为影响学校生活的重要因素时，才能称为风气；第二层是指一所学校区别于其他学校的独特作风，反映了学校的个性特色。校风主要由学风、教风、领导作风及校园文化氛围等构成，也包括科研作风、体育风尚、美育特色等。

6. 学校道德

学校道德是指学校在长期发展中积淀形成的调整人与人、部门与部门、个人与集体、个人与社会、个人与自然、学校与社会之间关系的准则和规范。道德与制度虽同属行为准则和规范，但制度带有强制性，道德具有自律性。道德的内涵包括道德意识、道德关系、道德行为三部分，学校道德就其内容结构上看，主要强调调节教职工之间、师生之间、学生之间、师生与学校之间、学校与社会几方面的关系。

7. 学校活动

学校活动是指学校为完成教育教学目标、加强过程性体验、丰富学校生活而组织实施的师生群体行动。学校活动是学校精神文化的重要组成部分，是师生精神面貌和学校办学活力的重要体现形式。学校文化活动是否活跃，决定着

学校是否充满生机和活力。一般来说，学校活动的多少、活动效果的优劣，与学校办学水平和学校实力成正比。学校以培养、教育人全面发展为目的，丰富的学校活动为学生实现全面发展提供了可能。从学生德、智、体、美、劳等知识、技能、道德的发展和形成规律而言，学校活动是学生学习知识、参与实践、提高技能和落实知、情、意、行道德形成和发展规律的必要环节，是学校全面落实教育方针，全面提高教育教学质量，构建和谐学校不可或缺的内容和载体。

学校活动在内容上可涉及到学科教学、社团活动、文娱活动、体育活动、艺术活动、节日纪念日活动等。根据内容和形式的不同，学校活动主要包括：综合性学校活动，如文化艺术节、体育节、科技节、读书节等；学科性学校活动，如数学节、生物节、学科竞赛等；艺术性学校活动，如歌咏比赛、集体舞比赛、书画展、影视评论等；节日性学校活动，如迎新年活动、植树节活动、青年节纪念活动、儿童节庆祝活动、"一二·九"传统教育活动等；主题教育日活动，如安全教育日、学雷锋纪念日、世界卫生日、世界环境保护日、抗日战争纪念日等。

（二）学校物质文化环境

学校物质文化环境是学校师生在教学、生活、活动中所依赖的一切物质对象，是人们通过感官可以感受的一切物质性对象的总和，主要指学校所处的外部自然环境、学校内部的规划布局以及学校建筑、绿化、雕塑和文化传播的设施等。它是形成学校制度文化和精神文化的物质支撑，是提高办学水平和办学实力，增强师生爱校意识和凝聚力，实现学校可持续发展的必要手段。主要涉及以下几方面内容：

1. 学校建筑

包括教室、办公室、图书馆、体育馆、活动室、实验室、食堂、宿舍、厕所、功能性楼堂馆舍、道路、大门、操场、绿地、学校景观等建筑性设施。

2. 校园环境

包括橱窗、报栏、雕塑、凉亭、假山、喷泉、园林、花坛、标语、口号、文化长廊、墙壁设计、花草树木以及学校的地理位置、地形风貌等。

3. 教学设施

包括多种功能教室，如普通教室、语音室、计算机室、实验室、多媒体室、图书室、电子阅览室、音乐室、排练室、体育厅、报告厅等；办公教学仪器设备，如多媒体、教学器材、图书资料等；专业活动场地，如篮球场、足球场、跑道等。

（三）学校制度文化环境

学校制度是指学校在长期的教育实践过程中逐渐形成和发展起来的各项

规章制度，它包括校规校纪、行为规范、道德准则、群体意识和风俗习惯等。制度文化是由外在形式（制度）和内部体验（态度、方式）有机结合形成的一种文化环境。它是学校各项工作的依赖和保障，涉及学校教育教学工作的各个方面，除全面落实国家及上级教育管理部门所制定的各种法律、法规、条例、规章之外，学校制度文化主要涉及以下几方面的内容。

1. 学生管理制度

指管理学生工作的各项计划、条例、规章制度等。包括中小学守则、中小学生日常行为规范、学生一日常规、学生礼仪规范、学生就餐制度、学生宿舍制度、优秀生评选制度、学生活动安全制度等。

2. 员工管理制度

指对教师、行政人员、工勤人员的管理制度。包括岗位职责、教师职业道德规范、考勤制度、评教制度、业务培训制度、优秀教职工评选制度等。

3. 教学管理制度

指在组织教学过程中涉及的各项工作制度。包括学籍管理制度，考试管理制度，听、评课制度，教学督导制度，课程管理与建设制度，实验实习管理制度，排课、调课管理制度，教研教改制度等。

4. 教育科研管理制度

指在教科研方面的管理制度。包括学校教育科研规划、课题申报制度、课题经费审批制度、科研成果奖励制度、教育科研培训制度等。

5. 行政后勤管理制度

指对行政、后勤工作流程及工作原则方面的管理规定。包括人事制度、财务制度、工作纪律、后勤服务制度、资产管理制度等。

6. 学校常规和传统习惯

指学校长期形成的工作方式、习惯和风气等。包括节日团拜会、职工家庭庆典常规等。

信息浪花

西南大学附属小学以“给孩子一个美丽的今天，许孩子一个绿色未来”为办学理念，坚持“实施绿色德育、建设绿色学校、实现绿色育人”的办学思想，提出“与绿色同行，让绿色永存”的办学口号，倡导“绿色教育”的办学特色，追求“营造绿色教育生态，提供真正的优质教育，为学生的终生发展奠基”的办学目标，以环境教育为切入点，以绿色氛围熏陶人，以人文精神塑造人，以科学的方法培育人，推动学校教育质量的不断提高和管理的不断创新，使孩子们得以自然、自由、健康、幸福地成长。[①]

二、校外德育环境

校外德育环境是一个广义的概念，包括校外物质环境、校外政治环境、校外文化环境等。但对青少年影响最为直接的是校外社区德育环境，包括社区文化环境、社区教育环境、社区中人际交往环境。

(一) 社区文化环境

社区文化是一个多层次的复杂统一体，是指生活在某一特定区域内的居民，在长期的共同生活和社会交往中逐步形成的相近的价值观念、行为模式、习俗传统和群体意识。广义地讲，社区文化既包括有形的社区环境、社区文化设施、活动场所等物质文化；又包括无形的社区居民的群体意识、价值观念、理想追求、生活方式及居民风貌等精神文化；还包括地方性政策法规、区规民约、规章制度等制度文化。

社区状况特别是文化状况，对青少年成长产生十分重要的影响。正如《学会生存》一书中指出："一个人从小到大毕竟还是通过他的自然环境教育他自己的。事实表明：这种自然教育，通过生物环境和社会环境的联合作用，一直是人的意识和智慧成长的主要工具。"[②]因此，社区和谐文化建设是社区德育的构成要素和重要条件。社区文化建设环境的主要内容包括：

1. 社会主义核心价值体系建设环境

社会主义核心价值建设体系是社会主义意识形态的本质体现，在精神文化建设中居于统摄和支配地位。一个民族的凝聚力主要来自对核心价值的认同。这是建设社区精神文化的首要任务。

马克思主义指导思想、中国特色社会主义共同理想、以爱国主义为核心的民族精神和以改革创新为核心的时代建设、社会主义荣辱观，构成了社会主义核心价值体系的基本内容。社区精神文化要坚持不懈地用马克思主义中国化最新成果教育社区居民；用中国特色共同理想目标凝聚社区居民，增强全面建设小康社会目标的信念和信心；用以爱国主义为核心的民族精神和改革创新为核心的时代建设鼓舞社区居民的斗志，大力弘扬爱国主义、集体主义、社会主义思想，增强社区居民的改革创新意识，引导社区居民把个人价值融入民族振兴、

① http://www.docin.com/p－83280344.html.

② 联合国教科文组织国际教育发展委员会．学会生存——教育世界的今天与明天[M]．北京：教育科学出版社，1996：174.

国家发展的伟大实践；要以“八荣八耻”为主要内容的社会主义荣辱观引领社区的风尚，引导社区干部、居民自觉遵守社会基本道德规范，推动形成知荣辱、讲正气、促和谐的良好社区环境。

2. 和谐文化建设环境

和谐文化是实现社会和谐的文化源泉，是全体人民团结进步的重要精神支撑。和谐文化建设的发展，必须推进良好文化环境的形成。这是社区和谐文化建设的重要内容和重要任务。

建设社区和谐文化要增强社区居民的诚信意识，切实加强公民道德建设，大力倡导爱国、敬业、诚信、友善的道德规范，推进男女平等、尊老爱幼、扶贫济困、礼让宽容的良好人际关系的建立；要增强社区居民的责任意识，加强社会公德、职业道德、家庭美德、个人品德建设，引导社区居民正确对待自己、他人和社会，正确对待困难、挫折和荣誉，自觉履行法定义务、社会责任、家庭责任。

3. 精神家园建设环境

在各个城市、农村不同的历史沿革中，不同的民族成分、不同的经济结构、不同的文化积淀，形成了各自不同的文化特色。它们用各具特色的文化形式来表现社会主义核心价值体系的深刻内涵和精神实质，并用各具特色的形式弘扬传统文化、建设和谐文化。例如：北京、上海、天津、武汉等各城市精神文化建设各不相同；即使在同一城市，不同的城区也各自形成了自己的文化特色。北京宣南地区，在长期的历史积淀中，集聚了一大批具有民族特色的名胜古迹，其中包括金代的鱼藻池、北魏的天宁寺、著名的牛街清真寺，历史悠久的法源寺等20多处现存的历史遗产。宣南还是北京会馆、戏楼最多的地方：有民间游览区陶然亭，有最完整、最古老的商业街大栅栏；还有《红楼梦》的流行手抄本及《四库全书》的编辑地——琉璃厂，还有纪晓岚故居，《茶花女》《黑奴吁天录》《大卫科波菲尔》名著的翻译者林纾的故居。这些构成了宣南文化的重要特色。

随着人们物质生活水平的不断提高，人们对精神生活更加重视，各种精神需求越来越多，层次也越来越高。人们需要通过各种类型的社区文化活动来发展自己的个性，展示自己的才华，密切邻里关系，营造好的社区氛围。

信息浪花

在北京安贞里社区的中部，有这样一座公园，公园里苍松与古柏相映成趣，青铜孔子像和文化石刻遍布其中，汉式文化长廊、乒乓球场、露天舞池、棋牌区、健身园地应有尽有，甚至还有一块专门开辟的近百平方米的抖空竹区，这座占地面积有190000平方米的公园也是北京老社区中迄今为止面积最大的一个社区公园，为包括学生在内的居民提供了良好的健康休闲、交往娱乐、颐养情趣的场所。

在长廊里，居民自己动手制作的花灯是每年元宵节的保留节目，猜灯谜、闹花灯、中心舞台上的花灯演出，300 多盏花灯都是居民自己动手用废旧纸盒、点心盒甚至家里废弃的竹帘做成的。

除了拥有全北京最大的社区公园，安贞街道的社区居民文化中心、图书馆以及下设的包括书画、健身、舞蹈、合唱等在内的 70 多个文化协会，为社区学生、居民的业余生活提供了多种选择。

社区图书馆里不仅有医学、百科、文史、居家、休闲、法律等在内的图书 1 万多册，还有专门开辟的网络浏览区。学生、居民不仅可以通过电脑浏览网上的资料，还能与朝阳区图书馆和首都图书馆联网，查询书目索引。图书馆每天 12 小时向社区居民开放，如果居民使用"一卡通"，在这个图书馆还能直接从各社区以及区、市级图书馆借阅图书。①

(二) 社区教育环境

社区教育就是以社区为范围，以社区全体成员为对象，旨在发展社区和提高其成员素质和生活质量的教育综合体。它的内涵是，把学校教育、家庭教育、社会教育广泛地联合起来，发挥各自的育人优势，以德育为重点内容，创造和优化育人环境和条件，动员全社会的力量提高社区成员的素质，形成和增强社区教育的群体凝聚力，切实加强社区的物质文明建设和精神文明建设。

社区教育既是学校教育发展的需要，又是社区自身发展的需要。因此，社区教育应当具有政府参与、地区统筹的性质，具有社会与学校的双向参与管理、双向服务、双向渗透和双向监督的相互调节机制。社区教育的外延很广，既包括学校教育，也包括家庭教育和社会教育；既包括普通教育，也包括职业技术教育和成人教育；既包括青少年教育，也包括学前教育和社区教育，乃至终身教育。社区教育是一种社会化教育，它面向社区全体成员，通过多种途径，采取多种方式，有目的、有计划、有组织地引导社区民众获得知识，陶冶思想品德，发展智力和体力，从而满足居民多层次、多形式的教育需求。社区教育的实践性、广泛性和针对性极大地促进了社区成员的全面和谐发展，使每一个社区成员在一生发展的不同阶段所具有的思想道德、精神人格、知识能力和行为规范同所处的社会相适应。社区教育还可以为学校提供优化的育人环境，为学生的社会实践活动提供基地和条件，开展各种形式的社会支教活动，改善学校的办学条件，净化学校周边的环境等。

① 詹万生. 和谐德育论[M]. 北京：教育科学出版社，2008：399-400.

近些年，许多城市都举办了各种类型的社区学校，如上海相继创办了大量的老年学校、市民学校、周末学校、外来人口学校、再就业培训中心等。学习型社区是现代社区教育的目标模式。国家教育部《面向21世纪教育振兴行动计划》中提出“要开展社区教育的试验工作，逐步建立和完善终身教育体系，努力提高全民素质”。学习型社区的主要特征是在社区范围内开展多种多样、开放式、分布式的教育学习活动，以提高居民的生存、生活质量和发展能力。学习型社区主要依托各类学校、企业、医疗机构，以及社团组织的教育培训资源，组织有效的学习活动。依托现有的各类教育培训机构，尤其是办学条件和设施健全的各类普通学校，改变封闭式的办学体系，充分发挥学校在推进学习型社区建设中的独特作用，使学校成为社区教育、文化、科普与生活等的中心。

信息浪花

天津市和平区命名首批社区教育营地和名师工作室辅导员

2013年8月中旬，天津市和平区命名了首批“社区未成年人主题教育营地”和“名师工作室辅导员”。

首批“社区未成年人主题教育营地”分别位于南市街裕德里社区，劝业场街百货大楼社区、静园社区，体育馆街泰来里社区，小白楼街树德里社区、开封道社区，新兴街朝阳里社区，南营门街绵阳道社区。首批“名师工作室辅导员”分别是裕德里社区的王维老师、百货大楼社区的马蓉蓉老师、静园社区的刘海明老师、泰来里社区的宋立老师、树德里社区的李丽云老师、开封道社区的张宇老师、朝阳里社区的王丽娜老师、绵阳道社区的赵艳老师。

这8个主题教育营地将在“名师工作室辅导员”的组织下，根据自身实际，开展“流动花朵”“金葵花营地”“幼儿绘画”“园林科普知识”“传承非物质文化遗产”等主题特色活动。和平区将以此为契机，尝试从理论研究、特色社区未成年人教育活动、社区未成年人营地建设三方面入手，为和平区社区教师队伍培养一批优秀骨干教师，使“名师工作室”成为和平区开展社区未成年人教育活动与研究的重要基地；以科研为抓手，以实现有效社区未成年人教育活动为追求，深入推进社区未成年人教育的探索，为和平区社区教师提供可操作性、实效性强，并具有推广价值的社区未成年人教育活动模式，使和平区社区教师整体工作水平得到快速提高。①

(三)社区中人际交往环境

人际交往指的是人与人之间通过一定的方式进行接触，从而在心理上、行

① 天津日报[N]. 2013-8-21.

为上发生相互影响的过程。人际环境作为思想、信息传播和日常活动的场所，含有较强的教育功能。对于青少年来说，看书、听课是接受教育，而与人讨论、交流、积极投身社会活动则是更重要的接受教育的途径。在“自然人”向“社会人”的转化过程中，无论是个体人的基本生活技能、生产技能，还是掌握社会规范，大多是从人际环境中习得的。可以说，个体只有在与他人、群体和社会的相互作用中，才能完成人的社会化，没有人际环境，就没有人类社会。社区的人际环境是青少年接触社会、认识社会的重要环境。人际环境是一个开放的系统，社会上的各种观点和思潮难免会在这里汇集和碰撞，另外，人们在长期的社会交往中，经过多次反复，往往会形成一种相对固定的交往模式，即行为模式。青少年正处于世界观、认识观、价值观的形成期，对什么是真、善、美，什么是假、丑、恶鉴别能力不强，各种观点和思潮的传播，生活方式是否科学健康，社区氛围是否和谐稳定对青少年都有潜移默化的影响，而且这种影响通常是终身的。总之，健康的人际环境可以促进他们养成良好的习惯，促进思想上、政治上的成熟，反之，不良的人际环境会给他们造成一定的心理压力，甚至是引人误入歧途。

传统中国的人际关系是以血缘为序列，以父子为经、以兄弟为纬的立体关系网，几乎所有相识的人都可以纳入这架网中，但不同人之间的关系却是不同的，这架立体网上不同的网结间有着远近亲疏的差别。费孝通称中国社会结构关系特征为“差序格局”，是“以己为中心，像石子一般投入水中，和别人所联系成的社会关系，不像团体中的分子一般立在一个平面上的，而是像水的波纹一般，一圈圈推出去，越推越远，也越推越薄”。在“差序格局”这种特殊的社会结构里，从自己到天下是一圈一圈推出去的。传统社会圈子中，除了“家庭圈”“亲属圈”，还有邻居、朋友等以地缘为特点的社会圈，形成传统的社会关系网络以及圈内人的人情、认同、信任和圈外人的排斥、疏离、不信任等。因此，也就有了由血缘、亲缘、地缘关系所形成的“血浓于水”“亲不亲故乡人”等人际观念。

第二节 社区德育环境的功能与特征

问题导读

- 如何看待社区德育环境的教育功能？
- 社区德育环境的教育功能具有哪些方面的现实价值？
- 怎样理解社区德育环境对青少年道德教育二重性的影响？

德育作为一种相对独立的社会实践活动，对青少年的发展、整个教育活动的实施、社会的进步都具有重要功能。

一、社区德育环境的教育功能

(一)德育对个体发展的功能

通过实施有目的、有计划、有系统的教育影响,促进个体形成一定的思想品德,是德育的基本功能。德育的这种基本功能具体表现在:

1. 制约个体社会化和个性化的方向

人从一个自然有机体转变为一个社会成员的过程和在学习、积累社会经验中形成、发展自己个性的过程,是人的社会化和个性化过程,二者交互作用、相互渗透。人成为具有何种个性的社会人,与他们习得的社会角色和社会规范、形成的社会价值观念体系直接关联,而这些正是人的社会化和个性化过程中具有导向性质的因素。从影响人社会化和个性化的诸种外在因素的意义来说,德育的核心作用就在于促进儿童习得社会角色和社会规范,形成个体良好的社会价值观念体系。德育将人的思想品德导向何种方向,人的社会化和个性化就可能趋向何种方向。由此可见,德育能够制约个体社会化和个性化的方向。

2. 满足个体自我完善的需要

在正常情况下,人都应该是倾向于追求自我完善的,也只有这样的人才可能是一个拥有幸福感的人。道德是人自我完善的一个不可缺少的方面,一个缺德的人,一个道德败坏的人,不可能是一个完善的人,也不可能有真正幸福可言。人的本性有向善的一面,有去恶从善的一面,正因为如此,人才会有助人为乐的体验,才会把积德行善视为愉快的事情。做一个有道德的人,不仅能够获得精神上的幸福与满足,而且也是有所回报的。常言道,恶有恶报,善有善报;多行不义必自毙。一个有道德的人付出了许多,但他会得到一定的回报,他会得到他人的尊重、爱戴和帮助。因此,做一个有道德的人并不是不利于自己,而是恰恰相反,非常有利于自己。最大的有利,就是有利于满足个体自我完善的需要,有利于精神的净化。德育是教人以德,无论是从其目的还是从其内容上看,德育都有利于满足人的自我完善的需要。

3. 激发和调节个体的智能发展

智能是所有正常人都具有的基本素质之一。但是,对于为何发展智能,将智能发展到何种水平,在任何条件下为了何种目的发展和发挥智能,却是受人的世界观、价值观和信念、信仰以及由此转化而成的个体的目的、需要、动机的支配和控制的。个体越是崇尚真、善、美,就越具有探索、创新精神,个体的智能发展水平就越高。当然,个体因世界观、价值观的偏差所产生的不良的需要、目的、动机，也可能激发个体去钻研、去探索，个体的智能也会得到某种发展。但是，不良的需要、目的和动机往往会导致个体行为的失误，甚至会导致个体走上违法犯罪的道路，并且因此受到社会的惩罚。这种情况，必然会导致个体的智能发展水平降低、效益降低，甚至出现负向发展。因此，德育应该发挥其应有的作用，通过对个体的思想品德施加积极、正面的影响来激发和调节个体的智能发展。

4. 促进个体的心理健康

心理健康是个体健康的重要标志之一，个体的心理健康状况与个体的心境、情绪直接相关，而个体的心境、情绪又与个体所欲、所思、所想、所得、所失联系在一起。一个与人为善的人，一个有道德修养的人，往往也是一个心胸比较开阔、为人比较豁达的人，一个心理比较健康的人，往往也是比较长寿的人；一个与人为恶的人，一个缺乏道德修养的人，往往也是一个心胸比较狭窄、为人比较算计的人，一个心理不太健康的人，可能也是比较短寿的人。因此，从积极意义上说，通过德育培养人正确的世界观、人生观、价值观和良好的品行，有助于他们恰当地处理自己与自我、与他人、与群体、与社会的关系，保持良好的心理状态，避免认识上的片面性、绝对化，情感上的偏激、孤傲或软弱，以及行为上的失范或畏缩，形成良好的个性心理品质；从消极意义上说，借助德育进行思想疏导，也是解决心理问题、治疗心理疾病的有效途径。

理论撷英

外部的社会道德规范就以直观形象的或间接抽象的，语言或非语言的，简单的或复合的多种方式作用于个体，个体在与其他成员交往过程中，通过一系列心理活动把外部这些作用转化为认识性的、情绪体验的和意志性的经验或子系统。①

(二) 德育对社会稳定和发展的功能

就德育对社会稳定和发展的功能而言，虽然不同社会条件下德育对社会发挥作用的程度、范围乃至方式不尽相同，而德育的社会功能在不同时期也可能具有各种不同的表现形式，但概括起来仍有以下两个共同点：

1. 为社会稳定与发展培养合格公民

政治的稳定与变迁、经济的繁荣与发展、文化的传承与更新，都需要全体国民的主动参与与共同努力。德育通过培养人的思想品德来规定人的发展方向，

① 林崇德. 论品德的结构[J]. 北京师范大学学报(社科版)，1988 年 01 期.

使之成为社会稳定与发展所需要的合格公民。如:在政治领域,学校德育通过促进受教育者的政治社会化、实现政治角色的认同,使之逐渐形成一定的政治思想、意识、观念,成为能够积极、主动参与社会政治生活的公民,有的还可能成为专门的政治人才。

2. 传播和倡导为社会稳定与发展所需要的思想、意识、观念和舆论

社会的稳定与发展,除了要求专门的教育机构培养出一批又一批合格公民外,还需要它传播和倡导一定的思想、意识、观念和舆论。一方面通过教育对象影响其家庭成员和周围人的思想和行为,从而来影响社会;另一方面则通过教育机构的良好风气、氛围和环境来影响和教化社会的风气,从而影响整个社会风尚。就社区而言,一所学校应该是社区精神文明建设的窗口和辐射基地。显然,在专门的教育机构里,这些主要应该是德育的责任。如在经济和文化领域,学校德育通过倡导主体意识、科教兴国意识、可持续发展意识、全球化意识,以及时间观念、效益观念、竞争观念、合作观念等来影响全世界的经济观念、文化观念的更新,推进全体国民由传统向现代的转变进程。

二、社区德育环境的教育功能

社区德育是现代德育的有机组成部分,在社区育人体系中发挥着认知、陶冶、调节、规范和保障等诸多功能。

(一)道德认知功能

社区德育环境总是以简捷、直观的方式,对人们的思想、政治、品德、纪律、法制和心理健康等方面产生影响,提高其德性认知水平。社区公益广告、法制宣传活动、社区文明公约乃至社区环境卫生、建筑风格、民风民俗、历史文化遗迹等都可能对人施加特定的德育影响,较之学校德育来说更为简明直观。实践证明,社区为人们的德性成长提供了广阔的认知空间,就学校以外影响青少年德性成长过程的环境,除了家庭、社会实践基地以及各种社区文化教育设施之外,甚至还包括商店、绿地、公共汽车以及其他各种影响青少年身心成长的公共场所,单单在青少年上学和回家的路途上,他们受的思想教育就比学校里呆几个小时所受的教育都强烈、鲜明得多,然而,因为社区德育常常是在氛围熏陶、耳濡目染、潜移默化情景下进行的,而且有时候又带有盲目性、自发性和复杂性,较难控制,在五光十色的社会生活中存在的某些消极因素可能会对人们的德性定位产生负面影响,应当引起高度重视,及时加以引导和防范。

理论撷英

现代社会价值多元化的发展态势要求学生主体进行自主选择

由于经济体制改革的逐步深入，多种经济形式并存的格局逐步形成，由此产生了不同的利益群体。他们追求和获得利益的方式不同，价值取向也有所区别。比如，企业家希望不断扩大经营规模，取得规模效益，获取高额利润；下岗工人希望重获就业岗位，渡过失业难关，等等。由于政治体制改革的深入开展，原有的封闭性、几乎完全强制性的社会控制方式也有所松动，呈现出相对宽松和开放的特征，不同价值观念的传播处于相对自由的状态。另外，由于信息技术的飞速发展，各种信息，包括不同价值观念的传播更是打破了时间和空间的局限，可以自由地传播。由于这些原因，我国社会出现了价值多元化的趋势，在主流价值取向之外还存在着多种价值取向。比如个人主义、极端个人主义、公私兼顾等。随着信息时代的来临，我国正以更快的速度加入经济全球化的进程，社会群体构成之多变与类别之细化现象将会更加明显，国外各种不同的观念和思潮都可以以最快的速度波及最广泛的领域和人群，多元价值共存将逐渐成为几乎所有社会领域都存在的一种普遍现象，社会将逐渐走向真正意义上的“价值多元化”。对同一社会现象和问题，人们会产生不同的价值判断；同一主题，同一事件，在不同的环境场合会显示出不同的价值，人们必须对其作出不同的价值判断。在这种社会条件下，青少年学生不可能认同所有的价值取向，也不可能否定所有的价值取向，学生对外界信息的接收、加工、组合和改造也都是有选择的，都要进行过滤、筛选和优化组合。他必须根据自己的判断，作出自主选择。学生主体对价值取向和行为方式的自主选择不仅成为可能，而且成为必要。①

（二）情感陶冶功能

社区德育借助社区文化的影响，把校园文化、街道文化、企业文化、家庭文化融为一体，通过各种文化制度、文化活动和文化设施来发挥作用，以人格感化、环境陶冶等方式对人们的思想和行为产生潜移默化的影响。人在社区中生活，从其出生时就受到社区环境的制约和社区文化传统、社会形态、风俗习惯的熏陶，很快就会打上社会的烙印。古人讲：近朱者赤，近墨者黑；蓬生麻中，不扶而直，这生动地说明了社区环境对人的品德、性情的熏陶作用。因此，社区德育要善于发扬和运用社区德育资源，营造团结和睦、健康向上的社区环境，倡导科

① 张爱国. 教会选择——析学校德育对社会现实的适应与超越[J]. 学校党建与思想教育，2002年05期.

学、文明的生活方式,对生活其间的青少年学生施加潜移默化的德育影响。

信息浪花

湖北省鹤峰县燕子民族学校积极构建社校诚信共建机制,进行公民素质教育。学校确立了"以学校为中心,发挥主导作用;以家庭为基础,发挥关键作用;以社会为依托,发挥影响作用"的诚信教育策略,把学生的诚信教育从校内扩展到校外,依靠家庭与社会的力量提高教育的效果,同时促进了家长与公民思想道德素质的提升。学校与燕子村委会共同组建社区教育办公室,配合乡党委、政府开展"诚信燕子"建设工作。学校利用人才优势、设施优势,聘请文艺行家,培训文艺骨干100多人,并组织各种活动几十次,把学校风雨运动场建成了燕子的文化广场,为学生诚信教育创造了良好的社会环境。学校每班每周安排一节课,由社区组织校外人员讲课。讲课的有行政干部、执法人员、医生、小商贩、退休老干部等等。这个课堂有声有色,讲课者与学生都非常认真,成为我们学校的一大特色。学校成立学生志愿军,开展社区诚信服务行动。如与乡广播站、工商分局、公安派出所等单位建立并保持了长期合作关系,出宣传栏、开座谈会、进行市场诚信调查、居民诚信状况调查,等等。这些活动使学生增长了知识和才干,增强了责任感,对诚信有了更理性的认识。

(资料来源:湖北省鹤峰县燕子民族学校社区德育理论与实践研究课题结题报告)

(三)群体调节功能

社区是人群的聚合体,按照社会心理学理论,当人与他人在一起时,人的需要、愿望、恐惧、矛盾、愉快、满意和团结之情成为群体情感的组成部分,它们不是孤立地存在,而是体现于各种相互依存的关系之中。由于矛盾的普遍性,事物既对立又统一,人与人之间、人与社区环境之间矛盾纷扰在所难免,这就需要通过社区德育来进行疏导和调节。心理学研究证明:人们与生俱来就有一种寻求与具有相同种族意识的他人的集体感,而社区德育正是培养和满足此种集体感、归属感、地缘感的有效载体,通过建立其调节适应机制,使青少年在参与社区生活,接受社区通行的价值体系之后,逐渐意识到人际关系及符合群体利益的行为规范,产生适应的需要,从而越来越多地形成对待社会事物的恰当的态度、观点、技能与习惯,使自己越来越能适应社会生活。社区德育还通过大力弘扬家庭美德、社会公德和职业道德,增强社区凝聚力与亲和力,在社区内确立良好的价值导向,从而引导青少年合群利他,甘愿为他人或大多数人谋福利,在必要的时候作出自我牺牲,产生利他的社会行为,实现"内得于己,外德于人"。

信息浪花

湖北省宜昌市实验小学家长学校的开办，不仅使家长学到了科学教育孩子的方法，也有利于他们体验和树立终身学习思想；特别是学校每年开展的评选优秀家长和支教先进单位的活动，促进了一大批家长成为单位的先进工作者。当某单位的领导接到学校颁发的尊师重教先进单位的奖牌时，激动地说这是他们单位获得的最有意义的奖牌；有一名家长积极支持学校建设，被选为优秀家长的候选人，但在征求单位意见时，因表现欠佳未能当选，这件事对他触动很大，表示一定在单位努力工作，争取来年当优秀家长！

（资料来源：湖北省宜昌市实验小学社区德育理论与实践研究课题结题报告）

（四）行为规范功能

人们在社会生活中相继出现的各种需要，如交往、说话、游戏、求知、劳作、归属与爱、自尊、友谊以及理想、信念等，都是社会生活的客观要求在人脑中的反映。人们为了达成自身意愿或者为了行使自身权利，需要与其所在的社会群体保持协调一致，接受来自环境的制约，遵从一定的群体规范。这种制约和规范往往是一套关于感情和行为的条文，例如尊老爱幼、诚实守信、遵章守纪、爱护环境等等，它们审查、评价、规定和禁止人们的感情和行为。社区德育能够有目的、有意识地把握社会要求以及人的社会性发展的特点与规律，为其提供良好的榜样，创设集体互助、合作等情境，阐明个人与集体的关系以及人生意义、人生价值等社会知识，通过组织社区公益活动、道德宣传以及充分利用包括舆论在内的强化手段，对人们的德性养成和日常行为进行规范训练，令其遵守常规与社会秩序，服从道德要求与法令，承担公民义务与责任，从而有效地督导人们立身处世，社区德育的管理督导带有鲜明的政府行为色彩，其强制力较之单纯的学校德育和家庭德育更为有效。

信息浪花

湖北省当阳市王店中学探索出“一个中心，三个结合，八种基本形式”的社区德育模式。“一个中心”即开展社区德育活动以学校为中心，学校必须发挥主导作用，有目的，有计划，有系统地组织开展社区德育活动。“三个结合”即家长委员会、关心下一代工作委员会和社区德育基地相结合。“八种基本方式”是：警民共建学校，开办交通安全学校，举办法制学校，开展社区教育活动，建立社区义工教育实践基地，实行校企合作，实行资源共享、双向服务，开展社区评价。在对学生的品德素质进行评价时，不仅注重老师和同学的评价，同时也注重社区评价。让家长、邻居、亲戚朋友、社区领导都参与评价。这样做有利于督促学生在家、在社区和在学校保持言行一致。

（资料来源：湖北省当阳市王店中学社区德育理论与实践研究课题结题报告）

（五）综合育人功能

德育是一项社会性的系统工程，需要全社会的关心和支持。作为教育的三大支柱之一，社区德育的作用发挥得如何，直接影响到综合育人的实效。从这一层意义上讲，社区德育是推动德育系统工程良性互动的基本保证，一方面，社区为广大青少年提供心理辅导、教育辅导、职业咨询、恋爱婚姻咨询等诸多服务，并在解决他们生活实际问题当中抓住时机进行思想、政治、品德教育；另一方面，通过创设社区居民互助、睦邻友爱情境，创建文明社区等途径，倡导社会新风，弘扬时代主旋律，使青少年的德性成长与社区环境和谐统一；再者，作为社会大系统的子系统，社区是人们休养生息的地方，也是人们世界观、人生观、价值观形成发展的外部环境。家庭、同伴、学校、社团、社区舆论工具以及文化背景等都是影响德育实效的主要因素和手段，尤其是对儿童和青少年，他们在社会生活中往往有意无意地模仿成人或同辈人的态度及行为榜样，依据榜样受到的强化或自己的仿照行为所受的直强化（奖惩）去了解和顺从社会的期望与规范，并按它行动。因此，应当充分发挥社区德育综合育人的保障功能，加强正面引导，并充分估计社会生活中的不良因素对人们德性发展产生的消极影响。要调动社区政府机构在依法治区、以法育德方面的积极性，发动各行各业、社会团体予以大力配合，共同采取行动，营造良好的育人环境。

信息浪花

湖北省当阳市烟集中学针对校内“留守学生”人数众多的现实状况，确定了“留守学生”教育对策，建立了“建—帮—引—指—访—评”相结合的“留守学生”德育模式。一是建立“留守学生”成长记录袋。班主任在各科老师的帮助下，仔细了解并填写“留守学生”的思想、行为、爱好、习惯等情况，放进学生个人成长记录袋，做到具体化，真实性和连续性，准确掌握学生的变化过程，有的放矢地对学生进行世界观、人生观和行为规范的教育。二是对“留守学生”进行思想上、物质上的帮扶。学校每月定期由团总支组织召开一次“留守学生”会议，对“留守学生”集体进行不同主题的思想教育活动。每学期政教处统筹安排，实行教师与“留守学生”结对个别帮扶。要求教师与结对帮扶每半月谈话一次，并有文字记载。政教处对个别帮扶记载半月一检查一公布，公布结果及帮扶效果直接与教师的年终师德考评挂钩。学校专门设立“留守学生”帮扶基金，对经济上有困难的“留守学生”予以资金扶助。三是引导“留守学生”开展有益的文化娱乐活动，丰富其课余生活，培养其奋发向上的精神和高尚的审美情操。四是在取得家长、村委会同意的前提下，为“留守学生”指派临时家长，让其担当起监护人的职责。五是采取领导包村、老师包组登门家访临时家长，与临时家长探讨“留守学生”教育方法，并分别与临时家长签订安全责任卫生状，加强管理，强化责任意识。六是在“留守学生”中开展“十星学生”评比活动。“十星学生”即勤奋之星、进步之星、创新之星、守纪之星、坚强之星、体育之星、文明之星、奉献之星。通过评选肯定“留守学生”的闪光点，增强学生的自信。

（资料来源：湖北省当阳市烟集中学社区德育理论与实践研究课题结题报告）

三、社区德育环境的特征

社区德育环境的影响具有生活化、实践化、社会化以及主体性、渗透性、全程性等优点，同时，社区是社会的缩影，因此，它的道德教育不可避免地存在着主体道德水平的差异性、德育环境的复杂性、德育内容的两面性、德育方法的不可控性等问题。由此分析，社区德育环境的特征体现出综合协调性、复杂多样性、渗透寄寓性、开放灵活性和全面深刻性。

（一）综合协调性

社区德育是一种区域性、整体性、系统性的教育管理活动，同时又是一种组织协调社区内外各种力量参与学校德育过程，为提高青少年素质，促进社区经济文化发展而提供服务的德育新机制，因而具有较强的综合协调性。加强社区德育需要各级党政部门和全社会的关心支持，需要各级教育行政部门在党委、政府的领导下，积极争取宣传思想、新闻出版、公安政法等部门和工会、共青团、妇联等群众、社会团体的支持，坚持不懈地治理整顿社区治安，特别是校园周边环境，调整广播电视节目内容，加强各种音像制品的审查，加大扫黄、打非力度，千方百计地消除危害人民群众身心健康、误导青少年违法犯罪的社会因素，共同创建和谐、健康的育人环境，以实现其综合育人的保障功能，促进人们身心健康发展。

信息浪花

上海市建立了由市政府副秘书长牵头、市文化、广电、体育、财政、公安等近20个部门和总工会、团市委、市科协等群众团体组成的上海市青少年学生校外活动联席会议。联席会议负责制定计划、协调关系、解决矛盾，并且加强管理和督察，办公室设在市教委。各区县政府与各委办和街道乡镇签订了责任书，明确了各自在支持青少年教育方面的职责，年底政府进行专项督察；对青少年活动中心、少年宫、少科站等直接面向青少年的校外教育机构，上海采取了由市有关部门统筹协调、教育行政部门直接领导管理的体制，既保证全市青少年共享这些教育资源，又保证这些教育资源全心全意服务于青少年。

（二）复杂多样性

人们在社区生活中随时随地要受到来自社会环境的影响。社会环境纷繁复杂，我们生活的世界瞬息万变，因此，以使人适应社会为目标的社区德育自然带有复杂多样的特征。环境影响人，人也改变着环境。环境对人的影响是自发的，环境只有在教育的组织和利用下，才能向着社会所要求的方向，对人的发展起积极作用。而社区德育却是一个主动作为的过程，能够对社区环境影响加以鉴别和筛选。新时期社区环境朝着经济成分和经济利益多元化、社会生活方式多元化、社会组织形式多元化方向发展，这种变化导致青少年的自身需求、利益和价值取向也呈现出多样性和复杂性，它们或明或隐、或多或少会反映到青少年的德性成长过程中来。社区德育应该主动适应这种变化，转变思想，及时调整教育目标，改革德育内容、方法，最大限度地发挥社区环境中的积极因素，屏蔽、过滤和抵制消极因素对人们的影响，使其收到实效。

（三）开放灵活性

社区德育发展是德育观念转变的产物。从以往单一依靠学校德育到利用社会资源、面向社会办学，进而发展到学校、家庭、社区三位一体的综合育人格局，这一转变过程里面本身就包含着革命性的突破。社区德育利用广泛的社会教育机构和教育设施来开展工作，它属于一个开放的、动态发展的育人体系，在内容和形式上它都要面向社会、面向市民，与时代合拍。从社区德育的物质依托不断更新换代，到先进的德育理论、德育方法的引进和实施，处处洋溢着开放、进取的时代气息。随着知识经济的脚步日益临近，以培养创新意识、效率意识、全球意识、信息意识、合作意识、环境意识等为突破口的社区德育必将更具开放性。社区德育同单纯的家庭德育、学校德育比较，在其采用的德育方式上，往往是寓德育于公共服务活动和丰富多彩的社区文化活动之中。社区德育既沿用传统的理论灌输方式，也采用了大量非灌输式德育方法，即通过引导青少年参与现实生活过程，采取直接与间接的、显性的与隐性的、行政的与民间的、教育的与环境的多种手段结合，多渠道贯通，从德性认知、情感意志、行为规范等多个环节着力，全面提高青少年的德性修养，反映了社区德育的灵活多样性。

（四）渗透寄寓性

社区德育是把握时机，因地制宜、因时制宜、因人制宜的德育实践活动，它的一个显著的特征在于潜移默化的渗透性、寓教于乐的寄寓性。考察社区德育的环境，它既可能是某种有目的设计的学习、工作环境，也可能是精心营造的心理环境或文化氛围，还可能是一次随意的闲聊，偶然的巧遇。它是把思想、政治、品德教育寓于现实生活之中，有效避免受教育者产生逆反情绪，增强了德育工作的吸引力和愉悦感，同时也延伸了德育时间和空间，体现出较强的渗透性。社区德育往往通过媒介、经验或某种特定的文化氛围来传递德育信息，比如图书、报刊、电影、广播、电视、街头宣传标语、公益广告，或是在社会生活中通过示范、模仿、交往和接触来传递信息和经验，实施思想和文化的影响。它是间接的、内隐的，通过受教育者无意识的非特定的心理反应发生作用，因而具有显著的寄寓性特征。

（五）全面深刻性

社区德育要求实现全员育人、全程育人和全方位育人。“全员育人”指全社区成员人人都可以参与社区德育活动，人人都是社区德育网络中的一分子，担当相应的角色和责任。社区德育是全民教育观念在德育中的生动体现。《21世纪教育振兴行动计划》中强调了“要动员全社会力量，家庭、学校和社会协调配合，为提高全民族的教育文化水平而努力奋斗”，充分凸显和肯定了社区教育全员参与这一特征。“全程育人”是指全时空育人。社会即学校，生活即学习，社区德育无时不有，无处不在。在家庭、学校、社会生活的各个层面，从婴儿呱呱坠地到走进坟墓之前的各个阶段，社区德育都可以有所作为，对青少年的思想、品德产生潜移默化的影响。“全方位育人”即指社区德育作用范围广泛，从德性认知、情感、意志、动机、行为、评价等各个环节对人们的德性萌发、养成、转化进行全程关照，通过不同的社区德育主体履行不同的德育功能，从而实现对青少年德性的全方位培养。心理学界认为，人的德性发展会随着生理、心理机能的成熟以及时代的变化和社会的进步不断地补充新的内容，更换新的形式。

社区德育对青少年的德性养成实施全员、全程、全方位的关照，是在儿童青少年的现实生活过程中具体进行的，与儿童青少年的情感体验密切相连，具有长期性、连续性和一贯性等特点，因此，它对于儿童青少年思想品德的影响是全面而深刻的，具有重大的现实意义。毫无疑问，社区德育符合德性发展的内在规律，具有极强的生命力和开发前景。

四、社区德育环境对青少年的二重性影响

社区德育环境的影响具有生活化、实践化、社会化以及主体性、渗透性、生活化、全程性等优点。同时，一定的社区是社会的缩影，因此，社区德育不可避免地存在着主体道德水平的差异性、德育环境的复杂性、德育内容的两面性、德育方法的不可控性等缺点。客观、全面、科学地分析社区德育环境对青少年道

德教育的二重性影响，有利于扬长避短，最大限度地发挥社区德育的优势，提高社区德育的整体效益。

1. 社区德育对象的主体性增强了德育实效，但主体道德水平的差异性可能会对儿童青少年的德性发展造成负面影响

现代教育理论和实践证明，道德发展的过程实际上是一个借助自己的智慧努力探索、不断建构从而达到自主、自觉的过程，道德教育的目的不应是受教育者无条件地接受现成的道德规范原则，关键是形成道德思维、道德推理、道德判断，提高道德选择能力。社区德育强调发展人的潜能，焕发受教育者的主体性、能动性、积极性，注重自我发展、自我完善、自我教育。社区德育特别强调全体社区成员都是德育的主体，尊重和发挥儿童青少年在道德生活中的主体性，从而将道德意识与道德品质的自我锻炼、自我教育、自我改造和自我陶冶统一起来，变"要我讲道德"为"我要讲道德"，使他们实现从他律向自律的转变，将外在社会道德原则规范转化为内心的道德力量，并逐步达到"从心所欲不逾矩"的道德境界。

但是，在生活过程中，儿童青少年经常接触到各种各样的社区成员，包括家人、亲戚、同学和朋友，等等。由于政治背景、经济收入、年龄、职业、性别、家庭环境、受教育程度、个人需求和自身道德素养等方面的差异，这些社区成员的品德发展水平是有差异的，其中，难免有些人的品德发展水平较低，甚至具有违法犯罪行为。我们说，社区德育常常是在氛围熏陶、耳濡目染、潜移默化情境下进行的，可能有时还带有盲目性、自发性和复杂性，较难控制，因此，儿童青少年与其他社会成员的相互联系，极有可能对其道德品质产生消极的、负面的影响。人们常说的"遇人不淑""交友不慎"，就属于这种情况。

信息浪花

交友不慎的恶果

1992 年，郭维出生在一个普通农民家庭。2008 年，16 岁的郭维考入某市的一所职业中专。由于他为人诚恳老实，很讲义气，所以，老师同学都很喜欢他。可就是这样一位老实的少年，因为结交了社会上的一些所谓的"朋友"而走向犯罪的深渊。

2009 年春天，郭维通过 QQ 聊天认识了一个自称徐小平的人。徐小平细数自己的丰富阅历，使郭维深感佩服。一个月后，两人在小酒馆见面，然后徐小平不断地将自己的朋友介绍给郭维，还通过大吃大喝、小恩小惠，使郭维对自己崇拜得五体投地。

2009 年 10 月的一天，徐小平带着郭维和几个兄弟，指使他们对一户人家实施了盗窃，盗得人民币 5000 余元，连同其他财物价值共人民币 8000 多元。之后，又在徐小平的威逼利诱下连续作案，直到 2009 年 12 月底案发。

经过法院审理，考虑到郭维是未成年人，又有悔过及举报同伙情节，判处郭维有期徒刑两年，缓刑三年。①

专家指津

结交一个好朋友，可以终身受益；结交一个坏朋友，可能使自己的一生暗淡无光。青少年心智很不成熟，一旦误交损友，很容易学坏。同时，由于青少年认知能力和辨别能力较弱，容易感情用事，如果长时期与具有不良行为的人接触，他们也极有可能受其影响或唆使而失足。

加强青少年思想品德教育，需要全社会共同努力，在净化社会环境、网络环境的前提下，帮助他们提高认识能力和辨别能力，帮助他们学会交往，谨慎交友，增强法律意识，提高生存能力。

2. 社区德育方法的渗透性为青少年提供了良好的道德自律机会，但社区环境的复杂性可能在一定程度上削弱甚至抵消学校教育的成果，妨碍青少年的德性成长

社区德育具有潜移默化的渗透性、寓教于乐的情感性，可以使儿童青少年在日常生活过程中随时随地产生丰富的情感体验，有利于提高德育实效。但是，社会纷繁复杂，我们生活的世界瞬息万变，社区德育自然带有复杂多样的特征，社区德育施加的影响是正面的、积极的、然而它落实到具体对象的身上时，就可能产生相互抵触、干扰、矛盾、冲突、中和的复杂现象，产生积极和消极共存的作用，产生出正效、零效甚至负效的不同结果来。

3. 社区德育内容的生活化有利于充分调动青少年育德的兴趣和参与性，但社区信息来源的多样性可能造成儿童青少年的判断失误，对其产生错误导向

人的道德是在与外界、与自身关系中间表现出来的，这种关系植根于生活，因此，人们呼吁道德要回归生活。社区德育强调必须参与生活，教育内容必须要贴近现实生活，教育形式深入生活的实际，以生活为基础，从生活出发，在生活中实施，又引领生活，为青少年走向社会、走向生活提供了实践的平台，它能充分调动青少年育德的兴趣和参与性，有利于青少年在开放的环境中通过自身的实践活动，吸取符合时代精神的道德精华，提高自身的综合素质。

但是，由于社区信息来源的多样化，它传输的内容良莠不齐、鱼龙混杂，有些信息还与德育要求背道而驰，将会对儿童青少年的积极情感产生打击效应，并因此引发负面导向。如大众传播媒介传播的同一社会事件或信息，不同的人们由于

---

①　潍坊日报．2010-9-2.

观察思考的角度不同、评价的着眼点和标准不同，就可能作出不同的反应和结论，这影响着青少年价值取向的选择，在一定程度上削弱了青少年的德性成长。

信息浪花

见义勇为反而被判赔钱

2006年11月20日早晨，南京的一位老太太赶乘公交车时摔倒在地，一位叫彭宇的小伙子将其搀起并送往医院。后经鉴定，徐老太太伤势严重，构成八级伤残，仅医药费就花去了4万余元。后来，徐老太太以彭宇将其撞倒致伤为由，诉至法院，要求彭宇赔偿医药费、护理费、伤残赔偿金等总计13.6万余元。而彭宇认为自己做好事反遭诬陷，真相扑朔迷离。2007年9月5日，南京鼓楼区法院按“推理分析”作出彭宇赔偿4万多元的判决。此事在社会上引起了极大的争议。①

4. 社区德育效果的全面深刻性彰显了社区德育在促进学生全面、和谐发展过程中的重要作用，但社区德育环境的复杂多样性，削弱了主流道德价值取向的影响力，在一定程度上削弱甚至抵消学校教育的成果，降低了德育实效

社区德育具有潜移默化的渗透性、寓教于乐的情感性，可以使儿童青少年在日常生活过程中随时随地产生丰富的情感体验，有利于提高德育实效。社区德育的一个重要目标，是对学生进行全员、全程、全方位的影响和教育，也就是由所有相关人员，在学生成长的各个阶段、各个方面施行影响，致力于将儿童青少年思想品德教育从学校教育这个单一渠道、固定时空向全方位、立体化转化，形成教育合力，提高学校德育的质量和效益。

但是，社会纷繁复杂，我们生活的世界瞬息万变，社区环境自然带有复杂多样的特征。在社区德育对学生施加正面的、积极的影响时，可能会与社会现实相互抵触、干扰、矛盾、冲突和中和，产生积极和消极共存的作用，产生出正效、零效甚至负效的不同结果来。

信息浪花

“5＋2＝0”现象

“经过对全市11所中小学校的调研发现，对不少孩子而言，5天学校的德育成果还来不及巩固，就可能在周末的两天中因受外来不良影响而消失殆尽。”2005年9月中旬，长春市政协就未成年人思想道德教育召开专题议政会，会上，

① http://baike.baidu.com/view/1380384.htm?fromtitle＝南京彭宇案&fromid＝6439916&type＝syn.

“5＋2＝0”现象成为委员们的热议话题。

“调研中我们发现，‘5＋2＝0’现象在成绩差的学生中有，在成绩优异的同学中也同样存在”，长春市政协委员、市第九十中学西校校长张翠兰认为，产生“5＋2＝0”现象的共性因素之一是“情感失衡”，即在教学过程中只注重学生的教育成果，而不从学生的情感需要出发，致使学生心理失衡，引发孩子的极大抵触，一旦脱离比较严密的教育环境，孩子即可能出现对教育的逆反行为，这是“由于学校和家庭教育的不足造成的”。

虽然学校教育还有待完善，但大多数委员都认为，造成“5＋2＝0”的更重要原因，是家庭教育的严重缺位和社会文化环境的缺陷。①

同时，社区文化及社会价值多元化的现象日益加剧，削弱了主流道德价值取向的影响力，使教育者和受教育者都面临着多重选择的压力。

在文化传播领域中也存在一些落后甚至腐朽的思想观念，比如个人主义、极端个人主义、享乐主义、拜金主义等等，这些对青少年的健康成长也具有十分消极的影响，甚至成为青少年犯罪的一大诱因。

专家指津

在开放的信息化时代，青少年成长的环境十分复杂，如“过把瘾就死”的游戏人生观念，如无深度无理想无责任无意义的消极人生观念，如金钱至上、消费至上的生活观念等等，都会对青少年的心理和精神世界产生消磨和腐蚀作用。大众传媒、社区环境、家庭环境以及同伴群体对青少年的影响都不可低估，只有当这些影响和学校的影响基本一致的情况下，学校教育的主导作用才能得以发挥，才能提高社区德育的整体效益，最终实现“5＋2＞7”的理想教育境界。

实践证明，社区德育拓展了德育内容，更新了德育方法，丰富了德育理念，延伸了德育过程，提高了德育实效，同时也提出了德育工作的新课题，对德育工作者提出了更高的要求。

第三节　社区德育环境优化与重塑

问题导读

●社区德育环境的优化的标准是什么？怎样优化社区德育环境？
●怎样形成全员育人的良好氛围？
●从哪些方面构建良好的社区德育环境？

① 中国青年报[N]. 2005-9-19.

江泽民同志曾在全国第三次教育工作会上说:“人才培养和青少年的成长,不仅需要各级各类学校的努力,还需要良好的社会环境。加强社区建设,积极创造有利于青少年健康成长的家庭、邻里和学校的环境。”中共中央国务院《关于深化教育改革全面推进素质教育的决定》中提到,“社会各方面为青少年提供优秀的精神文化产品和德育活动基地,形成学校、家庭和社会共同参与德育工作的新格局”,“建立青少年参与社区服务和社区建设的制度”。原教育部部长陈至立也说:“社区教育应以地区为主,政府协调、社会参与、双向服务、共育人才,开展社区教育不仅是发展社会主义教育的有力措施,也是实现家庭、社会、学校教育一体化的必由之路。”这些观点为中小学德育工作指明了方向。

一、优化社区德育环境

(一)优化社区德育环境的标准

马克思指出:“既然人的性格是由环境造成的,那就必须使环境成为合乎人性的环境。”这就是说,合乎人性的环境,就是好的环境。所谓合乎人性的环境就是指合乎人的自然属性、社会属性和思维属性发展的环境。马克思的这一论断为我们评价德育教育环境的好坏提供了一个总的标准。

1. 价值标准

凡是适合于德育的发展,适合于人的思想政治、道德品质向前发展的社区环境,就是良好的社区环境;反之,则是不良的社区环境。就是说,社区德育环境的好坏,就是看它是否满足德育的发展需要,能否满足人们思想政治道德品质向上发展的要求。这就是德育环境的价值原则和价值标准,有价值的就是良好环境,无价值的或负价值的,就是不良环境或恶劣的环境。但是,由于价值标准以主体需要为尺度的,即不同的人、不同的阶级有不同的需要,因而他们的价值标准也是不同的。然而,价值标准又是客观的,只有那些顺应历史潮流的先进阶级、集团的德育环境价值标准,才是正确的。

2. 综合性标准

德育环境好坏不是由单一的因素决定的,而是多种因素发生综合作用的结果。因为德育环境是一个整体,单一的环境因素不可能有效促进德育的发展,也不可能促成人的思想政治道德品质积极向上地发展。没有良好的自然环境,思想政治教育便失去了场所和物质条件,没有良好的社会环境和精神环境,道德教育也无法向前发展,人们先进的思想政治素质,优良的道德品质也无法形成。自然环境、社会环境、精神文化环境是相互作用、相互渗透的,它们的有机统一形成了一定的社区德育环境。因此,只有综合性的良好的环境,才能促进教育的发展和人们优秀的思想品德的形成和发展。

（二）社区德育环境优化的原则

所谓社区德育环境的优化，是指利用、选择和创造适合于德育教育发展的良好环境，并改造不适合德育发展的不良环境，以促进德育工作的可持续发展，促进德育对象的思想品德素质健康发展的实践活动。优化社区德育环境必须遵循以下原则：

1. 利用和选择的原则

动物只能适应环境，靠本能活动，而不能利用和选择环境，因为动物没有意识。而在社会领域进行活动的是有意识、有目的的人，人能够根据自己的目的和需要去利用和选择环境，“这个目的是他所知道的，是作为规律决定着他的活动方式和方法的，他必须使他的意志服从这个目的”。德育环境有好坏、优劣之分。人们能根据自己的目的和需要对环境加以比较和鉴别，去利用和选择适合德育发展的优良环境，而避开不良的环境。如可以利用和选择抗日战争纪念馆、南京大屠杀的遗址进行参观，以激发人们的爱国主义热情，培养人们的革命精神，提高人们的思想政治觉悟。

2. 发挥优势的原则

德育的优良环境和不良环境的存在都是客观的，二者常常交织在一起，同时影响人们的思想和行为，我们一般无法将这些不同性质的因素进行分离和过滤。同时，即使是同样的环境、同样的因素对德育和德育对象所产生的影响也是不尽相同的。这也正是德育环境影响的复杂多样性的表现所在。但是，对于思想、政治、道德各方面都容易受外界环境影响、可塑性极强的青少年来说，尽量为他们提供良好的环境是成年人义不容辞的责任。因此，这就需要发挥人的主观能动性，去发掘优良的环境，利用它积极开展德育活动。

3. 创造性原则

人们不仅能够利用和选择、发掘思想教育的优良环境，而且更重要的是人们能够创造理想的思想教育环境，因为人的意识不仅仅反映客观世界，而且能够改造客观世界；世界不会满足人，人就会以自己的行动来改变世界。在意识的指导下，通过实践能动地改造世界，是意识能动作用的突出表现。意识能够指导实践，人在改造自然的实践中创造出满足主体衣食住行用等物质需要的价值。人们修筑的铁路、公路，制造的飞机等，是人们通过自己的劳动、创造出的一种新型的对象“人化了的自然”。人们又发挥自己的能动性，推翻了“三座大山”，推翻了旧的生产关系和旧的政治制度，建立了新的生产关系、新的思想教育的环境，以适应思想教育的发展。这不是违背唯物论，而是坚持了辨证唯物论。德育环境的优化重在建设、重在创造。

（三）社区德育环境的优化

学校德育目标的实现离不开社区环境的支持，社区中种种复杂的因素对身心处于急剧变化期的青少年来说影响特别强烈。青少年可塑性强，但也容易受到不良环境的影响，所以，我们要加强社区环境的优化，努力创造一个良好的育人环境。

1.发展社区经济，提高居民生活质量

从理论上来说，只有依靠区域经济的加速发展，区域总体经济能力的提高，才能较快地改善社区成员的生活条件，消除社区内的贫困现象；才能有助于社区的稳定和社区参与的民主化，实现社区其他发展目标，扩大对社区建设的投入总量。区域经济与社区发展关系密切，如果没有经济发展和经济增长取得的成果，没有较强的经济实力，社区长期落后的面貌是无法得到改变的，社区存在的一系列社会问题，尤其是劳动力就业难、社会保障不力、生态环境恶化等更是无法解决，社区的医疗卫生、文化教育、道路交通设施等物质条件的改善也无从谈起。联合国在倡导社区发展运动时把发展经济放在十分重要的地位，因为对大多数社会问题严重的社区来说，经济落后是一个普遍的特征。在某种意义上说，经济落后是社会问题恶化的最重要的原因之一。春秋时期的管仲说："仓廪实而知礼节，衣食足而知荣辱。"[①]要想居民有安定的生活秩序，有良好的思想道德面貌，就必须大力发展社区经济。各社区可以根据本区的实际情况调整经济发展格局，形成特色区域经济建设，一方面加大对社区建设的经济投入，另一方面为居民生活增加收入，特别要帮助下岗、待岗居民积极就业。总之，发展社区经济是完善社区环境的前提条件。

信息浪花

经济发展促进居民生活质量提高

统计数据显示，2017年，苏州城镇居民人均可支配收入58806元，同比增长8.2%，城镇居民收入水平继续排在全省第一。

2017年，苏州城镇居民消费支出35104元，比2016年增长5.4%。城镇居民恩格尔系数从2016年的26.7%下降到2017年的26.5%。根据联合国提出的标准，苏州城镇居民恩格尔系数处于富裕区间。

---

① （齐）管仲.管子·牧民.

同时，苏州城镇居民的消费观念由生存型、发展型消费加速向享受型消费转变。居民消费结构日渐优化，服务性消费快速增长，生活质量更体面。2017年苏州城镇居民八大类消费“六升二降”。其中，教育文化娱乐服务、医疗保健、居住支出增幅均超10%，消费热点逐渐增多，消费结构升级明显，享受型消费快速增长。

其中，人均饮食服务支出2351元，同比增长7.1%；人均医疗服务支出1110元，同比增长18%；人均交通费支出360元，同比增长22.1%；人均通信服务1174元，同比增长12%；人均文化娱乐服务2479元，同比增长13.4%；人均教育支出2203元，同比增长14.1%。[①]

2.发展社区教育，提高居民的素质

社区教育在我国起步较晚，发展社区教育可以说是任重而道远。

1)以终身教育思想为指导思想，更新观念

第一，要确立可持续发展观，把社区教育纳入社区发展的总体规划中，要以社区建设的总体发展规划为依托，进行社区教育的总体决策，使社区教育与社区建设协调发展。

专家指津

社会可持续发展是以人为中心的发展。以人为中心的社会发展包括两个方面和三个层次。两个方面是指自身的发展和为人的发展所提供的社会条件。三个层次指的是：第一层次是人的基本需要的满足；第二层次是人的素质和生活质量的提高；第三层次是人的潜能的充分发挥。[②]

第二，要确立社区教育特色观。发达国家和地区成功的社区教育实践为我们提供了很好的经验和范例，但也要注意到，我国各地发展极不平衡，为此开展社区教育要结合国情、区情、民情，切忌盲目攀比，搞一刀切，要走具有区域特色化的社区教育的新路子。

2)建立促进社区教育发展的有效运行机制

首先激发社区居民不断增长的学习需求，是形成社区教育发展的内在动力机制的一个重要因素。其次要建立以地方政府和社会各部门广泛参与的社区教育组织管理协调机制，强化政府行为。再次要建立社区教育多渠道经费投入的办学机制。最后就是要建立地方性法规、政策保障机制和督导评价机制。

3)加强对社区教育的理论和实践的研究

社区教育在我国起步较晚，理论研究薄弱。为此要组织专门研究人员对社

① 苏州城镇居民人均可支配收入全省第一，中国江苏网，2018-2-23.

② 厉以贤.社区教育原理[M].成都：四川教育出版社，2003:35.

区教育产生和发展及其在发达国家的实践和经验进行研究和总结，特别要注重与地方高校的合作；也要积极动员政府、企业、社区、各级各类学校组织成员参加社区教育、终身学习、学习型社会的研究，从宏观、中观、微观开展多层次、全方位、多类型的研究与实践。

3. 发展社区文化，优化社区文化环境

1) 丰富社区文化，提高居民文化生活

改革开放以来，社区文化建设取得了显著成就，但同时我们也要看到其中存在的主要问题，如工作体制尚未理顺、活动场地匮乏、没有专门的法规等，这些问题都制约着社区文化的发展。为此，我们要采取一定的措施来发展社区文化。

第一，开展社区文化调查。首先调查社区内的文化资源。资源是发展社区文化的基础，只有弄清楚该社区的文化资源状况，才能制定出合理的社区文化规划，对于历次调研的基础数字、材料及研究论文，都要建立档案并存入电脑，有条件的还要上网，供社区之间相互查询，开展纵向和横向的对比研究。同时，调查社区居民的文化实践。要检验社区文化活动的实际效果，摸清社区文化的变化情况和发展动向，就要进行社区文化实践调查，调查的方式一般为问卷式或访谈式，调查的内容通常包括社区居民业余文化活动的方式、社区居民文化活动参与的目的、社区居民文化活动的实际参与和未来参与意向以及社区居民文化活动的总体情况。

第二，建设社区文化体制。首先要加强社区文化领导体制的建设。社区文化是需要社区内所有单位共同参与的大文化，所以要成立一个上下贯通的领导、协调、执行和管理机构，这样才能使社区文化健康发展。各地应成立由党委和政府的领导，文化局、文物局、文明办、教委、科委和科协、体委、园林局、旅游局等部门的领导，以及居民代表、社区主任、人大代表、政协委员、社区单位领导、社会知名人士等多方面代表组成的社区文化工作委员会，街道和下属地区也应成立相应的领导机构。再次要加强社区文化工作者队伍的建设。要建立一支高素质的社区文化工作者队伍，必须对现有的社区文化工作者进行系统培训，使他们具有较高的文化素养、很强的敬业精神、干练的工作能力、熟练的调研技能和专一多能的业余爱好。另外，也要加大宣传力度、提供优惠政策多引进一些具有专业水平的大中专毕业生进入社区文化工作者队伍。

第三，开发社区文化资源。社区文化资源是进行社区文化建设的重要条件。社区文化建设的实际过程在某种程度上就是社区文化资源的开发过程。首先要培养文化人才。社区文化人才是社区文化的宝贵资源，是社区文化的骨干力量。人才培养要从儿童抓起，与中小学素质教育相结合，与学生的课外活动相结合。社区各单位人才济济，积极开发利用社区文化资源，是社区文化建设取得成就的关键。因此，要通过社区人才资源调查和各种文化活动，积极发掘社区文化人才，充分发挥他们的特长。其次要壮大群众性文化社团组织。群众文化社团组织是社区建设的骨干力量。社团组织要注重组织制度建设，要制定组织章程，就组织目标、性质、会员资格、民主议事、财务管理、活动方法等内容做出明确的规定。会员登记要严肃规范，每次活动要认真记录，社团组织内部要科学管理，积极创作条件向标准社会组织或俱乐部模式过渡。最后要开发文化设施资源。随着人们生活水平的提高，人们的文化活动会越来越多，对文化设施的需求量也越来越大，因此，政府、企业和社团组织应想方设法增加文化设施的数量，并不断提高设施质量和服务质量。设施资源共享是开发社区文化资源的另一项重要任务。在计划经济时期，单位承担许多社会职能，因此拥有自己的文化设施和场地；实行市场经济后，单位的社会职能弱化，社区的社会职能大幅度增加，文化设施和场地资源出现严重不足，而单位的文化设施和场地却出现大量的闲置。因此，实行文化设施和场地资源共享，是社区文化发展的需要，也是城市实现现代化和国际化的需要。

2)整治不良的社区文化环境

这里主要是指对已经出现了的，并对青少年的健康成长造成不良影响的文化产品和文化市场的整治，这也是近些年家长、老师尤其担心的问题。文化产品和文化市场包含的内容非常广泛，主要有以下三个方面：

第一，坚决查处传播淫秽、色情、凶杀、暴力、封建迷信和伪科学的出版物。许多青少年犯错误就是受了这些出版物的影响，尤其是近些年在中小学学生中很流行的"口袋书"，这些"口袋书"多是说一些恋爱之事，有些插图不堪入目。这些"地下出版物"以前在学校周围的小书店、租书屋都可以很容易就买到或租到，有关部门查处严的时候就转移到不起眼的社区居民楼内。这些出版物屡禁不止，需要工商部门、文化监管部门加大这方面的查处力度，同时也需要居民的监督和及时举报。

第二，加强对网吧的管理迫在眉睫。网吧对青少年的影响的严重程度已经有人用"电子海洛因"来形容了，有的青少年为了上网不惜逃学、撒谎、抢劫；有的沉迷于电脑游戏的虚幻世界中不能自拔，最终自杀以求解脱；有的迷恋网上聊天，与陌生网友见面结果受到人身侵害……甚至是已经成年的大学生每年也有不少人因为沉迷网络耽误学业，最后被学校劝退的。在高校附近存在大量的网吧，其中很多都是"黑网吧"，卫生、消防都没有保障，有些利益熏心的经营者还故意下载黄色电影供学生观看。《中共中央国务院关于进一步加强和改进未成年思想道德建设的若干意见》中明确规定在校园周边200米范围内不得设立像网吧等营业性场所，对网吧的经营也有《互联网上网服务营业场所管理条例》来规范，按照规定未成年人是不允许进入营业性的网吧的。但是现在，不止一个地方、一家电视台、一家报纸都发现了这样的情况,就是“未成年人不能进入营业性网吧”并没有得到严格的落实。对网吧的监管需要各方面的共同努力,文化部门、工商部门、文明委、普通居民的监督都很重要,南京市的一些社区就由退休的老人组成义务巡逻队,专门监督辖区内的网吧。

第三,对社区内的黄、赌、毒现象坚决打击。在有些管理不严的社区,路边所谓的“发廊”比比皆是,穿着裸露的“小姐”在大庭广众之下拉客;有些场所假借棋牌室的名义聚众赌博;营业性的歌舞娱乐场所吸毒现象、卖淫现象时有发生。这些旧社会的沉渣泛起,对青少年的身心健康造成极大的危害。对于这些丑恶现象一经发现就要严重打击,不仅要对当事人进行处罚,对提供场所的人也要加大惩处的力度。经济是基础,社区经济的繁荣,是社区其他建设的有力支撑。在重视经济发展的同时,社区文化、教育也是不可忽视的。那种只重视经济建设而忽视精神文明建设的社区是不可能有长远的发展的,这也是一种短视的行为。同时,也要创造各种条件和机会加强居民之间的人际交往,努力培养社区团结、友爱的和谐氛围,社区的卫生、安全、服务等环境也是广大居民关注的问题。

二、社区德育环境的重塑

(一)创建功能齐全的组织机构

社区德育的建设状况,直接影响着青少年的健康成长。这就要求社区各级党委、政府创建功能齐全的组织机构,并作为一项事关全局的战略任务列入重要意识日程,切实加强和改善领导。

《中共中央国务院关于进一步加强和改进未成年人思想道德建设的若干意见》明确规定各级党委和政府要形成党委统一领导、党政齐抓共管、文明委组织协调、有关部门各负其责、全社会积极参与的领导体制和工作机制,地方各级党委主要负责同志要负起政治责任,经常分析未成年人思想道德状况,及时了解未成年人思想道德建设工作情况,认真研究解决重大问题。各级政府要把未成年人的思想道德建设摆在重要位置,狠抓措施落实;要给予必要的财力支持并随着财政收入的增加逐步加大支持力度。又明确规定:“中央精神文明建设指导委员会负责指导全国未成年人思想道德建设工作,督促检查各地区各部门贯彻落实中央关于加强和改进未成年人思想道德建设工作部署的情况,组织协调各有关部门和社会各方面共同做好未成年人思想道德建设工作,各地方文明委要在同级党委领导下,担负起相应的责任。要采取切实措施,充实和加强各级文明委办事机构,搞好思想建设、组织建设和作风建设,使其更好地履行职能,发挥作用。”

依据中央文件精神，全国广大社区逐步建设了各级“未成年人思想道德领导小组”，直接领导主持辖区范围内的德育建设；许多社区均由一名主要领导主持精神文明委员会工作，组织协调本辖区各部门、单位、社区开展社区和谐德育建设，共同营造未成年人健康成长的社区育人环境；许多城市、农村社区在精神文明建设委员会内专设未成年人思想道德教育办公室；许多地区、社区，由区教委和学区专门成立了教育系统的未成年人思想道德领导小组，专门研究未成年人思想道德教育问题。

许多社区还明确提出社区居委会在和谐德育和文化建设方面的职责、要求，各社区要设一名文体主任，负责本社区的文化建设工作。区文化馆、图书馆要切实加强对基层文化建设的业务指导和对基层文化工作者的专业培训，使之成为社区文化建设和管理的骨干力量。加强和巩固社区文化志愿者队伍，与驻区专业团体和文化建设人才建立合作关系。每个社区要有两名以上文化志愿者骨干，辅导街道、社区文化团队，参与社区文艺创作，参加社区文化活动。

（二）加强深入细致的舆论宣传

高度重视对下一代的教育培养，努力提高青少年思想道德修养，是我们民族的优良传统，是党和国家事业后继有人的重要保证。但有些社区、部门的领导、社区的居民对这项工作认识不足，没有真正担负起应有责任，社区单位、部门、成员关心和支持青少年健康成长的社会舆论尚未形成。在社区范围内还不同程度存在着不利于青少年健康成长的社会环境和消极因素。在一些社区内还存在道德失范、诚信缺失、假冒伪劣、欺骗欺诈活动，甚至出现封建迷信、邪教和黄、赌、毒等丑恶现象。这些都给青少年的成长带来了不可忽视的负面影响，腐朽落后文化和有害信息也通过网络传播腐蚀青少年的心灵。在这种消极因素影响下，社区内少数青少年精神空虚、行为失落，有的甚至走上违法犯罪的歧途。因此，一定要在社区范围内加强深入细致的理论宣传，认清青少年思想道德建设面临的严峻挑战，增强社区全体成员的责任感、使命感、紧迫感，取得更大范围内的共识，形成社区育人合力。

加强深入细致的理论宣传，在社区内有很大的空间。从内容上看，全面提升包括青少年在内的社区成员的文明素质，把弘扬民族精神的公民道德建设结合起来，以重大节日、重大活动为契机，宣传本社区丰厚的历史文化传统和现代建设成就，大力开展爱国主义、革命传统和社会主义主旋律宣传教育；宣传社区成员文明公约和评价体系，形成科学合理并具有可操作性的社区成员素质评价模式，从而不断提升社区成员的文明素质；围绕生活礼仪、社会礼仪、赛场礼仪、职业礼仪、校园礼仪、涉外礼仪等内容，开展文明礼仪进社区、进学校、进家庭、进机关、进工地、进军营、进企业、进农村的宣传活动，加强公共场所、公共行为文明礼仪的宣传;进行文明乘车、文明出行的宣传;利用文明监督员、道德评价台、公民道德论坛等对不文明的行为进行曝光。

从形式上看,要拓展社区内成员教育的阵地建设。按照建设学习型和谐社区的要求,将文明市民学校、社区法制学校、妇女学校等各类教学资源进行整合,加强社区教育网的建设,加强与完善少年军校的建设。通过精神文明典型宣传营造社区和谐德育氛围,如开展本社区内道德楷模、人民满意的公务员、文明使者活动,改进社区精神文明建设宣传栏等。

加强深入细致的理论宣传,既要与时俱进,紧跟形势发展,又要符合青少年心理发展的需求与特点,要防止成人化、一刀切以及形式主义等做法。

信息浪花

天津河西区开展了“禁毒我先行——青年志愿者在行动”系列宣传活动,来自天津市体育学院、河北航校、滨湖中学等学校及社区的200余名青少年志愿者,在天塔街青少年法律学校接受毒品危害和拒毒知识培训,并深入天塔街各社区张贴禁毒宣传画,向社区居民宣传禁毒知识,从而掀起“社区禁毒志愿服务活动”的高潮。按照团市委和市禁毒办的有关要求,该区共青团系统与区禁毒办联合开展了“社区禁毒志愿服务活动”。他们启动“禁毒我先行——青年志愿者在行动”系列活动,深入各社区开展禁毒宣传巡回展览、张贴禁毒宣传画、发放宣传册、举办禁毒知识讲座等形式多样的活动,推动禁毒志愿服务活动的全面开展。多年来,河西区团委和区禁毒办紧密配合,积极组织广大团员青年和社区志愿者开展禁毒知识竞赛、对吸毒人员进行帮教、青少年自我防范漫画比赛以及禁毒志愿者扫墓等活动,并在全区通过创建“无毒社区”“无毒校园”等活动,进一步促进社区精神文明建设。

(三)弘扬校园文化的主旋律

1. 充分调动学校各方面的人力资源,形成全员育人的良好氛围

把德育贯穿、渗透、结合在所有学科的课程建设和课堂教学、知识传授的过程中,体现育人为本、德育为先。学生的学习主要是在学校中完成,学校是学科德育的重要渠道。语文、英语、品德、社会等学科是进行爱国主义教育、传统美德教育,增进国家和民族责任感与使命感,弘扬民族精神的主要课程。数学、科学等学科课程是对学生进行科学态度,科学精神以及在科学的探索中百折不回、勇攀科学高峰精神教育的重要课程,特别对人文精神以及道德伦理的教育内容的渗透。音乐、美术、体育等学科重在珍视中国的文化传统和文明传承,引导学生弘扬民族精神,激发他们奋勇拼搏的精神。以上这些事实充分说明,德

育以知识为载体具有巨大的说服力和感染力，能够给予学生深刻的影响，形成强大的内化力量。现代教育的重要标志就在于更加重视知识载体的作用，而任何知识、技能的传授又总是同一定的思想品德教育相联系的。学科德育以知识为载体，体现了知识与道德、教学与教育、教书与育人的统一。学科德育贯穿于学校各项工作之中，加强各科教学研究，是提高德育实效的主要途径。

信息浪花

湖北省建始县大堰中学语文教师熊明悦坚持将社区德育资源引进并渗透到语文教学中，实施开放性教学。她在教《黄河的变迁》一课后，没有向学生宣传治理黄河、保护环境的重要性，而是带着学生来到穿越社区的广润河畔，让学生看看河面上浮着的垃圾，看看河中大大小小砂石堆，再让他们回家问问家长，了解一下几十年前广润河的情况，写一篇与广润河有关的文章。结果，全班同学大都认识到了环保的重要性，有的还发出了："救救我们的母亲河——广润河"的呼吁，这样一种教学方式，对语文的教学和社区德育渗透都有利。

化学教师肖友兵在社区德育活动中，让学生充分感受化学知识的广泛性、实用性，从而激发学生学习化学的兴趣，让学生了解，化学给人类带来福祉，但不合理的开发和利用资源，造成了对环境的污染，给人类带来了灾难。

（资料来源：《社区德育资源的优化配置与整合利用研究结题报告》，湖北省建始县大堰中学课题组）

2. 营造优良的校园环境，让每一处校园都具有积极的教育力量

优美的校园环境会使人感到神清气爽，活力无限。校园四周绿草萋萋、绿树成荫、鲜花盛开。置身其中，顿感心旷神怡。教室内窗明几净，室外空气清新。教学楼走廊旁张贴古今中外名人画像，配以名言警句，给学生以进取的力量。教室墙壁上挂有《中小学生守则》《中学生日常行为规范》，时时规范着学生的言行；黑板上方的班训"文明、守纪、勤奋、创优"更是激励学生努力学习、积极拚搏、争创一流。文化长廊开辟有"德育专栏"定期宣传。整个校园洋溢着浓厚的文化气息，积极向上的精神动力，对学生起着潜移默化的教育作用。

信息浪花

校园文化环境宣传内容集萃

漫步在校园内，路旁、池边、树下、门口、草坪上到处有醒目的校园文化宣传牌，以此对学生进行砥砺、鼓动、督促和鞭策，有良好的教育意义和效果。

1. 青青绿叶红花，岂能肆意践踏。

2. 迈步留意地下草，弹指莫折指头花。

3. 不要让白色的面纱罩在我绿色的笑颜上——草坪寄语。

4. 昂首阔步时，我在你的脚下呻吟——小草的求救。

5. 爱护环境就像爱护自己的眼睛一样。

6. “抬头看见蓝天白云，低头看见绿草青青。”请爱护我们的环境吧！

7. 用手呵护环境，用心洁净星空。

8. 小小一口痰，细菌千千万；为了你我他，吐痰勿随便。

9. 可以聚沙成堆，不可以聚剩饭成山(餐厅)

10. 别让我的血液白白的流失了——大地母亲(节约用水)

11. 做人求德，用水思源——自来水

12. 当世界上只剩下最后一滴水时，那就是我们的眼泪！——请节约用水

13. 拒绝使用塑料袋和一次性筷子，控制白色污染，让我们的生活环境更纯净、更清爽！

14. 堂堂正正做人，踏踏实实办事。

15 一屋不扫，何以扫天下？(室内)

16. 自重、自知、自制惟此三者可导引人生臻于高尚完美的世界

17. 为了等待你的归来，我一夜未眠，主人(浪费电)

18. 仰天大笑出门去，我辈岂能忘关灯

19. 为了惩罚你对我的忽视，我会把伤心的青春带走——时间。

20. 我只接受你美丽的身影，不接受你不要的东西

21. 此地无田三百亩，何须施肥百万斤(垃圾道口)

22. 手投足间，别忘了我那饥渴的双眼(垃圾箱旁)

23. 请把垃圾带回我的“家”，再把我的美名留下——垃圾桶边。

24. 当你不要我时，请把我送回“家”。

25. 绿草茵茵，踏之可惜。

26. 有了热爱生活的心，才有召唤翠绿的情。

27. 集体中的火焰，需要集体中的每个人添柴。

28. 阳光、雨露赐予我新生命；智慧、道德塑造我的灵魂。

29. 校园是培养人才的圣地，请用自己的行动维护它的圣洁。

30. 鸟美在羽毛，人美在品德。

31. 智慧是宝石，如果用谦虚镶边就会更加灿烂。

32. 没有大胆的尝试，就没有惊人的发现。

33. 绝对不要骄傲，骄傲比饥饿、干渴和寒冷更有害。

34. 友谊之花有了宽容的滋润，就会越发娇艳。

35. 成功的背后有汗水，失败的前面有曙光。

36. 哥们义气不能讲，团结友爱要提倡。

37. 生活对于智者永远是一首昂扬的歌，它的主旋律永远是奋斗。

38. 一个人要想获得成功，即需付出十二分的努力，更需有健康的心理品质。
39. 学习是灯，努力是油，要想灯亮，必须加油。[①]

（三）开展丰富多彩的社区教育活动

1. 将社区建设为没有围墙的校园

社区内有着极为丰富的教育资源，社区本身就是教育学生和谐成长的教科书和学习基地。要实现这一点，就需要社区与学校共同更新观念，共同拆掉间隔学校和社区的围墙，使整个社区成为没有围墙的校园，为每一位学生开辟自主活动发展的空间。

信息浪花

北京东城区区政府于 2005 年实施了“蓝天工程”，为全区学校创设了更大的成长空间与时间，创设了一个没有围墙的大校园。在区委区政府的组织、领导和统筹安排下，有 260 多个单位志愿提供了育人场所的相关条件。这里汇集了北京人文的精髓：名人纪念馆传承着中华民族的浩然正气，“三·一八”惨案遗址促使青少年警醒明志，明长城遗址见证了历史，北京规划展览馆勾勒出首都发展的宏伟……全区同学人手一册《蓝天工程课外活动手册》，其中记载了 260 多个接待单位简介、地址、联系电话、特别推荐；每位同学一张课外活动一卡通——这是优惠活动的凭证，每次活动刷卡记录学生活动的信息。蓝天工程活动方式真正实现了社区和谐德育。[②]

2. 在社区建立固定的社会实践基地，为学生开展综合实践活动创造条件

学校教育与社会实践相结合是对青少年实施教育的根本途径。学生社会实践的形式有调查访问、参观访问、公益劳动、实习操作、军训、研究型学习，这些都需要社会实践基地来支撑。为此，许多社区相关领导与学校携手，共建属地范围内的多种形式的社会实践基地。

信息浪花

2002 年，湖北省京山县教育局将新落成的面积达 6000 平方米的局办公大楼，划给中小学生活动中心作为城区学生特长教育基地。将位于城郊占地 1000 余亩（1 亩≈666.67 平方米）的原华师京山分院旧址，划给活动中心，并重新投入资金 300 万元，建起了亚太城综合教育实践基地。此外，经县教育局批准在

---

① 中国德育资源网 http://www.516xz.cn/Article/dyzl/gyjj/200812/8260.html.

② 詹万生. 和谐德育论[M]. 北京：教育科学出版社，2008：417.

绿林镇与天河度假村联合建起了中小学生野外生存训练基地，在京山县城的边郊周畈村新四军五师司令部旧址建立了革命传统教育基地。四大校外教育基地的建成，为全县近10万中小学生提供了校外活动场所，每年160天的校外时间，他们都有了新去处。

2015年，京山县中小学生活动中心被授予“湖北省青少年校外教育工作先进单位”称号。

（资料来源：湖北省京山县学生活动中心社区德育研究结题报告）

3.开展丰富多彩的社区文化活动，为学生融入社会开辟渠道

随着我国社会主义文化的大发展大繁荣，社区内全民参与的文化活动日益丰富，成为和谐社区建设的有效载体。这种文化活动氛围不仅熏陶着学生的成长，也是学生了解社会、融入社会的渠道，增强了学生与社会的亲密接触。

我国几千年的文明史形成了充分体现中华民族传统道德和传统文化的节日、纪念日。这里有民族的传统节日如春节、元宵节、端午节、中秋节、重阳节等，也有固定的节日如十一国庆节、八一建军节、七一建党节、五四青年节、六一儿童节等。还有不同民族、不同社区特定的重大历史事件与节日等。这些节日都蕴藏着宝贵的思想道德教育资源，许多社区正是抓住时机整合社区资源，开展本社区思想道德教育和文化建设活动。

4.开展社区志愿者服务活动

志愿者服务活动已成为世界范围内的一项公益活动，目前许多社区与学校开展社区内志愿者服务活动，已成为社区德育建设的重要内容与途径。

信息浪花

北京市东城区新桥街道社区团支部组织社区内学生开展“迎奥运诗歌大家诵”活动，将一些朗朗上口的宣传标语、诗歌向社区居民宣传。这些以学生为主体的志愿者们头带有黄色笑脸标志的志愿者帽，年龄最小的只有10岁。东城志愿者服务队是一支有组织、有制度、有品牌的活动队伍：一个总队——东城志愿者协会；10个分会——下设九大志愿者工作委员会。每年六月的第二个星期六是“东城公务员志愿者服务日”，还设立了知名志愿服务者的服务点，如“指路大王——谢亮服务点”“孙茂芳志愿服务中心”“冀海英流动人口网站”“元旦环保网站”等，成了志愿者服务的品牌。①

随着社区建设的发展，社区针对青少年的教育活动方式将进一步充实和丰富。

① http://www.scgqt.org.cn/Special/2009/54/NewsShow.asp? ID=16098.160.

学校社会携手，走进生活，哺育心灵，教育一致，和谐育人，同谱教育新乐章。

——题记

第五章　学校教育与社会教育的沟通与协调

当时间的脚步迈入21世纪，我国教育迎来了新一轮改革浪潮。值此信息时代，在课程改革的大背景下，如何有效实施中小学生思想品德教育？这是我们广大教育工作者必须深思和探讨的问题。如今的中小学生是21世纪建设祖国的主力军，现在做好青少年学生的思想品德教育工作，关系到我国在21世纪实施科教兴国第三步战略目标能否顺利完成，关系到国家和民族的前途和命运。青少年的思想品德教育是一个系统工程，不仅涉及教育方针、原则、内容、途径和方法，还包括教育者、被教育者以及教育环境的相互作用。中小学生思想品德教育的质量和水平，取决于教育者、被教育者与教育环境三个方面的相互影响和作用，加强学校教育与社会教育之间的沟通与协调，形成齐抓共管、合力育人氛围有利于培养学生健康成长，这已成为人们的共识。创立学校与社会教育目标一致、内容衔接、功能互补、关系和谐的教育模式，有利于培养学生创新精神和实践能力；创建和优化社会育人环境，努力实现学校教育和社会教育之间的协调与配合，对于提高学校德育实效具有十分重要的意义。

第一节　社会教育的概念及其内涵

一、社会教育的基本概念

问题导读

●社会教育具有什么特征？
●社会教育的概念及其内涵是什么？

(一) 社会教育的时代特征

社会教育是随着人类社会出现而产生的。在原始社会，它只是一种非形式化和非专门化的教育状态。当人类进入奴隶社会，一种无形和有形的社会教育就正式形成了。在漫长的封建社会，社会教育逐渐发展成为一种形式化的、专门化的教育形式①。当人类社会进入18世纪中叶至19世纪初叶，英国、法国等资本主义国家爆发了产业革命，各国的社会教育得到较快的发展。当时代跨进20世纪，社会教育则呈现出新的特征，受到国家与社会的普遍重视，且形式化的趋势在不断加强，并向制度化方向迈进和发展。

无论是远古的奴隶社会，还是漫长的封建社会，社会教育的形式、内容都是为统治阶段服务的。在现阶段，资本主义国家与我国的社会教育在指导思想、培养目标方面有着本质区别，但是在内容、方法和形式上也具有共性。而且，资本主义国家的社会教育中，有很多东西值得我国学习与借鉴。

信息浪花

美国、英国、法国、德国等发达国家都十分重视社会教育，如美国很早就成立了“美国社会学院”(Community College)。在日本，社会教育也受到了特别的重视。

第二次世界大战后，日本重视依靠法制建设来推进社会教育。其《教育基本法》(1947年)第七条中规定：“社会上所进行的教育，必须由国家及地方公共团体给予奖励。国家及地方公共团体必须尽量设置图书馆、博物馆、公民馆等设施，利用学校的设施及其他适当的方法努力实现教育目的。”以此为基础还专门制定了《社会教育法》(1949年)，其中就有“公民馆法”“图书馆法”“博物馆法”等专章。日本不仅重视社会教育法规建设，而且重视与之相配的社会教育设施的建设，据1975年日本文部省社会教育调查报告书统计：“全国公民馆的总数已达15752所；全国的市町村90.5%设有公民馆，每一市町村平均数为5.3所；公共图书馆1066所，博物馆409所。”除此之外，还有一些社会教育组织机构，如青年之家、妇女会馆、少年自然之家等等。由此不难看出，社会教育在日本已受到普遍重视。

(二) 社会教育的发展

在科学技术，尤其是信息技术飞速发展的今天，为适应社会的发展和提高

---

① 邵宗杰、裴文敏. 教育学[M]. 上海：华东师范大学出版社，2001：第17章.

全民素质，一种新的社会教育形式应运而生，即社区教育。社区教育是在一定区域内利用各种教育资源，开展的旨在提高全体社区成员整体素质和生活质量，服务区域经济和社会发展的教育活动。社区教育概念把教育纳入社会大系统，使其成为社会各单位和全体社会成员共有的职责、权利、义务和职能。其中，提高全体社会成员的整体素质是社区教育的基本目标，是实现其他社区建设目标的重要基础。

我国早在五六十年代就提出过社区教育，但是到20世纪的90年代，社区教育才开始得到重视。随着改革开放的深入、全面发展和市场经济的持续运行，随着国家加入WTO组织，社区教育在我国逐步得到全面推行。中共中央办公厅、国务院、国家民政部、教育部先后分别发出了有关“文明社区管理办法”和开展社区教育实验工作的文件。2000年，湖北省教育厅组织开展社区教育实验研究，依托课题研究推动社区教育工作，武汉、钟祥、荆州、宜都、潜江等地都积极参与。与此同时，上海、浙江、北京、天津、重庆等地都轰轰烈烈地开展了社区教育理论研究及实践活动。可以这样说，社区教育是我国现阶段开展社会教育的一种创新教育，它标志着我国教育在21世纪的走势与定向。

（三）社会教育的涵义

社会教育的涵义很广，有广义和狭义之分。广义的社会教育指有意识地培养人、影响人且有益于人的身心发展的一切社会活动，既包括有一定形式的“形式化”社会教育，也包括范围广泛、无处不在的非形式化的社会教育。狭义的社会教育是指在家庭和学校以外的社会文化教育机构中所实施的教育，即形式化的社会教育。社会教育是人类社会发展的必然产物，是教育的重要组成部分。在现代社会里，社会教育意义愈加重要，是现代教育体系中不可忽略的部分。

在这里，我们要讨论的是狭义的社会教育与学校教育之间的沟通与协调问题。

二、社会教育主体

问题导读

●什么是社会教育的主体？

●如何区分社会教育的机构？

社会教育主体即社会教育的组织者和实施者，主要是指各类社会教育机构。由于性质和作用不同，社会教育机构是多种多样的。

(一)从性质和作用划分,社会教育机构主要包括以下几部分:

一是社会教育领导和管理机构,主要有党政机关的宣传、文化部门和妇女、儿童青少年工作部门,如各级党委的宣传部、各级政府的文化部,以及各级共青团组织和妇女联合会。其职责是确定社会教育的目标、任务和具体内容,制定社会教育实施办法,检查、督促社会教育实施过程。

二是社会教育组织和实施机构,其职责是开展具体社会教育活动。按教育对象划分,社会教育组织和实施机构可分为以下三大类:

第一类:校外儿童教育机构,以少年儿童为教育对象,如少年宫、少年之家、儿童公园、儿童影院、儿童阅览室、儿童图书馆,以及各类专设的学生校外活动场所。

第二类:成人文化教育机构,以成人为教育对象,包括各种文化技术学校、扫盲班、技术培训班、家长学校、老年大学等。

第三类:综合类社会教育机构,既以少年儿童为教育对象,又以成人为教育对象,主要包括图书馆、文化宫、展览会、博物馆、剧院、电影院等。

(二)从教育机构担负的任务来分,社会教育机构包括普及与提高两大类

负有提高任务的社会教育机构有少年宫、少年之家、青少年科技站、社区文化活动中心、文化辅导站(室)、业余体校等。这些校外文化教育机构有比较完备的场地和设备,它按照国家的要求,开展丰富多彩的文娱、体育和科技活动,丰富青少年儿童的校外生活,培养广大青少年儿童的兴趣、爱好和特长,从而占领校外思想文化阵地,促进青少年儿童德、智、体、美、劳全面发展。少年科技站和少年业余体校,是国家设立的负有培养各种科技幼苗和体育运动幼苗的社会教育机构,它对培养未来的科技、体育方面的人才有重要的作用。

负有普及任务的社会教育机构包括文化馆、图书馆或阅览室、公园和影剧院、纪念馆、博物馆、展览馆、广播电台、电视台等。近些年来不少企业、事业机关单位都为青少年的活动创造了条件,配合学校办起了“校外辅导班”“校外活动兴趣组”等等,这些都是很好的普及教育形式。

(三)从社会教育的协调形式来区分,社会教育协调的组织机构机动灵活,形式多样

社会教育协调的组织机构有由教育行政、教学研究部门联合成立的社会教育研究会;有由退休老干部为主体组建的关心下一代工作委员会;有以一定社

区为基础组建的社区教育委员会；有由社会团体和社区、企事业单位协助学校建起的家长委员会、家教协会、社区学校或家长学校；还有校外教育联系点和社区辅导员队伍；等等。这类组织机构的职责是发挥自身优势，协调各种社会力量，充分利用各种社会资源开展社会教育活动。

总之，社会教育的组织形式多样，能适应和满足当今社会教育的需要。各类社区和学校要结合实际，发挥优势，整合资源，创新社会教育的组织形式。

信息浪花

关心下一代工作委员会

关心下一代工作委员会简称“关工委”，其性质是在同级党委和政府的领导下，以老同志（包括老干部、老战士、老专家、老教师、老模范等“五老”队伍）为主体，吸收有关部门负责同志参加的、从事青少年教育工作的群众性组织。

关工委的任务是：组织老同志对广大青少年进行爱国主义教育、集体主义教育、革命传统教育、社会主义法制教育和共产主义理想教育；配合有关部门，教育、挽救失足青少年；调查研究，为党和政府教育下一代提出建议；完成党和政府交办的任务，协助有关部门促进一些实际问题的解决。总之，关工委就是协助党和政府培养有理想、有道德、有文化、有纪律的社会主义事业合格建设者和可靠的接班人。

国家成立中国关工委，各地区、各部门成立相应的关工委，中国关工委与地区、部门在工作上是指导关系。

专家指津

学校可在当地政府有关部门领导下，积极主动地同社会各界加强联系，并在此基础上，建立起社会参与学校管理的各种组织，如“顾问委员会”“董事会”“学校与社会教育协调委员会”以及“社区教育委员会”等等。其组织模式可以是以社区为中心的模式或以学校为中心的模式，在城市采取以工厂、矿区、街道、小区为中心的模式，在农村采取以乡镇、村为中心的模式。①

三、社会教育的功能与作用

问题导读

● 如何认识社会教育的功能？
● 怎样运用社会资源开展学校德育活动？

---

① 萧斌衡. 学校、家庭、社会教育协调的途径与方式[J]. 学校管理学，1996年03期.

(一)社会教育的功能

社会教育的功能既与学校和家庭教育的功能具有一致性,又有其独到之处。在社会化功能方面,社会教育是个体社会化的功能延伸;在育人功能上,社会教育与学校教育具有连贯性与互补性,并为受教育者的个性发展、素质培养起到更有效的作用,同时还可提供多样的、灵活的、有效的教育机会与恰当的内容。另外,在社会信息化、科技化的知识经济时代,为更好地适应社会发展,终身教育是社会发展的需要,社会教育则能更好地为终身教育服务,帮助人们获得知识,完善其知识结构。新时期,社会教育的功能还表现在对青少年儿童品行的矫治和预防发展方面。矫治、预防功能就是通过多方面的教育宣传,多形式的教育方法对青少年儿童在生理、心理、人生态度、人际关系等方面存在的消极因素进行矫治与引导,从而促动青少年儿童良好品德的形成与发展。发展功能,则是指开发青少年儿童的智力,训练提高其能力,主要是通过文化站、少年宫、科技站、图书馆、博物馆的学习与组织开展社会实践活动。需要特别强调的是将学校与社会双方力量有机组合并沟通联系,形成正向合力的教育网络,在中小学整体教育中起着突出的功能作用,既促进社校之间的交流,又协调社校配合教育工作,更优化了学校教育的外部环境。对于青少年儿童来说,社会教育的根本目的在于协调与配合学校促进青少年儿童个性的全面发展,促进中小学生良好的思想品德与健康成长。

理论撷英

社会教育是"德育"外延的扩充。传统的"德育"就是个人"社会化"方面的教育,这种观点在杜威教育理论表现得尤为突出。社会教育是在成员之间关系亲密的群体中进行的,受教育者容易在心理上相互感染;社会教育又是在潜移默化中进行的,其效果是在长期熏陶之下,通过一定程度的内化实现的。①

(二)社会教育的作用

社会教育对青少年儿童思想品德的重要影响作用。社会是个大课堂,社会上流行的各种时尚、观念对未成年人的心理和品格有重要影响。因此,加强全社会的思想道德建设,营造一个全社会都重视思想道德建设的良好社会氛围,

---

① 邵宗杰.教育学[M].武汉:华中师范大学出版社,2001.

对于加强未成年人的思想道德建设有着积极的意义。社会环境、舆论、文化对青少年儿童起到潜移默化的影响，社会要创设优化的环境，传播健康向上的文化，把握正确舆论的导向，做好教育指导工作。各级教育行政部门要主动协助政府并会同有关部门，积极开发利用社会教育因素与社区德育资源；开辟关于青少年儿童的社会教育舆论阵地；加强社会文化市场及娱乐场所的管理；提供青少年儿童所需要的丰富多彩、健康有益的精神食粮；做好《中华人民共和国未成年人保护法》的协调工作，打击腐蚀、毒害青少年的犯罪行为；为青少年学生健康成长创造良好的舆论环境、文化环境、治安环境和社会环境。

社会现实生活中出现的英雄模范，行业战线中涌现的状元先进，他们是最具有说服力的教材，对青少年儿童也最具有指导和鼓舞作用，学校要用好这些资源，还要充分发挥各级优秀领导干部、革命前辈、“五老”同志以及杰出的科学家、作家、艺术家、企业家的榜样与“路标”作用。同时，学校应积极采取有效措施，充分依靠关心下一代协会、社区教育委员会和街道委员会、村民委员会以及各种社会团体，并同所在地的机关、部队、工厂、商店等单位建立固定联系，发动、协调社会力量支持和参与社会教育工作，逐步建立学校与社会相互协作的社会教育网络，共同营造关心下一代健康成长的良好社会教育环境。综上所述，社会教育是学校教育的一股重要补充力量，青少年儿童的进步成长，离不开社会教育的支持与协作。良好的社会教育有利于对青少年儿童进行思想品德教育，有利于塑造和培育有理想、有道德、有文化、有纪律的一代新人。

信息浪花

湖北省应城县实验小学通过构建学校、社会互动育人的立体德育模式，提高了德育工作实效。学校在互动育人工作中居主导地位，其主要职责是：对未成年人实施全面的思想道德教育，整体提高未成年人的思想道德素质。学校的德育目标是：培养学生坚定正确的政治方向，良好的道德品质，遵规守纪的观念，健全的人格，树立正确的人生观、世界观、价值观。社会教育的主要职责是：优化社区教育环境，开发社区教育资源，完善社区教育设施；引导未成年人在丰富多彩的社区文化活动中受到教育，感染和熏陶；净化社区环境，消除对未成年人成长产生负面影响的因素。社会的德育目标是：以公德教育为核心，增强学生的是非观念，培养学生的环保意识、责任意识、法制意识、合作意识和服务社会的意识，最终形成爱他人、爱家乡、爱祖国的良好品质。

四、社会教育的基本特点

由于社会教育是在非组织化和非专门化的状态下进行的，从其组织机构、设施、内容、教育方法来看，它具有广泛性、可选择性、灵活性和深刻性等特点。

（一）广泛性

社会教育要面对所有社会成员，以提高全体社会成员的文化水平和综合素质为目标。社会教育的对象没有严格的规定和要求，人人都可以参加，人人都有享受社会教育的权力。同时社会教育也是对少年儿童进行素质教育的良好形式，其目的在于配合学校促进青少年儿童个性的全面发展，以弥补学校教育的不足。对于成年人来说，社会教育已成为终身教育的重要组成部分，是使所有社会成员保持与社会发展需要同步前进的重要形式。社会教育涉及到社会生活的方方面面，各个角落；凡是有人的地方，社会教育的影响都能到达，这就是任何教育所不具备的也不可能实行的。社会教育组织机构和教育形式、方法各不相同，多种多样。

（二）可选择性

社会教育具有非强制性，所以无论青少年儿童，还是成人，无论是在校学生还是待业、从业人员都可以根据自己的兴趣爱好、发展需要和职业要求等自由选择接受何种内容的社会教育。所以社会教育具有可选择性的特点。

（三）灵活性

社会教育的形式、方法和内容都具有灵活性特点。社会教育的承办主体多种多样，有政府主办和企、事业单位主办，也有社会团体和个人主办；社会教育的组织机构也是多种多样的，如居委会、工厂、文化宫、电影院、电视台，以及其他社会团体。社会教育的形式也具有灵活多样的特点，如各种专业培训班、讲座、报告会等，都可以根据社会人群的需要进行。

（四）深刻性

社会教育过程更多的是通过主体耳闻目睹、耳濡目染的方式进行的，其教育过程往往与人的生活过程紧密联系，其作用常常与人的生活体验相伴而生，这种教育比简单的说教更有说服力和影响力，因此具有深刻的教育价值。

此外，社会教育还具有复杂性、层次性、多变性与网络化等特点。

第二节　学校教育与社会教育沟通、衔接的途径和形式

一、学校教育与社会教育沟通与衔接的意义

问题导读

●社会教育与学校教育沟通与协调具有什么重要意义？

学校教育、社会教育和家庭教育是现代教育的三种主要方式。在人类社会的早期，只有非形式化的社会教育，随着社会的发展，专门组织的学校教育则应运而生。在漫长的人类社会发展过程中，学校教育作为由专职人员和专门机构承担的有目的、有系统、有组织的教育活动，逐步成为最重要的教育形式。但是，孩子在成长过程中总是要接受来自家庭、学校、社会多方面的影响，在现代社会中，学校不可能脱离社会单独担当起教育重任，相反，学校教育作用的发挥离不开社会教育的衔接与配合。这一点，在信息化浪潮引起巨大变革的当代社会，表现得更为明显。

长期以来，由于学校教育与社会教育缺乏沟通和协调，导致学校德育效益低下。比如，由于学校教育和社会教育缺乏内在的一致性和紧密联系，因此，一些学生在学校和社会等不同场所的行为表现出极大的差异性和不真实性，并且突出地表现为知行脱节。还有些学校片面强调学校内部环境的净化，让学生尽量远离复杂的社会，以为这样就可以保持他们心灵的纯洁，结果却使学生成为“温室里的鲜花”，缺乏社会适应性，经不起任何风吹浪打。这就是导致“五加二等于零”和“学校千日功，不抵社会一阵风”现象的深刻原因。

随着我国市场经济体制的逐步建立，社会环境发生了很大的变化，人们的思想观念也在急剧地转变，某些社会文化机构为追求片面的经济效益而肆意宣扬色情、凶杀等消极的东西，毒化了社会风气，侵蚀着青少年儿童稚嫩的心灵，造成了“苦口婆心几个钟头，不如录像里的一个镜头”等令人担忧的现象。在这种情况下，学校和社会教育的协调显得尤为紧迫。

当时代进入 21 世纪，随着科学技术发展对社会生活影响的日益广泛与深入，教育社会化和社会教育化的趋势悄然而起。它越来越引起人们的注意和研究，并以一种现实的力量作用于学校教育系统。社会教育正伴随着信息技术的发展而发展，学校教育越来越离不开社会教育的协作，尤其在废弃应试教育，推行素质教育背景下，二者的沟通与协作更具有重要的意义。随着素质教育的推进，加强社会教育与学校教育的沟通与衔接，实现学校与社会教育的协调一致、交叉互补，有利于提高学校教育的整体效益和提高学校德育实效。

理论撷英

学校教育与社会教育的沟通与衔接，符合德育论原理，体现了教育的整体性、同一性、连贯性和同步化、统一化原则。学校、家庭、社会构成了一个"三维坐标"，个人接受科学文化知识，提高社会生活能力，养成道德品质都是在这个"三维坐标"里完成的。离开了任何一维，他所接受的教育就不完善，就会影响其全面发展。只有加强学校与社会之间的沟通和衔接，才能提高儿童青少年思想品德教育的整体效益，增强德育实效，促进青少年儿童健康成长。①

二、学校与社会教育沟通与衔接的途径和形式

问题导读

●如何实现社校教育沟通与衔接方式的创新？

●如何开辟社校教育沟通与衔接的有效途径？

学校与社会，包括家庭与社区是青少年成长的基本环境，因此，学校与社会教育之间的沟通与衔接是青少年健康成长的重要条件。目前，我国社会主义教育正处于一个深入改革和发展的关键时期，过去单一的、封闭的、象牙塔式的教育体系已被多元的、开放的现代教育体系所替代。"教育社会化，社会教育化"已成为我国教育新的发展趋势。教育已不是单一的学校教育，而是一个由学校、家庭、社会组成的整体教育。只有这个整体坚持互相协调，相互沟通，相互依赖，加强衔接，充分发挥教育的整体作用，才有利于青少年儿童的健康成长，实现我们的培养目标。社、校可以从以下方面进行沟通与衔接。

(一) 统一社会各方面的教育影响

政府和教育管理部门要加强向社会宣传国家的教育方针、目标和要求，使全社会对加强未成年人思想品德教育有统一的、明确的认识，保证对学生进行思想品德教育的任务、内容和要求的一致性。另外，还要密切注意社会信息的新动向，及时加以引导和调节，使各方面对于学生的教育影响能够统一到促进儿童青少年健康发展的总目标上来；学校还必须主动争取校外教育机构和社会各部门、各团体的配合和协助，通过统一各方面的教育力量，逐步形成学校教育和社会互相衔接的教育网络，共同培育学生的优良品格。这里需要特别强调的是，实现学校、社会各种教育力量的有机结合，形成正向合力的中小学德育网络，在中小学德育中有着十分突出的作用。

---

① 董祥智. 学校管理学[M]. 湖北人民出版社，1996.

（二）充分发挥各种社会教育机构的作用

社会教育机构是多种多样的，不同的社会教育机构具有不同的功能和作用，充分发挥各种社会教育机构的作用，对于加强社会教育与学校教育的沟通和协调，优化社会育人环境具有十分重大的意义。为此，各地区，各学校都要根据区况与校情建立社会教育组织，发挥其作用。一是组建由政府主导的社区教育委员会和由学校主导的社区教育委员会，前者主要解决社区教育发展规划、政策法规、资源配置、经费投入、队伍建设等重大问题；后者主要是对学校工作，包括学校德育工作进行监督和评价，提供咨询服务，并可就某些问题作出决策；二是成立由各村民小组、社区企事业单位的家长代表组成的“家长委员会”，主要职责是参与学校民主管理，向学校提合理化建议，反映家长的要求和意见，做好协调工作；三是创建“社区家教指导协会”，由学校聘请部分文化水平较高和热心家教研究的知名人士组成，主要参与家庭教育经验指导，举办家教知识讲座；四是组成“关心下一代协会”，其成员有当地党政及教育行政部门的领导和一些一生支持教育事业的退、离休老同志，他们是学校领导的“智慧团”，参与学校规划管理与督导工作。五是成立“校外教育联合会”，其成员由校外教育基地负责人和校外辅导员组成，职责是结合学科教学活动进行辅导，配合社会实践活动进行指导。这些组织的成立和配合教育的到位，能很好地实现社校共同指导、相互监督、及时反馈、齐抓共管的新格局。

信息浪花

在开展社区德育理论与实践的实验工作中，湖北省恩施市舞阳中学为开创社校配合育人的途径，组建了社校协调配合教育的“四级管理网络”与“四条德育线”。

●“四级管理网络”

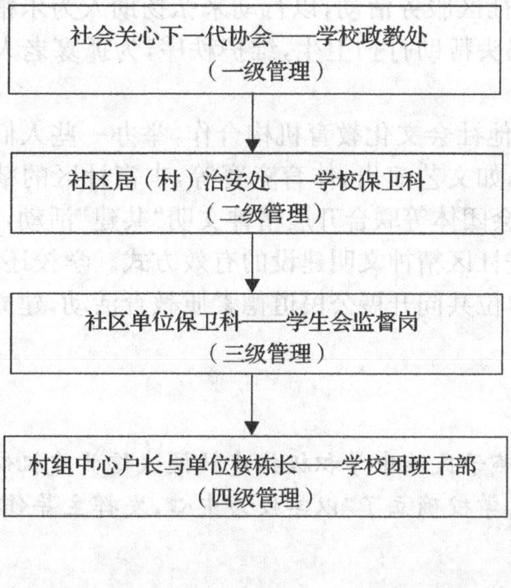

●“四条德育线”

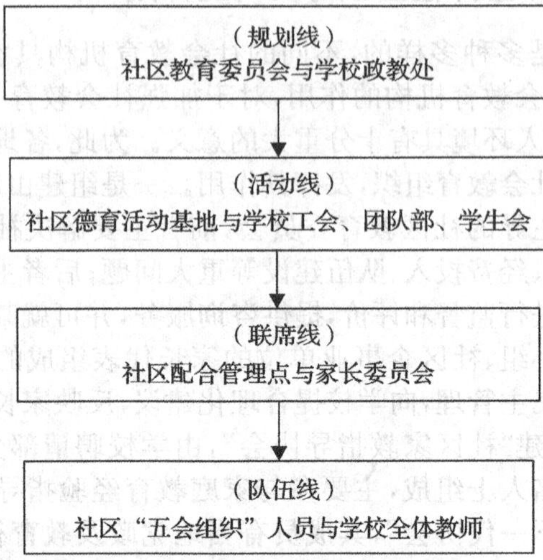

（三）开展学校——社区精神文明共建活动

社区是人们生活的共同体，文化建设是社区建设的一项重要内容。社区文化建设与学校教育是交互作用的，学校应发挥自身优势，在社区文化建设中发挥引领作用，并依托学校与社区之间的文化共建活动，推进学校德育工作。

学校可在假期为社区的文化活动提供场地、设施。如：为社区运动会提供体育运动场所，为文化补习班提供教室等。

利用公共场所的宣传栏、标语、书画展等宣传党和国家的路线、方针、政策、法规，进行法制教育、国情教育、爱国主义教育等。

组织学生参加社区服务活动，以行动来弘扬助人为乐精神，促进社会风尚的改善，如在车站码头帮助打扫卫生，维护秩序，为孤寡老人、残疾人提供生活帮助，等等。

学校可以与其他社会文化教育机构合作，举办一些人们喜闻乐见、富有教育意义的文娱活动，如文艺演出、体育竞赛等，丰富社区的精神文化生活，与企事业单位、驻军、社会团体等联合开展精神文明“共建”活动，这种活动的开展是学校走向社会、促进社区精神文明建设的有效方式。学校还应向当地党政部门建言献策，与社区单位共同开展公民道德素质教育活动，建立机制，把公民道德建设落到实处。

信息浪花

湖北省鹤峰县燕子民族中学积极构建社校诚信共建机制，切实开展诚信教育活动、效果明显。学校确立了“以学校为中心，发挥主导作用，以社会为依托，发挥影响作用"的诚信教育策略,把学生的诚信教育从校内扩展到校外,依靠社会力量增强教育实效。学校与燕子村委会共同组建社区教育办公室,配合乡党委、政府开展"诚信燕子"建设工作。为增强社民的诚信意识,学校利用人才和场所优势,进行"诚信教育"主题讲座十余次,听会人员1000余名,为加强学生诚信教育,学校每周安排一节地方课,由社区组织校外人员讲课。讲课的有行政干部、执法人员、退休干部、还有个体商贩,课堂气氛活跃,寓教于乐,学生每听一节课都深受启迪。诚信教育已形成学校德育的一大特色。学校还成立了学生"诚信宣讲队",开展社区诚信服务活动。与乡广播站、工商分局、公安派出所等单位建立并保持了长期合作关系,出宣传栏、办诚信报、开座谈会、进行市场诚信调查、居民诚信状况调查等等。这些活动不仅使学生有了更深的理性认识,而且增长了知识和才干,更重要的是培养了学生诚信的品德,增强了社会责任感,同时,促进了燕子乡讲诚信的良好社会风气,培养了燕子乡社民的公民道德意识,有力地推动了燕子乡社民的职业道德建设。

(资料来源:湖北省鹤峰县燕子民族中学"社区德育理论与实践研究"结题报告)

(四)协助当地政府做好青少年教育的组织协调工作

中小学德育工作是一项社会性的系统工程。全社会都要关心、支持和参与学校德育工作。党和政府都要关心青少年思想道德建设,学校与社会更要密切配合,为他们的健康成长创造良好环境。

首先,教育行政部门要通过组织协调工作,建立起发挥中小学德育整体功能的德育网络,使学校、社会双方教育力量有机结合,形成教育合力。社校一体化的德育网络的建立,不仅适合中小学德育工作特点和要求,而且适应中小学生思想品德教育规律,特别符合当前我国的新形势和新任务的要求。通过这种德育网络,能加强社会各界培养、教育青少年的责任感;能促进学校、社会之间的信息交流;能及时协调各方面德育工作者的教育要求及工作步骤;能优化学校教育的外部环境;能有效地促进中小学生思想品德的形成与发展。因此,在各级党委和政府领导下,动员工、青、妇、民主党派、社会团体和宣传、影视、广播、文化、新闻、出版、司法、公安、经济、工商等部门共同配合。

其次,要依靠党和政府对社会各界的领导、组织和协调,充分发挥社会各界别、各团体、各部门、各单位的教育作用。宣传、文艺、影视、出版、新闻界,必须以爱国主义、集体主义和社会主义为主旋律,以正确的舆论引导人,以高尚的情操塑造人,以优秀的作品鼓舞人。要引导青少年追求高尚的道德情操、健康的审美情趣,正确的消费方式和生活方式。一切从事精神产品生产的部门和作家、艺术家,都要满腔热情地为青少年提供有益的精神食粮。

再次,要认真贯彻《中华人民共和国教育法》和《中国教育改革和发展纲要》

等法律法规，运用行政、法律、经济以及群众监督等手段，加强对文化市场和娱乐场所的管理，制止只顾谋利，无视社会效益的行为。公安、工商和文化管理等部门要依法对学校周边的文化、娱乐、商业经营活动进行监督和严格管理，努力营造有利于学校德育工作的社会大环境。

(五)学校与社会在教育时空上要紧密衔接，在教育活动上要相互配合

社会、家庭和学校这三个方面以不同的空间和时间占据着青少年儿童的整个生活。因此，社会教育、家庭教育和学校教育，无论哪一个方面出现空白，都将使对学生的各种教育无法有机地衔接起来，使学生在一定的时间、空间范围内放任自流，从而为一些不健康的东西趁机渗入提供机会。因此，社会应与学校有机地衔接起来，在学生放学和休假的时间里，加强对网吧和一些娱乐场所的监控，不让他们流入其间。寒暑假期是学生自由活动的空间，这是社、校协调衔接教育的黄金时段，社、校要紧扣时机，采取措施，强化配合，只要学校与社会，紧密衔接，协作配合，齐抓共管，合力育人氛围就会形成，青少年儿童的健康成长就有保障。

专家指津

学校和社会要做好各自的"防火墙"，防止各种"病毒"对青少年的入侵。就学校说，一方面强化思想教育工作，另一方面，加强对中小学生日常行为的监控。从社区说，要加强对文化的稽查，禁止网吧对未成年人的开放。学校和社会各自做好了思想教育工作的"防火墙"，就为青少年的健康成长创设了一个良好的环境。学校可根据不同的校情、班况建立各种联系卡册，使协调配合教育落到实处。如《寒暑假社校联系册》《学生日常校外品行联合鉴定卡》《学生参加家务劳动与社会服务记分册》等。学生居住集中的社区单位可在寒暑假期间实行统一管理。社、校沟通形式很多，如社校互访、网上交流、热线电话、社校联络箱、会议交流、调查座谈、媒介宣传等。

学校与社会在教育活动上要相互配合。学校作为教育的主渠道、主阵地、主课堂，在教育活动的实施过程中起着主导作用。然而，学校教育活动的开展，需要社会的积极配合，共同完成。

社会在学校开展的教育活动中，应承担一定的责任，要和学校互相配合。比如为加强法制教育，司法部门要主动地到学校为学生上法制教育课，让学生了解一些法律知识。从而增强法纪意识，还可以通过一些"现身说法"，让学生知道在社会生活中该怎样做或不应该怎么做。从而树立正确的法制观。

学校还可以利用社区教育资源对学生进行前途理想教育，以及人生观、世界观的教育，比如参观烈士纪念馆，让学生感受英雄人物的成长历程，从而陶冶

自己的情操。学校与社会在共同教育活动中要坚持以人为本，关注学生精神世界，走进学生心理世界，围绕教育青少年儿童健康成长这一主题，开展一些有意义的教育活动。社会与学校都要把这些活动看成是校外教育的一种生动的教育形式。这样，才能调动社区各单位配合教育的积极性，从而使社校共同教育活动深入持久地开展下去。

总之，学校与社会在教育青少年儿童健康成长的问题上，只有做到了教育目标的高度一致，教育时空的紧密衔接，教育活动的相互配合，才能达到学校与社会之间真正意义上的沟通与协调。

信息浪花

如何加强学校与社会教育的有机衔接与协调，湖北省恩施市桂花园小学在这方面进行了很多尝识，并收到实效。

近些年来，恩施市桂花园小学与三孔桥社区开展社校衔接教育卓有成效。平时和双休日是通过《社校配合教育联系册》进行沟通与衔接教育的；在寒暑假期间则是把学生集中起来，进行统一管理。每学期散学时都要联合举行“学校放假、社区开学双典礼”。在典礼仪式会上对学生假期教育活动进行统一安排，然后按学生居住地段划分为10余个活动小组，学生居住单位的负责人任活动小组组长。各小组长与学校“社校教育委员会”签订《暑寒假管好学生责任书》后把学生领回家。

每年寒暑假的衔接教育都开展得扎扎实实，2016年寒暑假教育活动尤为突出。三孔桥社区单位的领导都为本单位学生创设了良好的生活、学习环境。有的让学生参观荣誉室，有的为学生提供休息娱乐场所。管理园梦庄和金凤园商贸小区学生的责任人管得有头有序：早晨带领学生参加体育锻炼，中午集中检查作业，晚上到学生家庭巡访；每周六是一组组长李世菊指导学生洗衣、叠被、整理房间的时间，在她的督导下，这个小组学生个个都主动做家务活；二组组长付善举向学生讲建队的历史，还举办建队知识竞赛活动；三组组长张居林组织学生开展力所能及的生产劳动；“八一”建军节，四组组长秦小兵带领学生慰问村里的军烈属；五、六组组长结合村里的变化，举行“改革使家乡富了”的主题报告会；七、八组责任人组织社区服务小分队，学生活跃在集镇的大街小巷；八月十五这天，九组组长何芳林把学生带到五峰山烈士陵园开展纪念抗日战争胜利的纪念活动；为创设良好的邻里环境，十组组长组织邻居联欢会，让孩子们参加。为了丰富学生的假期的生活，其他一些组长组织学生开展冬游、夏游、野炊、游泳、登山等活动，社区辅导员指导学生开展摄影、书画、制作、剪贴等兴趣活动。

（资料来源：湖北省恩施市桂花园小学“社区德育理论与实践研究”结题报告）

三、学校与社会教育协调发展的前景

问题导读

●如何看待社校协调发展的前景?

●如何适应社校一体化教育的发展方向?

(一)学校与社会教育协调发展的必要性

面临科技信息化时代,随着社会经济文化的发展,构建良性、协调可持续发展的社、校合一的教育体系,实现社校二维德育观,是二者协调发展的前景。整体构建社校德育体系,实施教育主体多元化,体现教育社会化和社会大德育观是时代特征的反映。

从上个世纪的70年代以来,国际教育界对传统的孤立封闭的学校教育提出了猛烈的批评。时值21世纪,国际教育界提出的"学习化社会""社会学习化""教育网络化""社区学校化""学校社区化""教育一体化""大教育"等种种设想和世界上许多国家进行的相应的教育改革有一个十分重要的共同点,就是强调学校、社会教育的协调发展,要求不仅学校承担教育职责,而且非专门教育机构也承担教育职责。即所有集体协会、工联、地方团体和中间组织都必须共同承担教育的责任。随着社会的进步和教育改革的不断深入,学校、社会(社区)教育一体化必将成为教育的重要发展趋势。

所谓学校、社会(社区)教育一体化,是指社会与学校教育的途径有领导、有组织的协调配合,有统一的部署和计划,充分并有效地利用学校与社区固有的德育资源,对青少年儿童实施教育的一种新的德育格局。

(二)适应社校一体化教育发展的方向

1.学校、社会(社区)实施统一、同步教育

社、校教育资源的整合和途径的统一,使学校德育的针对性更强,目的更明确,而且实现了同步协调。有的地区利用本地区的宣传阵地,如报刊、广播电视配合学校,开展形式灵活多样、内容丰富多彩的宣传教育,可以大大提高学校德育的实效。

2.教育资源得到充分、有效的利用

学校、社会(社区)各自拥有自身的德育资源优势,社、校教育一体化使这些资源都合理地利用起来,可以形成有利于青少年儿童健康成长的大德育环境,提高教育的整体效益。在双休日,学校和社区单位的许多设施对外开放,社民

和学生可以一起去参加各种活动，使社民、学生都受到教育。

3. 学校德育纳入“社会主义精神文明建设”的大目标、大环境之中

学校德育本来就是“社会主义精神文明建设”的一个组成部分，当学校孤立地进行德育的时候，往往与大环境融合得不够，力量不足。社校一体化德育可以改变这种局面。

现在，已经出现了德育一体化的不同模式的雏形，根据社会和教育的发展趋势，我们可以预测，将形成日趋成熟的多种德育形式一体化的模式。例如，以学校为主，联合社区、家庭共同育人的德育一体化模式；以社区为主，联合学校、家庭共同育人的德育一体化模式；以社区学校为龙头，社区、学校共同育人的德育一体化模式；等等。

社区文化建设与学校教育是交互作用的，学校应发挥自身优势，通过种种方式，在社区文化建设中起主阵地作用。可以在假期为社会的文化活动提供场地、设施，如为社区运动会提供赛场，为文化补习班提供教室等。利用公共场所的宣传栏、标语、书画展等宣传党和国家的路线、方针、政策、法规，进行法制教育、国情教育、爱国主义教育等。组织学生参加社区服务活动，如在车站码头帮助打扫卫生，维护秩序，为孤寡老人、残疾老人提供生活帮助，等等。以实际行动来弘扬助人为乐精神，促进社会风尚的改善。与其他社会文化教育机构合作，举办一些人们喜闻乐见、富有教育意义的文娱活动，如文艺演出、体育竞赛等，丰富社区的精神文化生活。

4. 社校一体化教育在协调中越来越和谐

由于我国各个领域体制的进一步完善，以及国民素质的普遍提高，人们将越来越重视下一代的教育，也将懂得如何教育。这些有利的教育因素为社会、学校的协调又提供了必要的外部条件，而我国的社会主义教育制度为双方面的协调提供了强有力的制度保证。因此，学校和社会教育的协调不仅具有必要性和紧迫性，而且成为方向性和现实性，还会使社校教育之间的协调变得越来越和谐。

专家指津

践行社校教育协调发展的大德育观就要全方位建立社校德育网络，多途径地开展社校德育活动；多方面地探索社校德育方法；多渠道地利用社校德育资源，随着网络德育的兴起，将使社校德育一体化出现新的局面。在社区内的学校、家庭以及各个单位，都可以通过区域网互相连接起来，互通德育信息，让孩子也参与其中，大大提高德育的影响力。社会与学校都必须树立“大教育观”和“大德育观”，放开视野，在社校教育协调发展中完成社校共同育人的任务。

第三节 学生校外活动场所的建设与利用

一、学生校外活动场所的性质与功能

问题导读

●学生校外活动场所有哪些具体功能?

●建立学生校外活动场所有什么实践意义?

(一)学生校外活动场所的缘起

随着教育形势的发展,校外教育地位日渐突出,作用更加明显。校外活动场所是一种非常重要的环境因素,是开展青少年校外教育的重要阵地。为切实加强未成年人思想道德建设工作,建立学生校外活动场所刻不容缓。2000 年 6 月,中共中央办公厅、国务院办公厅发布了《关于加强青少年学生活动场所建设和管理工作的通知》(中办发〔2000〕13 号)。2006 年 1 月,中共中央办公厅、国务院办公厅《关于进一步加强和改进未成年人校外活动场所建设和管理工作的意见》(中办发〔2006〕4 号)。根据中共中央国务院的文件精神,湖北省也相继出台了关于加强青少年学生活动场所建设和管理的方案及实施意见。

未成年人校外活动场所的基本属性是它的公益性和教育服务性。未成年人校外活动场所建设和管理工作要始终把社会公益性放在首位,未成年人校外活动场所不得开展以赢利为目的的经营性创收,对集体组织的普及性教育活动和文体活动实行免费。确实需要收费的项目,要经过当地财政和物价部门核准。教育管理部门必须会同有关部门制定《未成年人校外活动场所公益性评估标准》,从服务对象、活动内容、时间安排、服务质量、经费使用等方面设置相应指标,定期进行考核、评估。

(二)学生校外活动场所的性质与功能

未成年人校外活动场所的教育服务性主要表现为,它是学校教育主渠道以外的教育场所,其任务不是开展学科教学,而是配合学科教学,组织学生集中开展生产劳动、军事训练、素质拓展等活动,让学生在亲身体验和直接参与中,树立劳动观念,提高动手能力,增强团队精神,磨练意志品质。因此说,未成年人校外活动场所是与学校教育互相联系、互为补充、促进青少年全面发展的实践课堂,是服务、凝聚、教育广大未成年人的活动平台。

未成年人校外活动场所的功能,主要体现为普及性、实践性和体验性。未成年人校外活动场所坚持以普及性活动为主，坚持向广大未成年人提供丰富多彩、生动活泼的公共服务，坚持把思想道德教育融入其中，满足未成年人多种多样的兴趣爱好。如果在未成年人校外活动场所开办面向少数人的培优班，显然违背了普及性原则。

未成年人校外活动场所的根本特征，在于它具有实践性和体验性，在于它是一个活动场所，在于它必须而且能够为儿童青少年提供活动场所，安排活动内容，开展实际活动，获得活动体验。学生在学校、在课堂上的主要任务是接受和掌握书本知识，这个过程相对说来比较单调。而参与活动是儿童青少年喜闻乐见的教育形式。参与活动有利于丰富学生的情感，有利于帮助学生端正学习态度，形成正确的世界观。特别是，如果学生在参与活动的过程中产生某种高峰体验，那么，这种高峰体验将成为孩子一生的宝贵财富。

（三）建立学生校外活动场所的实践意义

学生校外活动场所的作用与意义是因其性质和功能所决定的。当代社会世界大多国家都重视青少年儿童活动组织与活动场所的建设，我国加强青少年学生校外活动基地建设与俄罗斯强调“儿童社会联合组织”的教育目标一样，为使青少年儿童融入社会意义的活动中发挥其教育功能作用。校外活动场所是一种重要的环境因素，是开展青少年校外教育的重要阵地，在对青少年进行思想品德教育、培养他们的创新精神和实践能力等方面发挥着重要作用。

当今的青少年儿童由于生活经验不足，识别能力较低，容易受到生活环境的影响。特别是在减轻学生学习负担的条件下，学生的校外活动时间增多，受环境影响的机会和可能性也得到进一步增大。如果青少年校外活动场所得不到保证和有效的规范和管理，则会对青少年学生产生负面影响，导致他们学习兴趣减退，不思进取，厌学、逃学，追求享乐，甚至走上赌博、吸毒、打架、斗殴、抢劫和凶杀的犯罪之路。建立学生校外活动基地建设，作用广泛、意义重大。加强青少年学生活动场所建设和管理是加强青少年学生思想品德教育的重要措施和途径，是保证青少年学生健康成长的必然要求，也是保持社会稳定，保证我们的国家长治久安的长远大计。

校外活动场所大大扩充了学生生活与学习的舞台。通过开展活动，既可以培养学生志趣、个性，又可以陶冶学生的品德、情操，锻炼学生的各种能力，最重要的是可以促使学生身心健康，提高其思想觉悟，养成良好行为习惯。同时，学生参加校外教育活动，可以增进人际交往机会，培养社交能力，适应未来社会多方面的需要。校外活动基地对扩大学生视野，增长知识、发展智力、发挥才能都起着重要的作用。总之，建好学生校外活动基地，不仅能活跃和丰富学生的精神文化生活，还可以减免社会上的消极因素对学生的负面影响，更重要的是可以促进学生德、智、体、美、劳诸方面生动、活泼、主动的发展。

理论撷英

从德育论来看，学生校外活动是对其进行校外教育的一种很好的表现形式，建立学生校外活动基地是对学生进行校外教育的有效途径；从系统观来讲，校外活动基地是整个教育系统的一个重要组成部分。因此，建立校外活动基地是对学生进行校外教育的一条便通渠道。通过校外教育基地的活动，可以实现校内、校外教育目标的一致性和课内课外知识的互补性，巩固课堂知识向能力的转化与思想上的内化。同时可以调动各方面联合教育的积极性，形成社会、学校沟通与衔接的平台。

（资料来源：罗琳，《教育学》鄂内刊〔87〕56号）

二、切实加强学生校外活动基地建设与管理

问题导读

●如何加强学生校外活动基地建设？

●学生校外活动基地管理从何入手？

校外活动内容是很丰富的，涉及到学生生活与学习的方方面面。学生校外活动基地的建立则要根据各学校教育、社会教育（包括社区教育）的需要来确定。就普遍而言，大致可分为如下几类：政治思想教育、科学技术、文化艺术、文体保健、劳动锻炼、军训活动、社会实践等。

（一）加强学生校外活动基地建设

1. 各级政府要做好青少年学生校外活动基地的建设规划

加强学生校外活动基地建设，还应力争三个“一体化”：与社区一体化建设，优化利用各种资源，将社会教育纳入基地；与学校一体化建设，实现校外教育活动与校内教育活动有效衔接；与家庭一体化建设，形成校外教育与家庭教育相互补充。学生校外活动基地建立后，一定要加强内部建设，使之卓有实效地发挥职能和效应作用。遵循这个原则，各级人民政府要将面向青少年学生的活动基地和公共文化、体育设施建设纳入国民经济和社会发展规划，做好青少年校外活动基地的建设规划。要根据实际需要和建设条件，在充分利用现有设施的基础上，新建和扩建一批青少年宫和活动中心，特别是爱国主义教育和德育实践基地以及科技、体育、文化等活动场所。大力改善青少年学生校外活动基地条件。在城市建设、旧城改建、新居住区建设中按照国家有关法规和标准的规定，配套建设青少年学生校外活动基地，并注重内部设施和软件建设。

信息浪花

大中城市要逐步建立布局合理、规模适当、经济实用、功能配套的未成年人校外活动场所，“十一五”期间要实现每个城区、县(市)都有一所综合性、多功能的未成年人校外活动场所。各地要认真贯彻落实建设部、民政部《关于进一步做好社区未成年人活动场所建设和管理工作的意见》，在城市的旧区改建或新区开发建设中，配套建设未成年人校外活动场所。人口规模在30000—50000人以上的居住区要建设文化活动中心，人口规模在7000—15000人的居住小区要建设文化活动站，重点镇和县城关镇要设置文化活动站或青少年之家。社区文化活动中心(站)中都要开辟专门供未成年人活动的场地。

(资料来源:《中共中央办公厅、国务院办公厅关于进一步加强和改进未成年人校外活动场所建设和管理工作的意见》中办发〔2006〕4号)

2.以财政拨款为主，多渠道筹措学生校外活动基地建设的资金投入

各级人民政府财政部门要高度重视，加大对青少年学生校外活动场所的资金投入。青少年学生校外活动场所为公益性设施，所需建设投资以各级人民政府投入为主。对缺乏青少年学生校外活动场所的地区，特别是贫困地区给予资金支持。各级财政部门应支持青少年学生开展课外活动和维修青少年学生活动基地的经费开支，划拨专款用于青少年校外活动基地的建设和维护。此外，要积极鼓励和支持社会力量兴办青少年学生校外活动场所和捐助各种活动设施及经费。积极发展以社区为依托、公办和民办相结合的青少年学生校外活动基地。

加强学生校外活动基地硬环境建设，主要是基地场所、自然环境的改观，活动设施条件的改善，创建活动基地的优良的外部环境，完善其内部设施，让学生在基地活动得安全，活动得愉悦，活动得充实，活动得有意义。为此，无论是社区、学校方面，还是基地单位方面都要想办法筹措资金，投入场所的硬环境建设。筹措资金的渠道应该是多向的：一是由当地政府安排专项经费；二是由教育主管部门投入专项经费；三是由社会捐赠、群体援助、企事业单位赞助。

(二) 学生校外活动基地的管理

1.建立“青少年校外教育工作联席会议”制度，实行统筹管理

根据中共中央办公厅、国务院办公厅《关于加强青少年学生活动场所建设和管理工作的通知》(中办发〔2000〕13号)的要求，各级政府都要成立“青少年校外教育工作联席会议”，统筹管理青少年校外活动场所的建设和管理工作。“青少年校外教育工作联席会议”由各级教育、宣传、财政、文化、科技、体育、公安、政法、工商、文物、园林、共青团、少先队、妇联等部门共同组成，其职责是统筹协

调和指导本地青少年学生校外教育工作以及青少年学生校外活动场所建设和管理工作，主要任务是制定发展规划，安排、筹措资金，实施管理。“全国青少年校外教育工作联席会议”由教育部牵头，中央和国家机关各有关部门、群众团体共同参与，办公室设在教育部。地方也可参照成立相应的协调机构。

信息浪花

2000 年 10 月 8 日，“全国青少年校外教育工作联席会议”第一次全体会议在北京召开。联席会议是由 30 个中央和国家机关有关部门、群众团体共同参与组建的，联席会议由教育部牵头，办公室设在教育部。联席会议的主要职责是：统筹协调和指导全国青少年学生校外教育工作，指导各省(自治区、直辖市)青少年学生校外教育规划和管理工作；统筹协调全国各级各类青少年学生校外活动场所建设、规划和管理工作；制订国家有关青少年学生活动场所建设、维修、补贴资金的实施方案。

(信息来源：百度快照，网址：http://www.xwjy.org/tresearch/static/lxhy.htm)

2. 教育行政主管部门要建立健全校外活动基地的管理、督导、评估体系

教育行政部门实际上是青少年校外活动场所建设和管理的主题。校外活动基地建设，其外部、内部的硬件设施显然重要，但活动基地的管理体制和工作机制，检查和评估体系的软件建设也是必不可少的一环。只有加强管理、督导，才能有效地保证学生校外活动基地的正常工作。要建立考核评价体系，把学校组织学生参加实践活动的情况列入教育督导评价内容，并作为教育行政管理部门对学校进行综合评价考核的重要内容。做好基地活动与学校教育的有效衔接，把实践活动列入学校教育教学计划，实现学生参加基地实践活动的经常化和制度化。各中小学应根据主管部门的有关规定，把实践活动列入学校的教育教学计划中，按时组织学生参加基地的实践活动。活动基地应建立各项规章制度，规范管理，特别是要制定严格的切实可行的安全保障制度，落实安全专职人员，实行安全责任制，确保基地的环境、设施、活动的设计和学生交通往返等一切活动万无一失，确保基地建设和管理工作和谐发展。

3. 教研部门与学校要加强校外基地活动的组织与指导

学生校外活动能否正常开展，关键在于组织与指导。要坚持不懈地、高质量地开展学生校外活动，必须健全组织，把组织与指导校外活动当作一项重要内容来抓。学校应有分管这项工作的领导。德育处依据学生对校外活动的要求，具体组织与指导全校的校外活动。教导处对校外活动应制定长远规划和近期目标，做到长计划、短安排，有步骤地开展活动。在基地举行的大型活动应排

入校历，让全校师生都知道。还要拟订校外活动的总课表，规划好每周每月的活动，包括活动内容、时间、地点。

学校对学生校外活动的指导，就是要对各种校外活动资源进行组织和协调，通过整合，做到合理利用，使之与校内教育相结合，从而发挥出最大的教育功能。校外活动是对学生进行校外教育一种重要的教育形式。它是学校、社会共同担负起培养下一代的责任，也是对青少年儿童施加影响的过程；同时也还是学生自我教育的过程。活动组织者应该是学校负责教学教研的部门和教师，有少先队组织、班主任等，还有校外活动基地的负责同志或辅导员等。其中，学校起主导作用，担负着协调校内外教育力量和关系的责任。校外活动指导的价值集中体现在通过优化组合使校外活动达到最佳状态，发挥出最大效力。

4.培养骨干，加强校外活动基地辅导队伍建设

建立一支社、校一体化的德育工作队伍，有力推动和有效开展学生校外活动基地工作。因此，学校要一面培养教师，特别是培养班主任，组织他们培训和外出参观考察等学习活动，使他们成为校内的德育骨干力量；一面充分发挥基地负责人和社区内的离、退休老干部，先进人物，转业军人和村组干部在教育青少年中的作用。聘请以武警战士、模范共青团员、优秀大学生为主的辅导员，使之成为校外德育骨干力量。为提高校内外德育骨干的理论素质，学校可从大中院校聘请从事社区教育理论研究专家，对这支德育队伍进行理论培训与实践指导，从而使这德育队伍能创造性且有成效地开展校外活动基地的指导工作。另外，学校还可选聘一批有一定教育工作经验、热爱少年儿童的社会人士为校外辅导员顾问，指导学生在校外的活动，优化社校协调配合育人的氛围。

三、整合与利用学生校外活动基地资源

问题导读

●校外活动基地对学生有什么影响作用？
●怎样有效利用校外活动基地的教育资源？

（一）校外活动基地促使学生进步与成长

校外活动基地是社会教育的依托，学校必须从校外活动基地的实际出发，充分发挥各类活动基地的优势，挖掘整合和运用活动基地丰富的教育资源，并充分利用活动基地的时空环境，遵循青少年特点，精心设计和认真组织开展丰富多彩的具有特色的各种教育活动，使学生“在生活中学习、在实践中进步、在社会中成长”。

各类校外活动基地的建立，为学生素质教育提供了鲜活的课堂，开辟了广

阔的天地。组织学生走出校门，走进社会大课堂，开展了解社会，服务社会，锻炼能力的社会实践教育活动，使学生的视野得到开阔，知识得到增长，思想得到升华，情感得到内化，综合素质得到提高。

（二）充分运用校外活动基地的教育资源

专家指津

按照《中小学德育大纲》关于校外教育的有关要求，学校要主动与青少年宫、青少年活动中心、图书馆、文化馆、博物馆、纪念馆、科技馆、展览馆、烈士陵园等校外的文化教育单位和学工、学农、学军基地建立联系，充分利用这些专门场所和社会文化教育设施，积极开拓和建设校外教育的场点、营地，有计划地组织中小学生参加各种活动，在活动中进行教育。①

有效利用校外活动基地资源，要实现"四性目标"

适宜性——资源运用要适宜中小学生的认知水平

合理性——资源运用要根据教学目标安排

针对性——资源运用要根据学校教育现状

实效性——资源运用要为学生产生正面的反响

怎样有实效地利用学生校外活动基地教育资源？

1. 利用校外爱国主义教育基地，开展各项主题教育活动

通过校外挂牌命名的爱国主义教育基地，对学生开展系列和序列的爱国主义教育、革命传统教育以及共产主义理想信念等政治思想教育活动。这类活动可以结合国内外大事，重大节日和纪念日组织学生进行。如在各种纪念日、节日里组织学生与老共产党员、老革命战士举行茶话座谈会、主题报告会、节日联欢会，请各级领导，各行各业的先进人物介绍国内外大好形势和他们一心一意建设四化的崇高理想等。在中小学生中开展"我为红领巾添光彩""我为团旗增光辉"等宣传教育活动。通过这些活动，融爱国主义教育、革命传统教育与树立远大理想教育于一体，吸引学生参加社会政治生活，使他们了解我们伟大祖国的悠久历史，继承我党我军的光荣传统，经常受到时事政策教育和思想品德教育。

2. 利用"少年之家""儿童俱乐部""业余体校"开展科技、艺术及体育活动

这方面活动主要是围绕科学技术知识的学习研究和运用而展开。通过各种科学实验活动，课外科技小组活动、课外学科小组活动、课外科技阅读活动和

---

① 杨发展.社会教育与校外教育[J].中小学德育概论，1998年03期.

科学游艺活动以及科技讲座、展览、参观访问等活动，教育学生把所有的基础知识运用于实践，培养学生对科学技术的兴趣和爱好，养成良好的学习和生活习惯。扩大知识面，发展智力和才能，并启发他们动脑筋、搞创造，开展小制作、小发明活动，从而激发他们参加祖国社会主义现代化建设的热情。

文化艺术活动以丰富学生精神生活，培养学生感知和欣赏美、创造美的兴趣和能力为主要目的。激发学生对文化艺术的追求，陶冶学生高雅的审美情趣和高尚的道德情操。这类活动的主要内容有：文学欣赏、儿童电影电视评论、文学创作、音乐、舞蹈、戏剧、绘画、雕刻、书法等。

通过各种文化小组活动，如艺术欣赏、讲座、参观展览、参加表演等。培养学生正确的审美观点和感受美、鉴赏美、创造美的能力，陶冶其性情并发挥他们在艺术上的才能和创造力。

体育活动的主要目的是发展学生的体力，增强他们的体质，提高他们的运动技能技巧，满足他们对体育活动的兴趣爱好，养成勇敢、机智、遵守纪律、团结友爱、集体主义精神等良好的道德品质。体育活动的内容包括各种球类、棋类、游泳、田径、体操、登山、游戏等。通过各种运动小组的活动和比赛及群众性的体育保健活动，促进学生身体各种器官组织的机能得到健全发展，不断增强学生的体质和健康水平，通过学习各项运动的知识、技能和技巧，养成自觉锻炼身体的习惯，发挥他们的各种体育才能。

3. 利用劳动基地进行劳动技术教育、工艺活动和开展社会服务

劳动工艺活动将劳动与美术工艺活动结合起来，让学生参加制作一些有教育意义和美学意义的工艺品的劳动活动，掌握一些工艺品的制作技术，养成心灵手巧、细致耐心和勤劳的品质。这类活动内容有花卉栽培、盆景制作、刺绣、剪纸等。

组织学生参加力所能及的农业生产劳动，使学生掌握劳动技术，工农业生产基本常识。社会服务很广泛，组织学生参加植树绿化、美化环境、为军烈士家属做好事、照料伤残和孤寡老人、参加农忙劳动等。这些活动能够培养学生从小热爱劳动、热爱集体的情感和为人民服务的思想，锻炼他们的自理能力、劳动能力。尤其是对独生子女，一定的公益劳动有助于培养他们劳动的观念和情感。

4. 利用校外教育活动基地，开展系列的社会实践活动

社会实践活动是指在德育工作中，依照德育目标有组织有计划地引导学生走出校门接触社会、深入社会，在与工人、农民、知识分子、商人、企业家等社会成员的广泛接触中，了解国情，认识社会，使他们活泼身心、亲身体验、独立自主地学习探索，发展个性特长、培养兴趣爱好、锻炼意志品质，树立崇高的社会责

任感和历史使命感。激发学生参与社会实践活动的主观积极性，从而让学生受到思想品质教育。如到历史文物、旅游景点、武警营房等基地开展参观游览、访问座谈、社会调查、实地考察，到村民小组、居民街道宣传党的方针政策，寒暑假开展冬令营、夏令营以及警校共建、军学共建、工厂与学校共建、科研院所与学校共建活动。结合平日教学，整合学科教育资源，到当地命名德育基地（文化场馆、博物馆、展览馆、烈士陵墓、名院校、名古迹、名景区、历史纪念地）开展参观、访问、座谈、听会等社会实践活动，能收到良好的教育效果。

信息浪花

近些年来，湖北省京山县在加强青少年校外活动场所建设，开展校外教育方面作了大量的工作，开辟了很多新的途径，取得了可喜的成绩。该县探索出的成功经验可概括为“政府统筹、教育主管、部门配合、社会参与、基地实施”其具体做法是：

“建设青少年教育大基地，拓展青少年教育新空间”

1. 整合各类教育资源，搭建校外教育平台

●整合政府资源。定编定员定经费定场所，成立了“京山县青少年活动中心”“京山县青少年教育工作委员会”，建立教育协作网。

●整合人文资源。充分利用县博物馆、新四军五师革命根据地等阵地，对青少年进行爱国主义和革命传统教育。

●整合部门资源。县人武部、公安局等12个部门为主，共同开辟了13项青少年教育大基地。

●整合教育存量资源。从1999年起，逐步建立了城区特色特长教育基地，亚太城综合实践教育基地，天河野外生存训练教育基地和周畈革命传统教育基地。

2. 开展各项实践活动，提高校外教育实效

●以城区特色特长教育基地为阵地，开展丰富多彩的特色特长教育活动。坚持贴近实际、贴近生活、贴近青少年的原则，开设了特色文化类、艺术教育类、科技活动类、体育训练类等四大类25项教育课程。举办钢琴、声乐、舞蹈、绘画、书法、摄影等特长班，提高青少年的艺术素质；举办小记者、小主持人等训练班，提高青少年的挑战能力；举办车模、航模、风筝等活动班，提高青少年的进取精神；举办田径运动会、球类竞赛等，提高青少年的身体素质和增强合作观念；组织开展“面对面——网上世界”讨论会、母亲节“手拉手”联谊会、“追星”现象辩论会等，提高青少年的思想素质和人文素质；组织文艺宣传队到社区，到山区，到老区为群众表演，培养青少年儿童吃苦耐劳的精神，锻炼他们的社会实践活动能力。

●以亚太综合实践教育城为基地，开展丰富多彩的社会实践教育活动。该基地以国防军事教育、工农业生产教育、休闲技能教育为主，共开设综合实践教育项目五大类27项。开设了社会、劳动、农技、生活、法制、交通、消防、防空、环保、卫生等实践教育和训练活动。

通过这些活动，培养了青少年的劳动意识、创造意识、环保意识、民主法制意识和效率意识等，促进了青少年的进取精神和科学精神。

●以天河度假村为营地，开展丰富多彩的生存训练教育活动。以“融入自然山水，接受生存挑战，感悟农耕文化，寄情奇山秀水，爱我中华”为主题，开设了传统教育类、生存挑战类、生存训练类、观光旅游类等四大教育课程。营地组织青少年参观农林展馆，让青少年追忆先人们自强不息的动人故事，追溯远古刀耕火种的文明足迹，追寻灿若星河的农耕文化.组织青少年开展森林植被、气候环境、动物种群、河流山川、地质地形等探究性的实践活动，让他们融于自然，感受自然，学会科研。组织青少年参与大洪山旅游资源的研究、规划活动，使青少年认识到学习必须服务于建设新农村和建设小康社会的需要。

●以周畈革命传统教育为根据地，开展丰富多彩的理想信念教育活动。根据丰富的革命传统教育资源，开辟了3条红色教育精品路线和12处红色教育精品点。使青少年受到革命理想的教育，懂得珍惜今天的幸福生活，培养了他们立大志、吃大苦、做大事、成大业的宏伟信念。

上述“四大基地”的教育活动主题各有侧重点。城区特色特长教育基地以艺术、科技等室内兴趣活动为主题，凸显“审美拾趣、自主探究”的主题；亚太综合实践教育基地以“农业、工业、国防”等室外活动实践为主，凸现“体验生活、感恩行孝、立志报国”的主题；天河野外生存训练教育基地以强身健体、适应生存为主题，凸现“我能行，我参与，我成功”的土题；周畈传统教育基地以“红色践行”活动为主，凸现“不忘国耻，爱我中国”的主题。四大基地教育内容相互补充，相得益彰。

（资料来源：《敢做校外教育弄潮人，撑起校外教育一片天》，湖北省京山县中小学生活动中心，程祥清、张贵元、吴宏生）

教师和父母是天然的同盟者，家庭与学校同在。

——题记

第六章　学校与家庭的联系和沟通

国家和民族长久兴盛的希望在于后继有人，家庭的希望则在于子女的成才。而这种需求要变为现实只能依靠优质的教育来造就下一代。随着社会主义民主观念的深入人心、家长择校权利和能力的增大以及现代学校“校本管理”模式的不断确立，家长参与学校教育的愿望日益强烈，家长的隐性权利意识和显性权利意识不断增强，家长参与学校教育的层次将日趋升高，参与模式将日趋多样化。家长作为学校管理的第三种势力将越来越强大。在这种外部推力的作用下，“学校与家庭的联系和沟通”必须进一步加强。

学校与家庭的联系和沟通，目的在于形成有效的合作。审视最近几十年的国际教坛，我们从中欣喜地发现，一场“学校文化变革”正在悄然进行。家校合作已被这种改革的浪涛推涌到令人注目的地位。第44届国际教育大会颁布的《综合行动纲领》倡导：“就学校和家庭之间的协作而言，应该采取措施，以鼓励家长参与学校的各项活动。”“社会、学校和家庭都在发生日新月异的变化，作为教师了解学生的家庭，作为家长了解学校，对于孩子教育具有重要意义。”[①]事实上，教育工作从来就不是靠学校单打独斗的事情，现代学校教育越来越注重家庭的参与和支持，学校与家庭的联系和沟通，是学校教育不可或缺的内在需求。

本章将从“家校联系的意义和作用”“家校联系中的双向互动”“家校联系沟通的主要平台”这三个方面深入讨论，为如何加强学校与家庭的联系和沟通、卓有成效地开展家校合作，提供思路和参照。

---

① ［美］Mary Lou Fuller Glenn Olsen 编著，谭军华等译. 家庭与学校的联系——如何成功地与家长合作［M］. 北京：中国轻工业出版社，2003：译者序.

第一节 家校联系的意义和作用

一、家校联系的意义

问题导读

●如何看待加强家校联系与沟通的时代特征?

●加强家校联系与沟通具有哪些方面的现实价值?

(一)加强家校联系,是世界各国学校教育发展的必然趋势

伴随信息时代的到来,我们面临着经济全球化、学习化社会等一系列时代巨变所提出的挑战。世界各国普遍认为,在当今社会,儿童教育仅靠学校单方面的力量是难以完成的。因为儿童获取信息相当便捷,他们接受教育的渠道已由过去单一的学校,扩展到随时随地接受全社会方方面面的影响(包括正面影响和负面影响)。针对这种情况,学校要有效施加和提升对学生的积极影响,避免和消除对学生的消极影响,就必须和社会各方面,尤其是和学生的家庭通力合作,以便让学生实现优质优效的发展。

加强家校联系和沟通,就是要让家长明白,参与学校事务不仅是一种权利,也是一种责任,更是一种享受。有人认为,家长参与学校教育,可以有四个方面的明显变化,即"让家长更能享受为人父母的'乐趣';让家长更'善于'与子女沟通;让家长更'勇于'承担为人父母的责任,面对青少年成长的种种问题;让家长更'敢于'为子女的成长,全面参与教育事务"。①

(二)加强家校联系,是学校教育科学发展的内在要求

中国共产党第十七次全国代表大会报告特别强调落实以人为本的科学发展观。实现我国社会、经济的均衡和谐发展,已成为我国社会主义现代化建设的重要任务。

以人为本的科学发展观强调,社会发展的目的从根本上来说是为了人的发展,社会发展的过程,要坚持以人为本。家校合作建构起育人的联合体,就是为了保证教育者享受到优质的教育,实现其最佳发展;同时家庭与学校在合作过程中,教育工作者和家长的教育素养也会得到相应的发展和提升。

① 何瑞珠.家长教育的发展新方向[J].世界教育信息,2002年02期.

在科学发展观的指导下，我国正在建构和谐社会和学习化社会。学校和家庭是组构社会的基本元素。按照和谐社会、学习化社会的要求，所谓“和谐”，就是社会各阶层各界别的人际关系有较强的融洽性和协调性；所谓“学习”，就是社会中的每一个成员，要成为“终身学习者”，要把学会学习看作是人力资源中的最大资本。湖北省宜昌市深圳路小学在开展“学习型家庭创建活动”做出了大胆的探索和有益的尝试，取得丰富的经验。

信息浪花

在本学期的家长委员会例会上，学校通过向家长委员会发出了创建“学习型家庭”的倡议，得到家长委员们积极响应，他们根据不同家庭，提出了有针对性的创建方案，学校采纳后进行整理，分别制订出了针对不同文化程度、不同家庭环境的“学习型家庭”的创建方案，提出了八个“一”的具体目标，如对家庭环境好、家庭成员文化程度高的家庭，我们提出了家长“每年至少带孩子外出旅游一次，每年至少订阅一份报刊、一种教育期刊，家长每月阅读一部书籍，每两周至少进一次书店，每周至少进行一次亲子沟通活动，看书学习一小时，每天夸赞孩子一次”，对进城务工人员的家庭则要求“每学期和孩子制定一个学习计划，每月进学校与教师沟通一次，陪孩子玩一次，给孩子或自己买（借）一本书，每周至少看一次书报，每天检查一次孩子的作业，看（听）一次新闻，夸赞孩子一次”这些目标明确可行，受到不同层次的家长的欢迎。

（资料来源：湖北省宜昌市伍家岗区深圳路小学“社区德育理论与实践研究”课题结题材料。执笔人：陈花蓉）

（三）加强家校联系，是未成年人思想道德建设的呼唤

学校是对未成年人进行思想道德教育的主渠道，而家庭教育在对未成年人思想道德建设中具有特殊重要的作用。《中共中央国务院关于进一步加强和改进未成年人思想道德建设的若干意见》（后简称8号文件）指出，“要把家庭教育与社会教育、学校教育结合起来”，“中小学要切实担当起指导和推进家庭教育的责任”。强化家校合作，对于加强和改进未成年人的思想道德建设将发挥其重要作用。正如苏霍姆林斯基所指出的：“若只有学校而没有家庭，或只有家庭而没有学校，都不能承担起塑造人的细致的复杂的任务。”加强家校之间的联系与沟通，应该学校主动引领。湖北省大冶市实验小学开展的“以校为本”的家校合作理想模式探究——“家庭教育与家庭教育指导”研究与实践，就较好地做到了这一点。

信息浪花

“以校为本”的家校合作模式机构建设：我们把学校设想为一个轮子的轴心（圆心），把家长、社区设想为轮子的外圈，轴心和外圈之间有许多辐条，这些辐

条像自行车的钢丝起支持系统的作用，它们是家长学校、家长委员会、家庭教育指导中心、儿童心理咨询中心、儿童发展中心(音、体、美艺术中心)等。这五个中心在我校均已成立，有专室、专人、专档，挂牌对家长服务。其中家长委员会是由各年级民主推荐的，人数占总数的一半。各中心的专业人员，有的是有专长的在职教师，愿意无偿为学校为家长服务的，也有的是专业特长的家长和离退休教师、医生、艺术工作者。

(资料来源：湖北省大冶市实验小学“社区德育理论与实践研究”课题结题报告)

(四) 加强家校联系，是全面推进新课改的需要

我国新一轮基础教育课程改革，已经进入由点到面推广的关键阶段。回顾走过的历程，从中可以总结一条规律，即凡是课改掀起热潮，出经验、出成果多的实验区、实验校，它的背后总会有家长的积极配合和支持；反之，课改不那么顺畅的实验区、实验校，总会遭遇到来自家庭层面所设置的种种阻力。据此，当课改进入全面推进，加大力度攻关之际，学校越是需要有家长的鼎力相助，家校合作越是显得迫不及待。

新课程的实施，给教育带来了全新的变革，大到理念，具体到授课方式、作业设计、评价方式，都有别于过去的传统教育。苏霍姆林斯基指出：“教育现象的相互联系在我们今天是变得更加复杂了。生活向学校所提出的任务是如此复杂，以致如果没有整个社会首先是孩子家长的高度教育学素养，那么不管教师付出多大的努力都收不到完满的效果。学校里的大多数问题都会在家庭生活中得到反映和折射，而学校的复杂的教育过程中产生的一切困难的根据，也都可以追溯到家庭。”而我们的家长，对于教育的了解仅仅是凭着自己当初上学时的印象，仅有个别的会关注一些媒体上关于教育改革的一些报道。因此，如果课程改革得不到家长的支持和配合，实施起来将会遇到很多阻力。

加强家校联系和沟通，有利于引领中小学积极改善办学的外部条件，有利于开阔教师的视野，为教师的专业化发展开辟新的学习天地，促进教师的成长和成熟。由于家长们的职业、经历和社会背景不同，教师从中可以分享家长们成功的经验，学习和涉足自己尚不知道或知之甚少的领域，丰富课程资源，优化新课程实施的支持系统。

二、家校联系的作用

问题导读

- 良好的家校联系会产生哪些积极作用？
- 家校联系的积极作用可以在哪些领域体现出来？

没有家庭，就没有教育需求，没有教育需求，也就不需要学校，家庭与学校同在。“当代学校与家庭建立有效关系的重要途径：教师必须了解家庭，家长要参与到学校管理和改革，实现真正的沟通与互动。”①当然，家校合作的价值还远不限于此，推进家校合作的重要意义还可以从以下几个试点加以考察。

(一) 从建设和谐社会的视点看

和谐社会的直接表征是社会成员和谐相处。社会成员要真正和谐相处，必须在全社会普遍实现和谐。这种普遍和谐包括：个人身心和谐、人际关系和谐、个人与组织和谐、组织与组织和谐、人与自然和谐。

加强家校联系和沟通，对于有效地建构和谐学校、和谐教育、和谐家庭，进而推动全社会的普遍和谐具有重要意义。其一，家校合作能化解家校间的冲突和代际矛盾，同时也意味着对学生教育过程的和谐，继而，和谐的家校合作可以促进家庭的和谐，从而有利于社会(社区)的和谐。其二，家校合作有利于家长角色的转变。家长既是社会工作岗位的从业者、劳动者，同时也是学习者。家长需要而且必须重返课堂，学习有关家庭教育知识，优化自身的科学文化知识结构。其三，家校合作，有利于整合教育力量，优化教育资源，避免教育资源的隐型耗损。

因此，加强家校联系和沟通，不仅有利于构建和谐社会，有利于学校与外部环境的和谐，而且有利于教育过程中学校和家庭两种教育力量的和谐，“使创造真正人的活动和谐一致”；良好的家校合作，还能促使家长的道德和精神面貌发生积极的转变，家长能在教师和其他家长榜样的作用和帮助下，在合作成功的鼓舞下，改善亲子关系，以及与其他家庭成员的关系，从而实现家庭的和谐、社区的和谐。

信息浪花

曾经有一段时间，我们曾都市一中学生的焦虑情绪比较普遍，部分师生间的矛盾冲突比较明显。学校组织专班在对家长咨询时，发现一些问题来自教师，尤其是班主任。为了在评比中获得好成绩，老师无形中给学生加了不少压力，忽视了学生个人学习能力和心理承受能力，从而造成焦虑。学生要真正减压、放松，教师正确的教育观念教育行为十分重要。于是，学校主动进行干预，主动与教师联系，引导教师改变一些不当行为，要求教师多与家长沟通。几年下来，我校已经形成一种良好风气，班主任、任课教师与心理教师密切配合，及

① [美]Mary Lou Fuller Glenn Olsen 编著，谭军华等译. 家庭与学校的联系——如何成功地与家长合作[M]. 北京：中国轻工业出版社，2003：译者序.

时发现有问题的学生，并推荐给心理教师进行针对咨询，并不时修正自己的教育行为。

（湖北省随州市曾都一中：常小琴 熊栋梁）

（二）从学校文化重建的视点看

人的一生随时随地都处在各种文化环境中，人也无时无刻不受各种文化与传统的浸染。少年儿童是在家庭文化环境、学校文化环境和社会文化环境的影响下成长起来的。家校合作的开展，可以从三个方面开拓和丰富学校文化的内涵。

其一，要特别重视学校自身的文化的建设。“中小学生是处于身心发展可塑性最强的时期。……学校不仅仅是纯粹的制度化机构，而且应是具有童趣的学生发展的精神家园！中小学应该努力突出‘学生’文化，从教育活动设计、教育环境设计、学校内部管理等方面，将学校建设成为具有文化品位和精神感染力的学生发展空间，使学校成为学生成长的摇篮和精神家园。”①一所学校是否真正实现了发展，根本的标志应该看它的文化和精神层面的东西是否有所提升，具体地讲，要看学校的文化元素对孩子们的成长乃至一生的发展是否留下了“生命的种子”。

其二，注重学校文化对家庭文化建设的引领和指导。学校在引领和指导家庭文化建设中，应把建构学习型家庭摆在重要位置。家庭不仅是亲情的港湾，同时也是学习的场所，是为家庭成员开始一段段新航程提供动力的加油站。通过建构学习型家庭，一方面让家长养成学习的习惯，另一方面，学校向社区开放教育资源，为家长实施终身学习提供阵地。总之，实现家校合作，对于家庭文化的更新和优化具有重要意义。

此外，还应注重吸纳家庭文化中的优秀成分，用于学校文化的重建。家庭中珍藏着极为丰富、极富价值的文化教育资源。孩子的家长来自各行各业，有的知识见闻广博，有的业务专长超群，有的为祖国和人民做出了卓越贡献。注重开发利用这些宝贵的资源，有利于拓宽、丰富学校文化建设和校本课程的内容。

其三，注重老一代和年轻一代的发展。面对文化转型和重建的新形势，家校合作可以成为“传统与未来的纽带”，可以帮助老一代与年轻一代及其各自代表的文化连成一体，让老年人从年轻人那里看到纷繁复杂多变的世界中的活力和希望；让年轻一代在老一代所代表的时代与文化那里找到不断走向未来的生长点，在老一代那里看到关心、鼓励的目光，找到不断向上攀登时不可缺少的父

① 郭元祥. 学校的品位——中小学文化建设与形象设计[R]. 2017-6-5.

辈的肩膀。

总之，在学校文化重建的过程中，借助家校合作有利于打造学校富有个性的品牌，提升学校文化的品位。

（三）从德育视点看

家校合作，可以发挥各自的优势，弥补各自的不足。学校的教师进入家庭领域，通过家长的帮助，可以全面、系统、细微地了解学生和学生亲人的情况，从而增强教育的针对性和把握度；而家长走进学校，通过学校、教师的帮助，可以系统地学习有关教育孩子的教育学、心理学常识，掌握一定的教育技巧和方法，从而提高教育孩子的科学性和实效性。

依靠家校合作，可以使家校双方的教育目标趋同，教育要求一致，能为学生的健康成长营造出优质环境。家校合作的张力和氛围，会激发学生主体内在的积极性，他们会感到教师和家长都在为自己的进步操心尽责，并由此受到极大鼓舞，产生向上动力，激发其成就感。这种内在的情感力量，会促使学生在成长的道路上走得更好，从而有效地防止社会上种种负面因素对孩子的侵袭和伤害。

（四）从教育经营的视点看

在知识经济时代，教育被界定为服务业，要求学校和教师为社会提供优质的服务；而家长和学生则有权选择学校和教师。置身于这种“服务”和“选择”的双向互动背景下，学校形象的好坏与家长的关切度、认可度、美誉度存在着正相关。从某种程度上说，家长的评价和口碑对学校形象的好坏具有决定性的意义。“教师怎样看待父母（指家长）和父母怎样看待教师与学校，是影响能否为学生提供最佳的教育的极其微妙而重要的因素。”①

学校的品位不是先天的，而是后天经营的。通过家校合作的研究，强化学校和家庭、教师和家长零距离的沟通、对话和合作，有利于提升中小学在家长心目中的亲近感和美誉度，这种良性的氛围和环境，就自然为学校发展提供了更为广阔的发展空间。

信息浪花

为积极引导家长参与，调动家长为学校建设和发展出谋划策的积极性，湖北省荆门市外国语学校规定家长无论何时都可以随堂听课，每位家长一学年必须听4节课，通过听课、评课，充分发表自己的看法和见解。学校每学期至少组

① ［美］Mary Lou Fuller Glenn Olsen 编著，谭军华等译．家庭与学校的联系——如何成功地与家长合作［M］．北京：中国轻工业出版社，2003：66.

织一次家长会，主要内容是评教而不是听教师作报告，家长通过无记名投票最后评出“最满意教师”。同时，学校给家长们汇报学校在德育、管理、财务、招生等方面的情况，并欢迎家长们当面提出批评与建议。学校平时设立校长热线、电子信箱、举报箱，拓宽家长们表达意见参与学校管理的渠道。

（五）从家校双方的需求看

从总体上分析，我们可以明显地感受到这样几个方面的现实状况：家庭对子女的高期望值使得社会对学校教育的关注程度越来越高，而家庭和学校教育的分离状态往往形成冲突，需要家庭与学校之间形成合力；教育对象的个性差异越来越大，学校单方面的教育力度不够，需要家长的配合与支持；家庭教育的不均衡性和脆弱性越来越明显。

不均衡是指家庭教育的差异很大，脆弱性是指现代家庭自身出现了极易残缺和受损的倾向，父母的矛盾常常影响到子女的教育。又由于独生子女的缘故，有的父母在孩子面前已丧失了权威，时常显得无可奈何，因此需要学校教育的及时介入，进行指导和帮助。

第二节　家校联系中的双向互动

家庭与学校之间具有一种内在的连锁传递关系：学生把学校与家庭连在一起，又由学生把学校教育与家庭教育的成效反映出来。与之相对应，在家校合作的过程中，这种内在的连锁传递关系表现为教师与学生、学生与家长、家长与学校的双向互动。实现双向互动的载体就是家校互动的平台。

家校联系沟通的途径、方式本身并无固定的模式可言。无论具体平台是什么，也不管这个平台应该如何搭建，但都应该遵循一些基本原则，即：学校牵头，家校携手。都应该以解决学生成长中需要解决的问题（包括学校教育和家庭教育需要解决的问题）进行探究。

一、学会与家长打交道

问题导读

- 怎样把握教师与家长的人际关系特点？
- 与家长友好交往有哪些基本要求？
- 学校领导如何与家长往来？
- 如何对待家长的校访？

人际关系发生在特定的人群相互交往之中，它是建立在一定的情感基础上的，如果双方在交往中，其需要能得到满足，相互间就会产生接近、友好、信赖、支持、合作等关系。反之，就产生疏远、回避、抵制以至敌视、攻击等反应。

老师和家长之间的关系也是如此，双方建立了互信、建立了友谊，家校合作就会顺利发展，相反，如果产生误解、有了隔阂，就会诱发冲突。作为一名教师，学会与家长打交道，也是一项重要的基本功。优秀的教师，尤其是班主任，甚至包括校长，面对不同类型的家长，面对学校和家长之间发生的事情，应该表现出较高素养，具有不同的应对方法和出色的表现。

(一)教师与家长人际关系的特点

1.教育目标的一致性

一致性是指老师和家长在教育的总体目标上没有任何不同，老师希望自己的学生优秀，家长希望自己的孩子成才。这是家校合作得以进行的根本所在。

2.合作空间的开放性

开放性是指老师的工作是置于社会监督之下的，他的工作必须面向全体学生，如果有不公正的地方，家长就会有意见。反过来，所有家长与老师的交流也应该是透明的，家长对孩子的教育以及和对待老师态度如何，老师也是会有觉察的。此外，家长的意见还可以通过校长和学校的其他部门反映到老师那里，也可以通过其他家长反馈到学校里来。开放性为家校合作提供了可能。

3.角色职能的不对称性

不对称性是指家校双方的工作性质以及信息占有等都处于不对称的状态。比如，在工作量上，老师所面临的是几十个孩子的工作，而绝大多数家长只是一个孩子。如果没有这种分析和理解，家长就不算真正了解老师。另外，家长对于孩子在学校的表现如何，只能是间接的掌握，因此，他们十分渴望能多找到一些关于孩子的情况。如果传递到家长那里的情况很片面，也往往会诱发家长和老师的矛盾，因此，老师们应该尽最大限度地让信息顺畅地传递到家庭。

4.教育作用的互补性

互补性是指在教育过程中家校之间很多工作是需要互相补充的。比如，学校教育的任务在家庭还要继续，这时，就需要家长配合完成，又如，孩子在家里与父母闹了别扭，家长请老师转达父母的要求，有时就比家长直接找孩子的效果要好。当然家校之间互补的内容有很多，远不限于此。

5.人格地位的平等性

平等性是指家长与老师之间的关系是处于平等对话的关系。家长就是家长，老师在对待职位很高的家长、家庭特别富裕的家长时，应该与对待普通家长的态度没有两样。相反，老师还应该给那些弱势的家庭给予更多的关爱。而对于家长来讲，也不能因为你的职务关系，显示出比老师、比其他家长高人一等的派头，这样对于自己孩子的教育没有任何好处。

6. 合作过程的阶段性

当前，虽然不少学校是可以选老师的，但更多的是没有选择的，甚至有的学校已经采用了电脑程序随机编班。哪位老师将要负责哪个班的教学，有着很大的偶然性。如前所述，教师与家长，因为共同的教育目标走到一起来了。在孩子没有接受特定的“这一个”教师的教育之前，这种关系根本就不存在。所以，一定程度上，我们可以说，教师与家长的关系也是一种缘分。

教师与家长的关系，从时间上来说，具有过程性。因为学生在一个学校求学的时间毕竟有限，某一位教师教他或她的时间可能更短。虽说也有维持几年，乃至几十年的，但那已经不是教师与家长的关系，而是朋友或其他什么关系。

理论撷英

家校合作成功9要素

可以说，正是教师和家长之间的人际关系特点，决定了学校和家长成功合作的基本要素，有人做了一个分析，认为家校之间成功合作的要素大致有如下9个方面：

1. 承认教师和家长之间的伙伴关系，彼此关系平等，互相接纳，互相尊重。
2. 分享教育方面的知识和技能。
3. 分享彼此的感受。
4. 承认家庭之间的差异。
5. 多沟通，不隐瞒实际情况。
6. 放弃成见，互相信任和支持。
7. 承认自己会有不足的地方和缺点。
8. 共同商量对策，在处理及分析问题上要客观。
9. 在教育孩子的方法和目标上，做到协调一致。

（二）与家长友好交往的基本要求

1. 换位思考，尊重家长的人格

“认识到父母对他们的孩子是多么脆弱和敏感的教师，将更容易与学生的父母进行交流。一般情况下，即使是父母请你告诉他们关于孩子在学校里表现的真实情况，其实，他们内心里也很不愿意听到关于孩子的负面消息。”

这是一位老师的教育叙事，文章写道：班上有一个漂亮的女孩，是一个中队委员，她是大家公认的好学生，父母公认的好孩子。一次，她去参加一个同学的生日，不知在怎样的心理驱使下，她竟将同学的钱包“拿”走了，那位家长向我反映的时候我也难以相信。我在心里掂量了好久也策划了好久才从多种渠道证实了确实是她所拿。事情已水落石出，但善后工作却不易。我请来了这位家长与她促膝谈心，将事情的来龙去脉一一陈述，家长也为自己孩子有这样的行为而大惊失色，气愤过后作为家长最先考虑到的是今后孩子将如何面对四十几位同学，今后的人生路上是否会背上一个“小偷”的称呼。

她怯怯地向我提了个建议，是否能为孩子保守这个秘密，询问老师是否还会将信任的目光给她。聆听到家长这份爱子之心，我真诚地与她说：每个人的人生路都很长，谁能保证自己的人生道路上没有歧途，更何况她还是个没长成的孩子，我能够原谅她这次的错误，我愿意用我的教师资格永久地为她保守这个秘密。孩子的母亲听了流下了感激的泪。此时此刻我们的心是相通的，于无声处读懂了彼此的心。一个人要想得到别人的尊重，首先要学会尊重别人。

那么，如何使老师和家长之间的谈话更融洽？身为教师和家长，我们自然就有许多的机会交流彼此间的意见和看法。家长对学校、教师的看法很大程度上是来自和教师的交往经历。下面的两个实例显示了两种不同的处理策略，相信家长和教师都能从中体会到由此带来的截然不同的感受！

信息浪花

案例一　两相抵触的谈话

周元元的妈妈（气冲冲）：老师，我家元元被同班的李康踢了一脚，回家后常喊很痛。

家长疼爱孩子，容易显得紧张。

王老师：不会吧，我没有看到，而且李康很老实，不太可能。

老师不承认工作可能有疏忽的地方。

周元元的妈妈：为什么没有可能？哎呀，你看元元的脚都青了！

家长不信任老师。

王老师：元元喜欢乱喊同学的名字，李康平时很守规矩，不会是他做的。

老师不接受家长提出的问题。

周元元的妈妈（生气）：乱喊名字？老师，我孩子虽然学习差一点，不过有人欺负他，他是知道的！

家长不满老师对孩子的评价，情绪有些激动。

王老师：你孩子容易冲动，有时说不定是他动手在先。这种事家长可不能帮孩子来争高低，会影响孩子健康人格的发展。

老师认为自己是教育方面的专业人员，用专业术语来显示家长在这方面的欠缺。

周元元的妈妈（失望地）：总之请您多费心，多照顾一下我的孩子，不要让他再受伤。

家长表现出焦虑、不安，只好恳请老师好好对待自己的孩子。

王老师（不耐烦）：每天，我们做老师的都要面对这么多学生，你可知道我们老师多辛苦！

老师不太明白家长此时的心理，只关注自己的感受，因而不能置身处地站在家长的角度来考虑家长的感受。

分析：周元元的母亲和王老师的对话，令双方都感觉不安，容易造成误会，使家长和教师之间的关系恶化，互不信任，会给将来师长间的沟通、合作带来困难。

案例二　开诚布公的谈话

周元元的妈妈（气冲冲）：老师，我家元元被同班的李康踢了一脚，回家后常喊很痛。

家长疼爱孩子，容易显得紧张。

王老师：哦？踢着什么地方了？元元过来，让王老师看一看，痛不痛呀！

老师表示关心。

周元元的妈妈：当然痛，整个脚都青了。

家长对孩子的受伤显得很心痛。

王老师：你这么疼爱元元，难怪你这么紧张了。

老师体谅家长的心情。

周元元的妈妈：我工作太忙，没有充足的时间管教他。这孩子是有点闹腾，又不懂得保护自己，真不知如何是好！

家长对孩子的歉疚、焦虑、失望等情绪，需要向别人倾诉。

王老师：你不要太着急！元元这学期进步很快！我相信你平常一定很用心地教元元。

老师热心聆听家长的诉说，并用积极的话语来鼓励家长。

周元元的妈妈：王老师花你这么多时间，真有点不好意思！李康同学是不是应该受到处罚？

家长坦诚表达自己的看法。

王老师：不麻烦，谢谢你向我讲清楚这件事情，我会认真调查，一定做到奖赏分明；在没有弄清楚事情真相以前，我不会随便处罚学生，不然的话，学生怎能服气呢？

老师接纳家长的意见，并向家长详细解释学校的处理方法，使家长对学校的工作有一个比较明确的了解。

周元元的妈妈：好了，谢谢王老师，再见！

家长尊重老师。

王老师：不要客气，欢迎随时到学校来！

老师的态度让家长觉得自己受欢迎和被尊重。

分析：家长和王老师的谈话，显示出对彼此的尊重；尤其王老师对家长的耐心、体谅和热心聆听家长的感受，这些可以帮助家长舒缓紧张和不安的情绪，减轻精神压力。通过双方坦诚的交谈，建立和睦的师长关系，促进双方进一步的合作。

2. 宽容的效果会更好

教师能否听取来自家长的意见和建议，尤其是批评，甚至是个别家长因误解、偏见而对老师的指责，既是衡量一个教师素质和修养高低的标准，又是教师能否密切和家长的联系、取得家长的支持与配合的关键。一个尊重家长的教师，必须是虚心听取并接受家长意见和建议的教师。

某班有个女孩，她确实属于那种接受能力较差的孩子，而其家长逢人就夸自己的孩子是如何如何的聪明，如何如何的可爱。有一天孩子的妈妈来校找班主任询问孩子的学习情况，并要求换座位，指定要与××同座，她的那种要求真的让老师难以接受，如果直接回绝，可能当场就会发生冲突，但这位班主任十分冷静，他原谅了家长近似于指手划脚的行为，答应了她的要求。那家长兴冲冲地走了，从那天开始她也从心底改变了对那位班主任的看法，也能客观地看待自己的孩子的学习，也更容易与老师沟通了。这孩子的学习成绩也不同程度的有所提高。

3. 让家长知道你对他孩子的真实态度

有一位老师曾遇到过这样一件事情，她说，朋友的儿子在她所任教的学校读书，一天，朋友问我是否能设法帮她儿子调个班。我诧异地问其缘由，她说，这个班的老师厉害，儿子害怕，做事缩手缩脚，这会影响到孩子个性的发展……

为慎重起见，这位老师分别找这个班的三位老师了解了一下情况；三位老师一致认为，这个孩子各方面发展都很好，上课听讲认真，写字一丝不苟，尤其是语言表达能力更为突出，讲起故事绘声绘色，大伙儿都乐意听，绝对是一个聪明可爱、招人喜欢的孩子。我相信她们说的是实情，但我又追问了一句："孩子和他的家长知道你们很喜欢他吗？""这……这倒没说过，他的父母跟我们接触不多，而且交流很少……"

这位老师将这个故事和感受写成文章，叫做《爱，不必藏在心里》。我觉得非常有启发性。作为老师，我们要善于通过各种机会让家长知道你对他孩子的真实看法。

4.取得家长的理解与信任

“当父母比较痛苦时，他们往往不能理智地看待问题。当他们的孩子在学校里过得不快乐时，他们会感到受到伤害。孩子在学校里有困难(比如有学习障碍)的父母可能对他们的孩子的情况有防御和抵触心理。”因此，有的家长由于对学生过度保护与溺爱，常常因一点小事与学校发生冲突。不少老师觉得每天的工作都处在社会和家长的监督之中，压力很大。过去有人不愿意当教师是因为教师待遇低，如今不愿意当教师是害怕担责任。怎么办？必须赢得广大家长的信任与支持，因为绝大多数家长是通情达理体谅老师的。

信息浪花

湖北省宜昌市夷陵区东湖高级中学曾发生过这样一件事：有位家长常听老师说工作很累，他不相信，就自愿留在学校准备跟老师上一个星期的班。然而，他只坚持了三天，就叫苦不迭，称精力透支，大叹老师确实辛苦，为了孩子真是操碎了心。有了这种亲身体验，他对老师有了更多地了解，以前不能容忍和不理解的事，他也能理顺了，而且对孩子的教育也更主动更注意方法了。

上面的例子是家长自发进行的，既然有这么好的效果，我们何不多创设一些这样的情景让更多的家长参与其中，取得他们的理解和信任呢？

5.与家长分享孩子进步的喜悦

家长最希望经常听到来自他孩子老师的信息。与他们分享孩子进步的喜悦，哪怕是细微的进步。特别是在向他们反映其孩子的负面信息之前，更要肯定孩子积极向上的一面。在肯定和鼓励中，会给家长、学生和我们自己带来好心情。在和谐的心态下去学习去工作就会有好的结果。是向家长告状还是与家长分享孩子的进步效果完全不一样，有位班主任用她的两次家访的经历生动地说明了这个道理——

……那是我刚工作不久，有一次我让学生谈谈他们的学习计划时，学生小强在纸上写下了这么一行字：语文争取考59.9分。当我问他的时候，他还振振有词地说：“我那后边还有好几位小数没有写出来呢，59.99……，这样下去，总有达到60分的希望。”引得全班哄堂大笑。当晚我就来到了小强的家。正巧小强不在，我就把他在校的表现告诉了家长。第二天小强果然有了变化，沉默不语，可作业却就此不交了。我找小强谈话，他也只字不提。后来我得知，家访的当晚，小强挨了父亲一顿狠揍。没想到那次家访出现了负效应。

没过几天，我再次来到小强家，正巧他们全家正在吃饭。于是，我当着家长的面表扬了小强，在遵守纪律方面进步很大，接着又心平气和地对家长说："听说那晚我走后你打了孩子，这可不好，孩子有错，应该说服教育，可不能用棍棒呀！当然我也有责任……"谈着谈着，小强的脸渐渐平和起来，平时那一贯满不在乎的神态也显出了羞愧之色。第二天，我在小强的本子上看到了这样几句话："……当我随着父母把老师送出门外，目送着老师消失在茫茫的夜幕中，我的眼睛湿润了。我真没想到老师还替我承担责任，这次我父亲没有打我，而是同我进行耐心地交谈，这都是老师的功劳，以后我一定下定决心改掉自己的毛病。"通过第二次家访，小强开始变了，在各方面都有了很大进步。

关于怎样与家长打交道，除了应该遵循以上我们讨论的五个方面的方式方法外，应该还有很多好思路好窍门。但无论采用怎样的行动，都应该是有规律可循的，下面不妨借用香港教育学院的李文玉清博士提出的教师与家长沟通的原则方法作为这一部分的小结，因为李文玉清博士的观点和方法对我们开展家校合作很有指导性，摘要如下：

专家指津

◆主动与家长接触

教师平时宜多与家长接触，建立互信、平等的关系，为合作奠定稳固的基础。

◆用心聆听

聆听家长的心声，掌握他们所讲的话背后的微言大义，言为心声！要专注聆听，要听得准、听得真；不单用耳，而且用心！再辅以小心观察，鉴貌辨色，以充分掌握家长传递的信息。

◆接纳家长的担心

任何新事物，都易惹来担心或不安，尤其受中国传统文化影响的家长，思想或会较为保守，并且不大愿意面对孩子的问题，学校或教师要接纳家长的困扰及疑虑。

◆勇于面对家长的挑战

我们在推行教育时，有时或会不大幸运地遇上一些颇为刁难的家长，他们会质疑教师推行教育的知识及技巧。……只要老师能沉得住气，心平气和地与家长沟通，自能将挑战化解于无形。

◆尽心解答家长的疑难

家长是人，也有困惑与不足，……做教师的要有心理及实际准备，提供简明扼要的答案或能提供适切的资源，及时为家长解答疑难。

◆清楚交代学校的立场及教师个人的价值，以及解释教育的观念

万事起头难，与家长建立互信关系后，重要的是使家长明白教育并不是狭

义地教授知识，教育是全人成长的生活教育，包括个人价值及人际关系和态度取向。因此学校及教师也有必要向家长交代学校对教育所采取的立场和态度，这些资料有助减低家长的抗拒和疑虑，代之是参与及合作。

◆使家长认同学校推行教育的政策及内容

有了上面的准备，我想家长的疑虑及抗拒自然消除，进一步是促使家长认同学校推行教育的政策及内容。要做到此点，学校教师事先要有充分的准备，制订策略、方针及规划教育的课程和内容，以便推广。

◆邀请家长参与，结成伙伴关系

最有效的促使家长与学校合作的方法是使他们成为教育的推行者。学校可以邀请家长充当学校教育的顾问、咨询人或支持者，以收促进交流，互励散发的作用。因为家长的参与，学校教育的透明度大增，家长的归属感及责任感也愈强，教育的成功，指日可待了！

二、校长与家长的交往

问题导读

●校长应该怎样与家长建立良好的关系？

●校长应该如何借助家长的力量改进学校管理？

校长为完成自己的工作任务，需要进行广泛的人际交往。校长的人际交往的作用是双重的：一是积极作用。校长通过交际往来，从而了解下情，理解民意，进而产生人际认知、人际协调和人际吸引的关系，形成团结和谐的环境，以利于工作的顺利进行。二是消极作用。校长通过交往，也可能发生误解，导致人际隔离，以至人际冲突。这将有害于团结，贻误工作。明智的校长，应竭力促进积极作用的发挥，避免消极作用的发生。

在学校的管理上，校长与家长的成功交往也显得十分重要：

首先，校长要十分清楚家长的地位和作用。实际上，家长在与学校的关系中扮演了这样几种角色：①是学校的客户；②是学校教育工作的合作者；③是学校工作质量的评价者和学校声誉的传播者；④在一定程度上，是学校资源的提供者或是中间人。做好家长的工作，调动他们参与学校教育工作的积极性，学校工作就获得了有力地支持者和同盟军。重视对家长的公共关系已成为世界范围内的学校管理问题。

其次，校长要借助一切有利的机会将自己的办学理念和办学思路传达给家长。那么校长怎样利用有利机会呢？比如，校长应该做有心人，在开学报名时，校长可以寻找机会与家长聊天，宣传学校的办学方略，征求家长的意见；每个月中,可以有目的地走访几位家长,借以考察学校在运行过程中来自家长的评价;期中召开较大规模的家长会,可以介绍学校下一步的工作安排。学校校长应该成为广大家长十分熟悉的公众人物,而不会让家长们感到陌生,甚至连姓什么叫什么都说不上来。

再次,引导家长参与学校的教育活动和管理工作。只有家长介入学校教育活动,真正了解学校的计划和存在的困难,才能与学校形成紧密的关系,由被动的客体转变成学校工作积极主动的参与者。在这一方面,可以通过以下方式开展工作:一是组织家长委员会,参与学校或班级工作计划的咨询,协调学生家庭与学校的关系,动员家长协助学校做力所能及的教育和管理工作。二是举办家长学校,帮助家长学习教育科学知识,提高家长科学教育子女的自觉性。三是设立校长接待日,广纳家长意见。例如,每周四上午,山东省潍坊市奎文区潍州路小学校长张则香都会坐在学校专设的接访室里,等候学生家长。在奎文区,所有中小学校门口都挂着写有“校长接待日”详细时间的牌子。孩子学习退步了,孩子情绪不稳定,或者对老师的教法有异议,对学校的管理有看法……所有这些,家长都不必憋在心里瞎猜疑,也不必告状、上访、找局长,只需在学校规定的时间来向校长反映、倾诉,甚至可以发牢骚。

第四,是学会倾听,要积极解决家长的困难,妥善处理好学校与家庭之间的矛盾。“关注父母对学校的看法主要有两个原因。首先,他们对学校的态度不仅影响了他们孩子的态度,还影响了孩子在班上的表现。其次,当父母对学校表现出支持的态度时,将对教师产生有利的影响。这会使教师感到重视并且有助于教师坚持自己的职业。

校长了解家长的需求和信息越多,就越有利于学校的决策,因此广开言路就显得十分必要,一般来讲,校长可以公布自己的电话号码,可以将自己的电子邮箱告诉家长,还可以在学校适合的地方设置一个校长信箱,供家长及时反映他们的心声。下面是一所学校的家长写给校长的信,反映的情况很具体,很有针对性,为这所学校后来改进教学工作和管理工作起到了十分重要的参照作用。

信息浪花

一封家长来信

××校长:

您好!

我是学生×××的家长,我的小孩现就读贵校三年级,贵校从教学到环境各个方面总的来说是不错,我感觉不足的地方有以下几个方面,望能得到改善。

1. 语文教学应重视朗读、背诵。我发现小孩上三年级后,作业虽然很多,但读书、背课本的时间少了，在家基本没有时间读书。我认为现在的课本编得很好，每一篇课文学生都应该背熟一些精彩的段落，作文大部分是熟能生巧，脑袋里没有足够的储存，是写不出东西来的。

2.还应该继续给学生减负。我觉得三年级的作业太多，晚上正常速度需两个小时才能完成。作为一名小学生晚上很不轻松，而小学的主要任务却是不断培养学生对知识的各种兴趣，太重的作业会让小学生厌学。

3.应注意英语教学。三年级的课程表每周安排两节英语课，但并没有得到好好的利用。小学阶段正是学语言的黄金时期，好好地利用这两节课，培养小学生对英语的兴趣，学生会受益匪浅。学英语主要的是让学生多读，多听，少写。就像上幼儿园的小孩会说话但并不会写字。学英语首先是让他们感知。

4.要培养老师与家长打交道(交流)的能力。几年来，我几乎每次都参加家长会，但是有些班主任组织班会的能力很差，有些不知道与家长如何交流。

5.改善开家长会的设施。这几年我每次都来参加家长会，但每次都高兴而来，扫兴而归。原因是学校通过电视所做的报告内容已经老掉牙，跟不上现在素质教育的步伐。另外，开会时电视里说的话一句都听不清楚。整个班会是乱哄哄的，家长想听或了解的是老师及学校的教学指导思想及方法，以及家长如何配合老师、学校。

以上意见望能给校长参考或思考！

谨祝校长身体健康、心情愉快、工作顺利！

谨祝学校健康发展。

家长×××书

三、校访——在平等中对话

问题导读

●学校如何看待家长的校访？

●家长如何在校访中与老师达成共识？

家长到学校询问，了解孩子的教育问题，找教师面谈以及家长来校主动参与学校管理的相关活动。“我们把学校看做是一个教师和父母交流知识和观点的场所。教师的专业才能不应该仅限于课堂上。其实，大部分教师都从内心里渴望能与父母交流他们所知道的东西，并希望父母能运用这些知识。在动机和愿望上，老师和家长没有根本的分别。”

家长主动到校不仅是家长对学生的关心，也是对老师的尊重和对学校工作的支持，作为教师不仅要热情地接待，也要对家长的来访表示真诚的谢意。家长来访是家庭教育与学校教育的主动配合，教师不仅要向家长介绍学生的详细情况，还要鼓励和指导家长在各方面与学校主动配合，让家长更多的了解学校。

(一) 大门向家长敞开

有这样一件事，一位小学生回家向妈妈要 100 元钱，妈妈问他要这么多钱干什么，他说是学校规定的，用来外出参观活动。鉴于近来学生学习成绩明显下降，妈妈便到学校去了解情况。老师说，根本没有组织学生外出参观这回事。经查问，原来该学生想逃学去玩电子游戏。真相大白后，家长和老师对他进行了批评教育，该学生改正了错误，学生成绩也上去了。学生的母亲感慨地说："要是我不去学校了解，对孩子听之任之，后果真是不堪设想。"

家长校访，可及时了解孩子各方面的情况，增强家庭教育的针对性，促使孩子健康成长。纵观众多的学校，却声称出于安全和维护秩序，实行戒备森严的封闭管理，家长没有权利走进校园，造成了家校之间的人为隔离。而真正的家校结合，我们的学校有必要，也应该向家长敞开大门。

信息浪花

某高中学校的食堂一直是广大家长关注的问题，食堂是否卫生，饭菜是否价廉物美，家长有不同的反映。为此，学校联系新闻媒体、疾控中心、营养学会，并邀请 30 多位家长实地考察。一位家长说，昨日一大早，辖区内的一些家长就在此讨论此事，大家都想去学校看一看，但苦于没有时间。为了减少家长的后顾之忧，林晓俊和居委会的几位委员商量了一下，决定派一位委员代表家长去辖区的学校"访问"学生午餐。

另一位家长说："我正和其他家长商量，他们到底想了解些什么情况，他们对孩子午餐的希望是怎样的，这样，我们在访问的时候才好'对症下药'。"几位家长告诉记者，他们平时都很关心孩子在学校吃得好不好，但孩子说不清楚，"现在有机会亲自到学校看看，可以减少很多担心。"

上述案例中大部分家长是想了解孩子午餐的营养现状，也有部分准家长是因为孩子快要上这所学校了，想先打探一番学校的情况。伙食办得好不好，直接关系着孩子的健康和成绩，而且看了食堂，才能真正了解学校的办学条件。

家长来访后，认为食堂办得不错，并有针对性地提出了一些改进意见，学校也一一采纳。校访，让家校在平等中交流与沟通，融洽了双方的情感，增强了教育效果。

(二) 和家长共同约定

家长和教师都有自己的工作，如果把握不好，费时费力不说，反而会事倍功半。因此，教师应帮助家长掌握一些校访的技巧。

首先，应和教师主动联系约定时间。教师就会根据自己的工作时间做好安排，做到有备而谈。校访前还应事先和孩子打招呼，让孩子知道校访的目的。同时要跟孩子商量，听听孩子的意见，知道家长与教师谈论的主题。这样可使孩子心理放松，不致产生反感。

其次，要选择好的时机。学校要告诉家长，选择什么时机进行校访最合适呢？

——子女升级或换了班主任时。遇到此种情况，家长应主动进行校访，将孩子以往在学校及家里的各方面表现告诉给老师，协商采取教育措施。

——子女的生活或学习规律发生改变时。有一个学生经常回家很晚，借口是大扫除或学校有集体活动，家长也就未在意。直到有一天孩子在街上打架事发，才知道孩子迟迟不回家是在网吧玩电子游戏、结伴玩耍，以致打架斗殴。因此，当孩子常不按时回家时，家长应及时去学校了解学生的具体情况。

——子女的情绪有异常表现时。孩子遇上了一时难以承受或一时想不开的事情，都会出现情绪异常。若家长及时校访，了解其缘由，并积极协同班主任做好工作，帮助孩子放下思想包袱，就能使孩子重新振作精神，恢复正常的生活和学习。

——当子女的学习成绩滑坡时。出现这种现象的因素很多，有学习态度和学习方法方面的问题，也可能有学校教育方面的问题。因此，家长应主动到学校去与老师交流情况，找出子女成绩下降的原因，以便与老师很好地配合，以消除子女的学习障碍。

——家长外出前后。有些家长由于工作需要，有较长的时间在外出差。在外出前，家长应校访，请老师在这段时间内有意识地严格要求自己的孩子，并在生活方面给予照料，尽量杜绝教育上的漏洞。当然，家长返回后，也很有必要校访，了解孩子在这段时间的情况，以便对出现的问题及时采取措施补救。

专家指津

如何使校访有效，应确定校访内容。一般包括三方面：

1. 向老师了解孩子在校的品德行为和课业情况。如课堂表现、听讲情况、与同学关系等。

2. 介绍学生在家的表现，学生在家里的表现往往更真实、更自然，家长对孩子品德和心理的了解更细致。因此家长应如实地介绍孩子在家庭生活中的长处和短处及孩子的性格特点。此外，家长还应主动介绍家庭中影响孩子成长的有利因素和不利因素。如家庭成员、家庭教育背景(溺爱、不和睦等)，让老师全面掌握情况，便于将其与学生在校表现相联系，通过比较、分析，对症下药，使教育更具针对性和实效性。

3. 共商教育的内容和最佳教育方式，取得教育的一致性。孩子的情况各有不同，有的学习差，有的纪律差，这些都需要家长和老师密切配合，因人而异制定不同的教育方案和教育内容。家长在访谈中应虚心向老师求教，及时纠正错误的不科学的教育方法，与学校教育保持一致。

校访的时间应以一小时为宜。切忌与老师闲聊天或喋喋不休地向老师诉苦、讲家庭琐事。

此外还应注意，访谈中，当听到你的孩子有这样或那样的问题时，要保持冷静，不要因为与老师在看法上的不一致而发生争执。要知道，与老师保持良好的关系对你孩子的教育和成长十分重要。

第三节　家校联系沟通的主要平台

家庭与学校的沟通和联系，是指学校与家庭之间关于教育教学活动及学生发展方面的沟通与联系，它是学校和家庭为了促进学生健康成长而开展互相联系，加强配合与合作的过程。加强学校与家庭之间的沟通，不仅有利于构建和谐家庭、和谐学校、和谐社会，还能促进家长的道德水平和精神面貌发生积极转变。

由于每所学校的特点和需要不同，家长的教育素养、参与能力和需要层次不同，家校联系以及运行的方式也需要因校而异。从总体上看，家校联系的平台构建以及运行有规律可循，也有模式参照。一般来讲，可从以下方面着手。

一、设计出受欢迎的家长会

问题导读

●传统家长会有哪些弊端?

●家长会如何与时俱进，改革创新?

家长会是学校教育与家庭教育保持密切联系、协调一致，由学校邀请家长参加教育工作的一种重要形式。家长会大体上有全校性家长会，年级家长会和班级家长会三种形式。在通常情况下由学校统一组织，分班召开。

(一) 传统家长会的弊端

传统的家长会上，老师就像学生的家长，学习成绩不好或是淘气的学生的家长，常常会感到尴尬、颜面无存，学生形容家长会后的日子是“今夜有暴风雪”。襄阳市三十三中的张少艳老师对传统型的家长会研究分析得比较全面深刻，我们引述如下——

“传统家长会容易产生一种恶性循环，使家长会得不到预期的效果。由于在家长会上不少教师把学生思想品德上的不足和学习上存在的问题过多地归咎为学生的不努力和家长的不配合。家长因此将怨气一股脑儿发泄在孩子身上，而孩子则认为自己遭此‘教训’是教师告状的结果，于是对教师产生不满与抵触情绪，进而产生逆反心理不愿学习，结果造成学习成绩不断下降，有强烈的挫败感，甚至走向极端成为‘问题学生’。

“总之，传统的家长会教师讲得枯燥，家长听得厌烦，学生进步不大。这样的家长会对学校、家长、学生都没有多么显著的效果。‘告状’‘成绩汇报’‘提要求’‘训人’等方式，只能使教师与家长之间、教师与学生之间的关系日趋紧张。去年，我们对我校八年级 407 名学生家长进行了调查，对传统家长会满意的有 168 人，约占 41%，认为一般的 215 人，约占 52.8%，表示不满意的 26 人，约占 6.3%。由此可见，传统家长会存在着诸多弊端，长此以往将无法真正有效地发挥其应有的作用。

“后来，在八年级，我们曾尝试对家长会进行改革：针对家长与孩子之间存在的带有普遍性的问题，大家共同交换意见，互相沟通，互相理解，以求达到思想上的和谐统一。前不久，我们组织了一次全校性的家长示范会，主题为‘实话实说——心与心零距离的接触’。这种新模式的家长会开展一段时间后，我们再次对八年级 407 名家长进行了问卷调查。对改革后的家长会持满意态度的有 336 人，约占 82.8%，认为一般的有 66 人，约占 16.2%，认为不满意的仅有 5 人，约占 1.2%。部分后进生中，90%的学生的学习态度和行为习惯有了明显的转变，学习成绩有了显著的提高。总之，新型家长会使教师、家长、学生的关系有了良好的改善，学生的综合素质有了一定的提高，优化了学生的教育环境，真正发挥了家长会应有的作用。”

(二) 家长会怎样开

家长会是连接家庭和学校一个很好的纽带，家长会的目的是在家长与学校之间架起沟通的桥梁，形成教育合力。那么，家长会究竟应该怎么开？我们认为必须体现以下三条基本原则。

1. 尊重合作伙伴

家长会的先决条件是教师必须尊重家长和学生，把家长视为亲人和朋友，经常换位思考，帮助家长解决教育中的实际问题。

家长会基本上都有一个明确的主题，或是针对学生成长中的问题，或是家长教育中的难题。我们可以先在学生和家长中间做一个调查，了解学生或家长最关心的话题，以民主的方式，通过家长委员会和班委会选定讨论的主题以及组织形式。一位中学教师在召开第一次家长会之前，先问同学们："你们想让老师在家长会上讲什么，不讲什么？"同学们七嘴八舌摆了许多条：不讲学习成绩，不讲我们犯的错误，讲讲学习与玩的关系，讲讲男女同学间可以正常交往……很显然，学生就怕成绩排队，就怕当着其他家长的面，让自己的家长下不了台；他们希望老师能帮助他们说服家长给他们更多的自主权。其实这一切都与老师的想法不谋而合，老师便答应了学生的要求，并实践了自己的允诺。这次家长会后，不少家长回家后和孩子谈对班主任的印象，谈中学第一次家长会给他们的新鲜感，并表示今后要多理解孩子，多与孩子通过民主对话来解决问题。几次家长会后，学生担心家长在会后找他们算账的顾虑就基本打消了。

家长会的通知也可以设计得温馨一些。一位妈妈从孩子的手里接到了这样一张通知："亲爱的爸爸妈妈，下周要开一个家长会，请您参加。作为家长会的一项内容，您要准备一个故事，一个我成长中您最信任儿子的一个故事。祝您们身体健康！"这种以学生的口吻拟出的通知，让家长们看后心里暖洋洋的，从中可以看出班主任老师独到的匠心。

尊重家长还体现在创设和谐的氛围，让家长感觉到既隆重又亲切，使家校双方产生一种心心相印的感觉，比如环境布置得整齐些，小型家长会还可以摆上鲜花盆景，在适当的地方张贴富有情感的标语等。

2. 我们都演主角

家长会上，家长与教师应该是平等的参与者。教师除了必要的信息通报外，应该抓住家长会的机会与家长们在教育理念上达成共识，因为只有老师和家长在教育观念上达成一致，才能真正地把两股教育力量拧成一股，才能真正达到好的效果。

家长会上，教师应尽量与家长互动，把家长推到前台唱主角。教师要创造条件，让家长相互交流一些家教的经验体会。同时，请家庭教育方面非常出色的家长发言，让家庭教育经验得到共享。榜样所产生的力量是巨大的，这些优秀家长的成功经验容易被其他家长接受和理解。"三个臭皮匠，胜过诸葛亮。"家长会时，还应请家长谈谈对学校、对班主任工作的建议和想法，以改进我们的工作。班主任再建立反馈制度，将办理采纳的建议回复家长，取得家长的支持和理解。

家长会上实现“观点碰撞”。把社会上的一些热点问题及有争议的社会现象，拿到家长会上进行讨论。有时候，家长和老师还互相辩论。比如，一些家长教自己的孩子只跟家境好、学习好的同学玩。对此一些家长认为“现在社会上就是会钻营拍马的人吃香”，一些家长认为“靠捧靠吹升官发财的人毕竟是少数”。通过这样的活动，首先影响家长的思想，让他们树立正确的观念，再利用家长的思想去影响孩子。学生也可以成为家长会的主要角色，教师可以安排学生代表发言，让家长倾听学生的心声，了解学生的思想，加强相互沟通和理解。同时，也可以让学生汇报本班同学取得的成绩和进步，展示学生的风采。例如，可以在教室里办一个展览，将学生的各种奖励、作品展示出来，给家长更多的信心。

3. 集中力量解决主要矛盾

一个班级同学的性格各异，家长的生活背景、文化素养各不相同，导致家长会需要解决的问题很多。如讨论家长关心的教育问题，介绍学校班级的教育教学工作，交流家庭教育的经验，商讨解决学校教育中的热点和焦点，等等。因此，教师应该有一个通盘的计划，通过筛选，找出目前急需要解决的问题，作为家长会的主题，其余的问题，应在本次家长会取得一定预期效果后再逐一解决，切忌家长会主题杂乱，胡子眉毛一把抓，从班集体建设到学习状况，从文娱活动到社会实践，看似面面俱到，家长听了，如过耳之风，什么也没明确。

青少年迷恋网吧是一个普遍现象，而解决起来很头疼。如宜都市高坝洲中学是一所农村中学，也免不了受到影响，该校七年级部分学生抵制不住网吧的诱惑，经常到网吧上网、玩游戏，有的甚至彻夜不归。为此，在广泛调查的基础上，学校召开了“抵制诱惑，远离网吧”的家长会。班主任通报有关情况引起了家长的高度重视，而聘请的教育专家又给家长开了一剂良方，部分家长做了怎样丰富孩子的精神生活，帮助孩子远离网吧的经验介绍，家长们认为很实用。

湖北省当阳市干溪中学，经过八年来的不断探索，在家长会的有效性和创新方面形成了自己的特色，以下“案例启示”中三则案例便是他们的介绍。

信息浪花

运动会+家长学校

春季运动会要召开了，我和校长灵机一动，何不把家长学校和运动会联系起来，让家长来参与进行一次互动的家长学校。运动会共分两天，第一天赛程之后，通知家长第二天下午到校，我们把最精彩的运动项目留在了第二天下午，家长们到校以后，看到激烈的竞赛场面，也不禁热血沸腾，仿佛又回到了青春年少时代,和孩子们一起奔跑在跑道上,为孩子加油、助威,为孩子陪跑、服务。孩子们加倍地感受到了父母的关爱,也在运动会上超常地发挥了自己的水平。随后进行的家长学校上,我们把颁奖、授课融为一体,家长学校收到了预期想不到的良好效果。

展示学校现代化装备的家长学校

四月是一个多雨的季节,开展家长学校活动的场地问题是一个头疼的问题,到底在哪儿开展活动呢?当我们看到教室里的那台大彩电时,顿时豁然开朗,这不正是展示学校硬件设施和学生良好学习生活成长环境的好时机吗?于是学校决定本次家长学校共分两步走:一是学校统一电视授课,现场直播;二是分班交流。学校现场直播是重头戏,授课人员是杨校长和我,我们都精心备了课并上好课。会后,家长们在外碰到我们还指指点点:"我上次在电视上还看到了他!"家长们还参观了学校多媒体教室、电脑室、语音室、学生宿舍,家长们感慨万分,均认为"学校变化大、面貌好"。

"高水平"的家长学校

随着时间的推移,经验的积累,我们办家长学校越来越有经验,越办越成功。十一月二十一日的家长学校活动,是一次十分成功的家长学校活动。开课之前,我们吸取前面的经验,照样和运动会联合起来,只不过之前我们还评选出"百名优秀家长"。这一百名优秀家长是通过学生自荐,班级评选,层层推荐,学校审核确定的。我们为此专门办了一期"干溪中学百名优秀家长"专刊,展示优秀家长们典型经验和先进事例,让广大家长参观学习,至今已评出优秀家长500余人次。校方还克服资金短缺的现状,为百名家长购买了各种礼物作为奖品,寓意"高水平"的家长。

家长牵着孩子的手上台领奖并留影,心里的自豪、荣耀自然不在言中,没获奖品的家长也在下面羡慕不已,并有了改正自己、争取进步的想法和做法。接下来,我们把家长学校划分为十七个班级,所有学生由学校集中在操场上开会组织学习,家长们则分班上课,主讲是各班班主任。各班主任老师精心组织材料,都拿出了精美的书面材料,人手一份,上面不仅有孩子的成长记录,也有如何教育孩子的书面教材,家长们听得投入、学得认真、讨论得热烈,从下午1:30开始一直到4:30才结束,一改往日家长一来就吵着要走的局面,收到了良好的效果。九(1)班组织了家长问老师答的形式,家长们就子女成长、教育过程中的问题详细地向老师们咨询方法、研讨细节,直到结束时间到了,家长们仍不肯离去,结束后还追到办公室向老师讨教。

(资料来源:湖北省宜昌市当阳市干溪中学"社区德育理论与实践研究"课题结题材料)

二、家访——给家长带去信心和力量

问题导读

●家访有哪些意义和作用？

●成功的家访应具备哪些重要因素？

家访是让老师在切身感受学生的成长环境，了解家长的文化素质，家庭教育状况的基础上，对学生进行全面认识、分析、理解，真正实现"一把钥匙开一把锁"。教师登门造访，与学生、家长架起了联系与沟通的桥梁，织成家长与教师达成共识的纽带，促使学生以自己的发展方式健康成长。

家长的性格、文化程度不同，关注点也不尽相同，针对不同类型的家长，可以找不同的切入点，北京市顺义区幸福幼儿园孟庆华老师有独到的体会：如对文化型的家长，可以从谈音乐、谈美学入手；对居家型的家长，可以从日常的生活小常识入手；对事业型的家长，可以从最新时事入手。俗话说："酒逢知己千杯少，话不投机半句多。"找准了沟通的切入口，就能做到知无不言，言无不尽。

家访是沟通教师、家长、学生心灵的桥梁，三者共处一室，促膝谈心，拉近了彼此心理距离，有利于交换意见，也有助于达成共识，商量解决问题的办法。老师上门家访，让学生感受到老师的关注和重视，这对学生是个激励，对家长也是个触动，容易形成教育合力，产生好的教育效果。通过与家长谈话，了解学生在家的学习、社会交往情况，以及承担家务劳动的表现情况，可以从中了解学生的兴趣爱好，了解学生的性格特征，窥探学生的内心世界。这样，通过了解学生的全部生活内容，发现学生的特长，依据不同的情况采用不同的方法进行教育，也让家长注意利用日常生活中的小事，鼓励孩子增强自信心和进取心。

（一）带着责任上路

一名高中学生因长期旷课和参与赌博、斗殴等，屡屡违犯校规。当学校将情况书面通知给家长时，家长竟万分惊讶。他们说，学校从未开过家长会，也未听老师说起过这孩子的毛病，这究竟是怎么回事？

家长来到学校，同老师一见面，立刻真相大白。原来，这个学生每次带到学校开家长会的"妈妈"竟是假冒的。他为了骗取家长的钱，还用电脑模仿学校的口气打印假造的收费通知书，然后到私人小摊上刻一枚学校的印章，骗来的钱，全部拿去赌博和吃喝挥霍。家长痛定思痛，感叹地说，如果老师能在百忙之中做一次家访，事情也不会发展到如此不可收拾的地步。从这个意义上讲，家访孕育着造就孩子的希望。

作为教师应当明确，家访不仅可以“了解情况”与“商议对策”，更重要的则是在教师与家长之间进行心灵交流，通过心灵交流，使双方逐步建立起一种牢固的信任关系。如果能够如此，学生也就会对教师产生一种亲情、一种信赖，甚至视同父母。随着师生之间心理距离的消失，教师实施教育的效率、效果便大大增强，也有助于提高学生的自我约束能力。而且，在教师与家长面对面的交谈中，教师所表现出的诚意与良苦用心，以及平易、谦和的个人品质和强烈的工作责任心，会深深感染家长，促使家长产生一种积极配合工作的热情。正因为如此，家访，是教师担着责任上路，必须要有充分的准备，要有计划、步骤地进行，切忌盲目的家访。

在家访前，对于为什么去家访，在家访中要解决哪些问题，如何同家长密切配合教育好学生，纠正学生的错误，都要有一定的考虑。这样，家访时便有了针对性。班主任在家访前，还应了解学生家庭的基本情况，如家庭结构、家长文化程度、家长职业、家庭环境、家庭经济状况甚至家长脾气性格等等，其中还包括家长对子女的教育态度和教育方式。班主任根据这些情况可以制定家访的计划和应采取的方式，这样就很容易达到预定目的，取得较好的效果。

另外，班主任对被访问的学生也要做到心中有底。要从任课老师、同学那儿了解该生近阶段的学习态度、学习成绩和日常行为习惯、思想动态等，带好所需材料，如作业本、试卷或其他有关的东西。班主任最好在确定本次家访的主题之后，再根据主题设计好几个问题，以便使家访目的明确，能始终围绕主题而不局限于主题。

(二) 把温暖送到家里

张强同学英俊、话不多，出生于一个有涵养的家庭。但在我的印象中，极少有开心的笑容。凝重的脸上，有太多与年龄不相称的沉重，冒着酷暑，我来到他家，一进门就惊呆了，一室一厅的房子没有装修，墙壁已经破损，厅中放一张陈旧的桌子和黑不溜秋的长板凳，除电视外几乎没有其他电器，这是我家访中从未看到过的最贫穷的家庭。通过交谈大致了解了张强的家庭情况：父亲下岗后暂时还没有找到工作，母亲因耳朵残疾早已病退，全家生活费仅 600 多元，奶奶和他们生活在一起，享受政府给予的低保待遇。

开学后，我主动为他申请了学费减免，并减免了他的服装费等等，每次提到减免的事，我都能体验到他内心的不安与痛苦。他学习很刻苦，成绩名列前茅，表现也不错，老师、同学给予他较高的评价，但他依然没有笑容。我知道他真正需要的是精神上的安慰。一次我和他进行了深谈，希望他通过自身的努力来改变家庭的困境，他懂事地默默点点头。恰逢班委改选，我动员他参加竞选，希望他在工作以及同学的交往中获得快乐。他成为班委的一员，我终于看到了他的笑容。

在社会急剧变革的时期，班主任更要关心那些家庭处于困境的学生。经济上的压力往往使他们产生强烈的自卑感，甚至对整个社会产生仇视的心理，我们有责任有义务帮助他们，这种帮助不仅仅是经济上的援助，更重要的是精神上的安慰。

(三) 把信心留给孩子

把赞美送到家里，让父母为自己的孩子自豪。家访的定位不是去告状，不是因为调皮的孩子给你带来了烦恼你再去转嫁给他的父母。如果家访会产生新的矛盾，还不如不去家访。这是我们走进学生家门之前一定要想清楚的事情。让我们来看看下面几个案例。

“你的女儿真聪明，写的文章很有才气！学数学也特别用功！”一次到小张同学家家访，王帆老师一坐下就这么说。小张同学脸上露出了喜悦，父母脸上也一下子写满“想不到”。这是一个综合成绩并不出色的孩子，除文科成绩较好外，数、理、化成绩并不好。平时功课偏科，对数学等花的工夫不多。为此没少受批评，家长心里不胜其烦。如果上门家访还是责怪，岂不又增加她的心里负担？

“你的女儿一定读过许多书吧？喜欢读书的孩子最懂事！”“是呀，她很懂事……”妈妈打开了话匣子……在赏识中，孩子不断进步。

由于种种原因，在不少家长和班主任的眼里，家访已经成为了“告状”的代名词：有不少班主任往往是在学生犯了错误之后无奈之下才家访。这在客观上使家长形成了“孩子闯祸、老师登门”的概念。使家长在不安和焦虑之中接待家访，影响了双方的情感的沟通，降低了家访的作用。

有一位年轻班主任去家访，那家长是个个体户，一边喝啤酒，一边听班主任历数他孩子的“罪状”，听到后来，他怒目圆睁，攥紧了玻璃杯，但是这位年轻的班主任仍不转换他的话题。只见那家长骂了一声“畜生”，手中的玻璃杯就朝儿子脸上飞了过去。老师一见不好，忙扑过去护住孩子，结果手上的血管被杯子割断，血流不止，赶紧被送往医院急救。学生家长虽然承担了全部医药费，但那位年轻班主任的家访却遭遇了如此尴尬，值得反思。

把信心留给孩子是一种教育艺术，而讲究家访的艺术，我们就会取得事半功倍的效果。

(四) 把钥匙交给家长

蔡杰同学，父亲早亡，丢下母子二人。自从继父进他家，他常常因没有尊称继父而挨打，不给饭吃。畸型的家庭使他自暴自弃，于是，他经常旷课、打人，甚至结交坏朋友。为挽救蔡杰，李虹老师多次家访，言谈中了解到他没有尊称继父，继父打他，不给他饭吃，还和继父打架。有一次蔡杰离家出走，李虹老师和他母亲分头寻找，那时已是晚上九点多，打通了他家所有亲人的电话，未果。又拨通了和蔡杰有来往的学生家庭电话，最后终于找到了他。于是，李虹把他领回家，又指点家长怎样化解矛盾，这次，继父当面向蔡杰认错，从此真诚地关心蔡杰，一家人变得和和美美了。

我们要抓住契机，把家访变成传经送宝的良好时机。要利用家访对家长宣传教育方针、教育目标，更新教育观念，帮助家长端正教育思想，纠正不当的教育方法。要善于找到向家长提出要求的适当形式，语气尽可能委婉，最好用商量的口吻。如"你看，我们是否可以这样做……""你能否试一下这种方式"等，告诉家长一些教育孩子的方法，对于家长的一些不当行为、思想观点应做说服工作，向他们解释这样做对于孩子的危害。

三、家校联系本(卡)——记录孩子的成长历程

问题导读

●家校联系本有哪些特殊作用？

●如何科学有效地利用家校练习本？

(一) 让联系本成为家校沟通桥梁

家校联系本是一种常用的双向书面交流的形式，是家校合作的一个重要渠道，是学生的成长记录。它由教师对孩子学校生活的定期评价组成，具有过程性评价的功能，由孩子带回家去，然后由父母写下对教师评语的意见，以及孩子在家里的表现；它将每一周的情况不断地跟家长交流，跟孩子交流；家校联系本记录着老师对学生的爱，家长对孩子的爱，体现了学校对孩子的爱。家校联系本上孩子也有权利表达他的要求和期望。

信息浪花

一学生挺内向，他的座位是第三排，可能由于近视的原因，黑板上的字稍微小一点就看不清楚，他想让老师字写大一点，又不敢直接提，他就在家校联系本上写道："我有话要说：'老师，能不能把字再写大一点？'"

老师的回答是："××同学，可能有时老师匆忙，字写小了点，老师会听取你的意见，注意把黑板上的字再写大一点。上次在填写个人资料时，发现你的视力情况不太好，要不周末叫爸妈抽空带你去检查一下视力。当然别忘了把检查

结果告诉老师。”

老师与学生的沟通是各个方面的，对于每位学生的心理活动以及在学校里发生的事，老师不可能对每位孩子做到及时地掌握第一手资料，孩子在家校联系本上留言了，老师可以根据他们的留言，掌握他们的一些心理活动与行为，并及时地给与回复与解决。

家长从老师的留言中可以看到孩子们的在校表现，及时有针对性地对孩子进行监督与教育，使教育事半功倍。当然，家长有什么话想对老师说的，也可以反映在家校联系本上。

沟通了学生与家长。或许有人认为：学生与家长的沟通还需要这本家校联系本吗？答案是肯定的。以前，家长只是随便问一下：“作业做了吗？做完了吗？”孩子回答：“做了，全做了。”然后各自去干自己的事，其实孩子到底有没有做，做得怎么样根本就不知道。而这本册子上有“家长的话”，没有其他事要跟老师说的，就先检查孩子回家的作业情况（要求数量与质量相结合），检查都做了，而且做得不错，就签上自己的名字。

教育是持续性的。一个小小的家校联系本竟有如此多的作用。它说明只有学校教育与家庭教育巧妙地结合，才能使所有的孩子各得其所，充分发展。

（二）精心设置栏目，科学高效实用

“家校联系簿”的栏日设置，可采用“自己的话”“同学的话”“家长的话”“老师的话”这四栏。四个栏目相互交叉，相互沟通，形成了师生对话、师长对话、生生对话、亲子对话的格局，便于老师、家长、学生间相互交流思想，沟通感情。

“自己的话”：主要是让学生写写自己心中的想法、愿望、理想、要求、烦恼等等。有些学生性格内向，不善于口头表达，或者由于羞怯、胆小，不敢跟老师作面对面的交流，通过“自己的话”这一栏目，学生可以畅所欲言，说说自己想说而平时不敢说的话。老师也可以从中了解到学生内心真实的想法、愿望、需求等等。

“同学的话”：同班同学，朝夕相处，彼此了解地最多，因此这一栏目主要是让班中其他同学来谈谈对自己的看法，努力挖掘自己身上的“闪光点”，老师也可以从中了解到有关信息，便于班级管理。

“家长的话”：主要是让学生家长谈谈子女的在家表现，包括完成作业情况、性格特点、兴趣爱好、作息规律、劳动习惯等等，也可以谈谈对学校、对老师的要求、想法；还可以通过这一栏目谈谈对子女的期望、要求；等等。

“老师的话”：主要是班主任和科任老师谈谈对该学生的在校表现及努力方向，如学习情况、课堂表现、人际关系、就餐情况、作业完成情况、兴趣爱好发展情况等等，努力挖掘学生身上的“亮点”。

除了以上四个栏目，还可设置“作业布置”“信息快递”等栏目。

“作业布置”：要求学生将科任老师每天布置的作业题目简要地写在里面，以防回家后忘记，也便于查阅。家长也可以根据“作业布置”栏的内容，检查子女的作业情况。班主任也可以根据这一栏的情况，控制作业总量，协调各科任老师的作业布置，从而有效遏制学生作业负担过重情况的发生。

“信息快递”：作为宣传学校、班级情况的一个“窗口”，如学校重大信息的披露，本班老师、同学参加活动和比赛的获奖情况，学校和班级最近开展活动的情况，开学初的收费情况说明，学校对学生的在校要求，以及要求家长配合学校教育的方法、途径；等等。

家校联系本的首页上，教师告知家长联系本的作用，以取得家长的配合。以下是一位老师在家校联系本上的寄语。

信息浪花

尊敬的家长：

您好！

很高兴成为您孩子的班主任老师。为了准确地了解您孩子的学习、生活情况，并及时听取您和孩子对学校工作的意见，我想以联系本为纽带，把学生、老师和家长联系起来，让它来传递我们的心声。

以后，我会把孩子在学校各方面的表现定期汇报给您，您对学校有什么意见和要求，也希望您毫不保留地告诉我们，我们一定会努力改进工作。

衷心感谢您的支持与配合。

您孩子的老师×××

四、现代传媒——方便快捷的沟通方式

问题导读

- 现代传媒在家校联系中有哪些优势？
- 在家校联系中怎样突出不同传媒的作用？

（一）电话访谈

随着现代电信技术的发展，电话联系已经成为班主任和家长联系的常用方式之一。它快捷、省时，拓宽了家校联系的渠道。但由于不是面对面的交流，有时难以达到应有的效果，因此，有必要掌握一些技巧。

1. 胸中有人，缩短距离

电话访谈中班主任不能“居高临下”，而是要做到心诚、情真。

1）要尊重家长。

班主任在与学生家长联系之前，必须详尽地了解学生家长的“第一手资料”，尤其要记准家长的姓名、职务，对家长的称呼要得体，使其一听称呼就有一种相知感，从而产生亲近感，缩短心理距离，消除家长的戒备心理，这是与家长建立感情的基础。

2）要拓宽访谈范围。

访谈的对象不仅仅局限于后进生，即使是优秀生也存在缺点和不足，也需要家长的配合帮助，对于中间状态的学生，可塑性更大，更应引起班主任的关注。因此班主任可为每一位学生家长设置访谈预约卡，并让学生带给家长，说明交谈的内容（自我介绍、孩子的个性、孩子在家的表现等）和预约的时间，争取家长的配合。

3）要拓宽访谈的内容。

访谈中应多报喜，少报忧。报喜式的电话最受家长和学生的欢迎，有利于提高家长和学生的积极性，有助于取得家长的配合和支持，也有助于赢得学生的尊敬。对于“忧”，教师则要将其视为今后工作努力的方向，有了转变之后再告诉家长。

2. 把握时机，择机而谈

《学记》中有句话：“当其可之谓时。”把握最佳时机，正是教育艺术所应讲求的策略，与家长电话交谈亦如此。虽说家长是成人，有时他们的感情也很脆弱。作为教师，审时度势，用睿智的“脑”启迪家长，就能取得良好的教育效果。与家长电话访谈必须把握以下良机。

1）学期伊始，不能坐失良机。

新学期伊始，学生在心灵上都有一种积极向上的愿望，此时，家长也迫切地希望教师能尽心地关心其子女。班主任要努力抓住家长这一心理特点，即使开学初工作繁杂，也不妨抽空对学生家长的电话访谈，发现学生学习上的新变化，及时反馈给家长，使家长与教师一道帮助学生塑造新的“自我”。这时也要不失时机讲明新学期的学习要求及需要得到家长的协助、支持，使家长对学校教育有正向的态度，对子女的学习有良好的支持。

2）当学生获得成功时，要巧妙指出其“美中不足”。

当学生取得成绩时，心境最佳，信心倍增，但也容易产生骄傲自满安于现状的心理。此时班主任要及时与家长联系，一方面让家长与孩子一同分享成功的喜悦，另一方面也可给家长提个醒，要求孩子继续努力，不能沾沾自喜，裹足不前。班主任在交谈时还应注意把功劳归于家长，把不足归咎于自己，使家长深感你为人谦虚，责任感强，因而主动配合你的工作。

3）当学生受到挫折时，要主动做心灵的按摩师。

当学生成绩滑波或出现“问题行为”时，班主任要及时与家长联系，并且应该坦白地告诉，毋需隐瞒事实，也不要支支吾吾，但要用正确的态度去和家长沟通。正如著名的教育改革家魏书生所说：“人是有两重性的，幼稚是相对的。不应该轻率地给那些智力较好而成绩较差的学生下幼稚的结论。他们灵魂深处，一般都有较复杂的闲思缠绕着，使他们无力自拔。”在交流时语气要缓和，语态要真诚，语调要亲切，语势要平稳，语境要明了，语感要分明，使家长一听就明，就知道该怎样去真诚地关心孩子，帮助孩子挽回局面或者增强自信心，在逆境中顽强拼搏。

3. 用心聆听，态度诚恳

聆听是获取信息的主要源泉。由于电话访谈只闻其声，不见其人，一定要用心倾听，还要做到能动理解，及时地接受家长所反馈的信息，并作出工作思路上的调控。

1）要善解人意。

“独生子女”已成为我国现阶段的一种社会现象，独生子女在身心发展方面具有很好的优势，父母亲为他们后天的教育和培养创设了良好条件。但由于是“独生”，家长的娇惯往往使孩子形成一些不良的行为习惯和心理弱点。家长在没有办法的情况下总是找老师宣泄，沮丧、失望的心情比较严重。作为班主任，要尽可能用善解人意的话，来缩小双方的心理距离，从而使交际更为融洽。在听了家长的诉说后，班主任可以马上附和表示体谅：“是呀，现在的孩子确实难教。”然后再帮助家长找到孩子的“病根”，对症下药，并且还要帮助家长一同去发现孩子身上的闪光点，燃起希望之火，用正确的方法教育孩子。

2）在倾听时要恰如其分地插话。

当家长谈到正确的教育方法时，马上说一声“对”或“好极了”；当家长说到孩子顽皮时，说上一声“真有意思”。在插话当中，教师要善于拿起赞赏的“武器”，多一些表扬，少一些责备，即使是学生存在不足，教师也应先行自责，然后找到切入点，点到即止。如说到“学习上是不够刻苦”，“个性是强了点”等。尽可能做到硬话软说，直话曲说，明话暗说，严话宽说，创设出一种和谐的交谈氛围。

3）要正确对待言外之意。

当家长对某一学科教师的教学方法不满时，总会自责自己孩子不是学习××科的料。班主任则要从家长的闪烁其辞中去分析问题和查找原因，领会到家长真正的心声。特别是当家长用隐性的语言表示对班主任不满时，班主任要用宽阔的胸怀来处理。“金无足赤，人无完人”，每个人都有缺点，并且要勇于承认自己的缺点，通过“阵痛”之后，班主任与家长的关系将更加融洽，班主任在家长的心目中将建立起更加完美的形象。

（二）网络交流

随着信息技术的发展，网络技术已经渗透到我们平日学习生活的各个领域，传统的家校沟通模式已经不适应时代的发展和学生全面发展的需要。借助网络的优势，我们可以构建起不受时间、空间限制且更为及时、全面的家校联系的崭新方式，使家长、教师和学生能在平等、坦诚的氛围中深入沟通、交流，增强家校教育合力。

家庭和学校开展网络交流的途径和形式主要包括以下几个方面：

1. 建立网络群体交互系统

通过数字校园综合应用平台、个人博客、班级博客、家校论坛等网络平台形式，创建网上答疑、网上沙龙、家长论坛等，解决疑惑，交流思想，通畅沟通渠道。

信息浪花

2011年暑期，湖北省黄石市西塞山区马家嘴小学在学生、家长中开展了马小首届“新星杯”网络作文竞赛活动，同学们边在网上图书馆读书，边写文章。通过写家乡的变化、生活中的变化、学习上的变化、人的变化等，做到以小见大，以情动人，反映现在生活的美好，同学们都表达了一定要好好读书的愿望，文章都有较强的说服力、感染力。很多家长们也积极参与进来，不但对自己孩子的作文进行阅读、点评，还参与其他孩子的作文点评，一到晚上，网络作文竞赛就成了很多家庭最关心的活动。最开始预设是在四至六年级的一班上指定部分学生参加，但随着活动的开展，参与的学生也越来越多，很多家长知道这个活动后，都自觉地督促自己的孩子参与进来，一家上下三代人都乐呵呵地参与网络作文比赛。

（资料来源：湖北省黄石市马家嘴小学“社区德育理论与实践研究”课题材料）

2. 建立即时性网络交流平台

利用QQ群、微信群等网上即时聊天平台，使教师和家长、学生可以实现系统间的无缝对接。一是方便教师与学生及其家长一对一交流、班级内交流、班级间交流。二是可以有计划地开展相关讨论和调查。比如在新学期开始时就实施问卷调查，了解家长们普遍关心的问题，这些问题主要是：如何教育引导孩子处理同学之间的关系，家长如何克服急躁情绪从而耐心疏导孩子，等等。主题确定后，再根据主题及孩子父母本身的特点安排主持人、记录人等，并开始两周一次晚七时—八时半的定期讨论活动。三是可以利用QQ群、微信群召开一些小型会议。比如小组长的总结会议，小组长的专题讨论会议，班级中出现的较集中的问题讨论等等。四是能实现教育信息（如家长会通知、学生信息等）的及时定制和传送。总言之，QQ群、微信群就是班级的可移动的小型会议室，其功能不可小觑。

信息浪花

在班级管理中巧用现代信息媒体

在信息技术日益发达的今天，班主任如果善于将其巧妙地运用到班级管理工作，会起到事半功倍的效果。

一、运用网络群发短信功能解决日常工作中的小问题。一个班级的日常生活和学习中，往往有一些需要及时通知家长的信息，这时可以采用群发短信来解决。一次作业中普遍要注意的问题，一次放假的时间，一次节日的问候……群发短信既可以面向全班，也可以只面向几个人，既灵活又方便。

二、运用QQ群开展班级小主题的讨论。班级建设中有多问题需要学生家长在一起讨论并达成共识，但经常召开家长会受时间和空间的限制，所以，建立班级QQ群就是很及时而又必要的了。班主任可以根据班级学生近况定期开展一些小主题讨论，诸如家长如何面对磨蹭的孩子，家长在家如何辅导孩子写日记，等等；也可以委托家长委员会组织开展家长育儿经验交流等等活动。如果在开学初就拟好计划，定好时间、主持人、记录人，一个系统的网上交流活动就能有序展开。

三、运用论坛记录班级成长日志。班级生活中有每一个孩子成长的影子，班级中每天都发生着一些好玩或不好玩、开心或不开心的值得纪念的事情，这其实就是孩子的一部成长史。在论坛上开辟一个班级成长记录贴，发动家长、学生、教师都来记录，这种记录及时、真实，再回头看，一部班级成长史就应运而生了，这是孩子成长中的非常珍贵的值得长久保存的资料。（湖北省宜昌市金东方小学 张辉玲）

3.创建网络专题交流空间

针对家庭教育的不同主题建立不同的专题聊天室或家教教研室，供小型团队进行交流，可以以班级为单位，也可以将成员限定为关注某一问题的家长。

（三）校刊及其联络作用

“家长小报”类的校刊，集宣传、信息于一身，发挥着独特的家校合作的功能，“家长小报”主要是传播党的教育方针、学校教育目标、学校教育动态、社会对学校的关心与支持等信息。

家长小报的栏目设置可灵活多样，如“校园信息”“校长寄语”“教师寄语”“给家长的建议”“家教知识”“文明礼仪”“光荣榜”等栏目。在“校长寄语”中，校长可以让家长了解学校在每一个阶段的目标和取得的成绩，给学生以信心和鼓励，给家长以希望与启迪。“给家长的建议”和“家教知识”等栏目，则可以通过分析现实生活中的典型教育案例，向家长提出怎样教育孩子的问题，引导家长为孩子的心灵导航。

家长小报不仅信息量大，而且信息具有针对性、权威性，因而成为家校合作的一个重要的途径。

信息浪花

学校家长社区共建连心桥

为了加强与家长之间的联系，我校坚持开办一份小报，叫《德育简报》，后来，我们改名为《家长学校报》，坚持每月一期。通过所有学生散发到家长手中，让学生家长及时了解学校动态，学习提高教育子女的能力，现在已出版八十一期，《家长学校报》由形式单一、内容单调的《德育简报》演变成内容丰富、形式多样的《家长学校报》，其中倾注了我们大量的汗水和心血。小小的一张报纸成了学校与家长、学校与社会沟通的重要平台，也成了提高家长素质的重要措施。

（资料来源：湖北省当阳市干溪中学“社区德育理论与实践研究”课题结题材料。执笔：杨中军、冯春生）

好父母不是天生的，也需要后天不断学习。

——题记

第七章　现代家庭教育指导

一个国家综合实力，越来越取决于国民素质的高低和创新人才的数量与质量。处于学习阶段的托幼教养机构的婴幼儿和中小学生的素质，直接关系到国家和民族发展的前途与命运。家庭是天然的学校，是人生的第一舞台，家庭教育是教育中不可缺少的重要环节。可以说，儿童素质（包括身体素质、心理素质和思想道德素质）的高低，在一定程度上与家庭教育质量好坏密不可分，而家庭教育质量在很大程度上取决于家长素质。为了充分发挥“第一所学校”和“第一任教师”在孩子成长与发展中的积极作用，“切实加强和改善对家庭教育的指导与管理”，大力提高家长的素质就显得尤为必要和关键。现代家庭教育指导的直接目标就是提高家长的素质。

本章将从家庭教育指导的意义与作用、家庭教育指导的基本内容、家庭教育指导的途径与形式等三个方面，系统探讨现代家庭教育指导中“何谓家庭教育指导”“指导谁”“在哪些方面进行指导”“如何进行指导”等基本问题，为如何有效开展现代家庭教育指导提供基本思路与策略。

第一节　家庭教育指导概述

一、家庭教育指导的内涵

问题导读

●家庭教育指导的涵义是什么？

●家庭教育指导的对象是谁？

（一）何谓家庭教育指导

《全国家庭教育指导大纲》指出：家庭教育指导是由家庭教育指导机构和相

关职能部门、社会团体、宣传媒介等组织对新婚夫妇、孕妇、18 岁以下儿童的家长和监护人提供帮助和指导的过程。

一般来讲，家庭教育指导主要是根据家长在家庭教育过程中存在的问题、家长的困惑和家长自身的需要，由相应部门和组织向家长提供的帮助和指导。本书所研究的家庭教育指导，主要是针对 0—18 岁儿童的家长及其监护人的帮助与指导。

家庭教育指导，是整个国民教育体系中的一个组成部分，其指导对象、指导形式与内容决定了家庭教育指导具有成人教育、业余教育和师范教育的性质，并隶属于终身教育范畴。

首先，家庭教育指导是一种成人教育。由于家庭教育指导的对象主要是 0—18 岁未成年子女的家长，因而对儿童家长进行的家庭教育指导属于一种成人教育。因此，在家庭教育指导的过程中，应该考虑成人的生理、心理以及知识经验的特点，采用不同于学生的指导方式，以达到应有的效果。

其次，家庭教育指导是一种业余教育。家庭教育指导的主要对象是儿童家长，在我们目前情况下，未成年子女的家长大部分仍在岗位工作。而利用节假日对儿童家长进行家庭教育指导的活动并未得到法规方面的承认，这就决定了我国由教育机构组织的家庭教育指导活动必然具有业余的性质。

第三，家庭教育指导带有师范教育的性质。家庭教育指导是引导儿童家长学习如何教育子女的教育过程，是教家长如何当孩子老师的教育，因此，家庭教育指导具有一种师范教育的性质。学习儿童心理发展的规律，掌握教育过程有关知识和规律，在家庭教育指导过程中应占有一定地位。

此外，家庭教育指导在个体社会化的整个过程中，是个体在为人父母后学习如何当父母、为人祖父母后如何当祖父母的继续适应社会发展的过程。因此，家庭教育指导也是终身教育的一部分。

（二）家庭教育指导的对象

如果说，家庭教育是家长与子女之间的一种双向互动的过程，那么，作为对家庭教育的指导，其指导对象就应该既包括家长，也包括子女。实际上，子女如何孝敬父母长辈，如何接受长辈的教育，以及如何与长辈沟通交流等都是需要指导的。但我们所讨论的家庭教育指导主要是针对 0—18 岁儿童及青少年的家长及其监护人的帮助与指导，因而，指导的对象主要是未成年人的家长。

家长是一个比较宽泛的概念，根据家长与子女的关系不同，家长通常分为父母亲、祖辈老人和非亲监护人等。但在家庭教育中，父母对子女的亲子教育应该是家庭教育的主体，父母也就自然地成为家庭教育指导的主要对象。

除了要重视对孩子父母的家庭教育指导外，在社会转型时期，随着家庭的变迁，隔代抚养的家庭逐渐增多，因而重视对与孩子共同生活的祖辈老人的指导也是十分重要的。在现代社会中，人们工作节奏加快，身心负荷加重，社会压力增加，年轻的父母需要祖辈的帮助。祖辈家长由于在时间和精力上比父母充裕，又具有带养孩子的丰富经验，加上对孙辈的特殊心态，使他们在参与孙辈的教养上存在一定的优势。但由于祖辈与父辈生活的年代、各自的生活经历、以及对社会、对人生、对孩子教养的观念和看法上存在差异，因而在教育子女问题上不可避免会出现“教育代沟”等问题，这些都是需要进行正确的引导与指导的。

家庭教育指导，针对不同的指导对象的不同需要，往往由不同的部门和组织相应进行指导。其中，卫生部门主要负责新婚夫妇和孕妇的指导；教育部门和卫生部门共同负责0—18岁未成年人家长的指导；工会负责在职职工的家庭教育指导；妇联、社区等部门主要负责社区祖辈家长、外来人口儿童家长、特殊家庭以及监护人等的指导。

信息浪花

社区家庭教育指导师的职业发展与需求情况

在我国，家庭教育指导按照教育实施主体划分，主要存在三种形式：幼儿园家庭教育指导模式、中小学家庭教育指导模式、社区家庭教育指导模式。2016年印发的《关于指导推进家庭教育的五年规划（2016—2020年）》提出：“着力推动将家庭教育指导服务作为城乡社区服务站工作的重要内容，纳入城乡社区公共服务体系。”“强化社区家庭教育服务功能。依托城乡社区公共服务设施、城乡社区教育机构等，普遍建立家长学校或家庭教育指导服务站点。”任何一种模式的教育质量的核心和关键因素都是师资队伍即家庭教育指导师的素质和能力。

20世纪60年代家庭教育指导在欧美发达国家就已经成为一个成熟的职业，在我国该职业还处于初步发展阶段。是否拥有健全的发展规划和空间是职业未来发展前景的保证。调查结果显示，我国家庭教育指导师们普遍赞同成立专业性发展组织，促进未来职业发展，并能够逐步推行职业资格证书制度，规范入职门槛和从业标准；比较希望得到家长、高校等研究部门、行政部门和社会、幼儿园和中小学校等方面的人员和组织支持；同时希望获得儿童心理学、教育学、社会学、伦理学等方面的理论知识和操作技能类的专家指导和培训。可见，家庭教育指导师们有着强烈的职业发展诉求和渴望。

二、家庭教育指导的目的与任务

问题导读

●家庭教育指导的目的是什么?

●家庭教育指导的任务是什么?

随着社会的迅猛发展和信息化时代逐渐到来,我国正逐渐进入经济全球化的进程,社会环境的复杂多变,对儿童青少年思想品德发展的影响因素日益呈现多元化、复杂化的趋势,单纯依靠学校教育越来越不能适应儿童青少年思想品德形成与发展的需要,必须加强学校教育与家庭教育的联系。但现实的情况是,一方面家长家庭教育理论知识十分缺乏,传统的教子观念、教育内容和教育方法,已经难以培养出适应新时期的社会发展需要的现代型人才;另一方面家长迫切需要现代家庭教育的理论知识与实践经验。因此,在新时期,对家庭教育进行指导显得尤为必要。

(一)家庭教育指导的目的

对家长进行家庭教育指导,主要是基于以下几点目的:

一是通过家庭教育指导,提高家长的教育素质。提高家长的教育素质从转变家长的教育观念入手,帮助家长形成对子女正确的教养态度,培养家长教育子女的能力,引导家长逐步树立现代"家庭教育意识"。

二是通过家庭教育指导,在提高家长教育素质的基础上,改善家长的教育行为。通过家庭教育指导,引导家长理性地进行家庭教育投资,科学地施以促进孩子全面发展的教育内容,积极采取民主、平等的教育方式方法,发展良性互动的亲子关系。

三是通过家庭教育指导,提高家庭教育质量,促进子女身心健康成长。家庭教育指导,主要是以家长作为指导对象,通过提高家长亲子教育的水平,来提高家庭教育质量,最终目的则是为了为子女成长营造一个良好的家庭教育环境,进而促进子女身心健康发展。

信息浪花

心理学家和教育学家指出,孩子是主动学习的人,他们有天生的好奇心去探索周围环境。玩,为他们提供了丰富的学习内容和探索发现的机会。对孩子来说,玩耍和学习不能分开。孩子正是在玩的过程中,通过用眼看、用耳听、动手做、动脑想来学习的。和孩子一起游戏时,很多父母会发现:孩子的兴趣点和我们成人往往是完全不同的。所以，要走进孩子的世界，成为他的玩伴，父母首先要善于观察孩子，同时放下所有成人的观点，去真正体会孩子的需求和想法。下面这个小测试就是帮助父母与子女加强了解，促进亲子关系和谐。

在座的每一位父母，你是否了解孩子且是孩子的朋友被孩子所接纳呢？

(1)你和孩子拥抱吗？

(2)你知道孩子的好朋友是谁吗？

(3)你知道孩子的快乐的事吗？

(4)你知道孩子不开心的时候吗？

(5)你能分享他的快乐和分担他的烦恼吗？

(6)孩子有心事会和你说吗？

(7)你了解孩子的爱好吗？

孩子们，你们爱自己的爸爸妈妈吗？爱是需要表达的，你是否让他们感受到了你的爱呢？

(1)你知道爸爸妈妈的生日是几号吗？

(2)你知道妈妈最爱吃什么食品吗？

(3)你知道爸爸穿几号的鞋子吗？

(4)爸爸妈妈下班回家你是怎么表现的？①

(二)家庭教育指导的任务

家庭教育指导的总体任务是，提高0—18岁未成年人家长的科学育儿能力，提高亲子教育的水平。

家庭教育指导的具体任务是：

1. 指导家长优化家庭教育环境

家庭教育环境是在一定的家庭环境中实施的，家庭教育功能的发挥，受家庭教育环境的制约。为了保护和促进未成年人身心的健康、和谐发展，必须优化家庭教育环境。家庭教育环境通常包括三个层面：一是家庭物质环境，如家庭居住场所、家具设施等；二是家庭文化环境，如家长职业、文化程度、生活方式、经济状况等；三是家庭心理环境，如家庭气氛、人际关系、家长价值观念、对子女的期望与态度等。② 通过家庭教育指导，促使家长为孩子提供基本的生活、

① 陈允芳．爸爸，我今天最快乐！[EB/OL]. http://wenku.baidu.com/view/bbe93ad026fff705cc170ac9.html.

② 吴奇程，袁元．家庭教育学[M]．广州：广东高等教育出版社，2006：67-68.

游戏和学习的条件，形成良好的夫妻关系、亲子关系，建立民主、平等、和谐的家庭氛围，树立先进教育观念，掌握一定的教育学、心理学等教育理论知识，从而为孩子的健康成长创设良好的家庭教育环境。

2. 指导家长提高教养水平

要促进孩子身心健康发展，家长就必须具备养育和教育孩子的能力。随着人们物质文化生活水平的逐步提高，大多数家庭生活日益得到改善，但由于部分家长缺乏科学养育知识，致使“胖墩儿”、“豆芽菜”，挑食与厌食、缺乏运动、睡眠不足的孩子越来越多，严重影响了孩子身体的健康成长。家庭教育指导，就是要提高不同年龄阶段家长科学育儿的知识，向家长倡导科学喂养，培养孩子良好的饮食习惯、睡眠习惯、运动习惯，提高孩子的营养水平，增强儿童体质，提高孩子的健康水平。

家庭教育指导，不仅要指导家长提高养育水平，更要指导家长提高教育水平。通过指导，提高家长家庭教育知识的知晓率，转变教育观念、改进教养态度、增强教育能力、改进家庭教育，提高家庭教育质量，从而促进孩子身心健康发展。

3. 指导家长参与家校合作教育

家庭和学校在促进学生成长与发展父母负有共同责任，父母和家庭是学生第一教育人和教育空间，而学校则是对学生进行教育的主阵地，学校教育时期是影响人的一生发展的重要阶段。现代教育需要学校、家庭形成合力，发挥各自的作用。家校合作，有助于家庭和学校在教育中相互支持、共同努力，使学校能在教育学生方面得到更多来自家庭方面的支持，使家长能在养育子女方面得到更多来自学校的指导。

但在家校合作中存在许多问题，其中来自家长的问题主要表现为：家长缺乏必要的知识和技能；缺乏参与的动机；因忙于生计而无时间顾及等。学校和幼儿园等教育机构，通过家庭教育指导，就是想让家长能正确了解学校教育的内容、方法，能积极参与学校教育当中来，并对学校和幼儿园等教育机构提出建设性的意见与建议，从而实现两者的良好互动与合作。

4. 向家长进行法制教育

长期以来，人们都认为家庭教育完全是各家各户的私事，社会和别人都不便于直接干涉。但自改革开放以来，随着家庭教育作用和功能的日益显现，家庭教育由家庭内部的“私事”逐渐发展到成为关乎全社会的事情。也就是说，今天的家庭教育不再是家长可以随意处理的家务私事，而是需要遵循一定的社会规范。[1] 如在世界各国政府的教育改革文件和报告中，都对家庭教育的重要性、实施办法和策略作了具体的阐述。我国政府也相继出台了一些政策法规，如《儿童权利公约》《中华人民共和国未成年人保护法》《中华人民共和国义务教育法》《中华人民共和国母婴保护法》《中华人民共和国预防未成年人犯罪法》《家长教育行为规范》等，这些法律法规有力地推进了家庭教育工作的科学化、社会化、法制化进程。家庭教育指导，通过向家长宣传相关法律法规，对家长进行法制教育，提高家长法制意识，依法保障儿童各项权利。

理论撷英

《全国家庭教育指导大纲》明确各年龄段家庭教育指导要点

新华社北京 2 月 26 日电　26 日由全国妇联等 7 部门联合发布的《全国家庭教育指导大纲》(下称《大纲》)中对不同年龄段儿童的家庭教育要点做了系统阐述。《大纲》指出家庭教育指导应遵循“儿童为本”“家长主体”“多向互动”三项原则，注重科学性、针对性和适用性。

《大纲》适用于各级各类家庭教育指导机构和相关职能部门等组织对新婚夫妇、孕妇等家长开展的家庭教育指导行为。《大纲》提出家庭教育指导应尊重儿童身心发展规律，尊重儿童合理需要与个性，创设适合儿童成长的必要条件和生活情境，促进儿童自然发展、全面发展、充分发展。父母双方家长应发挥主体作用和影响，确立责任意识，不断学习、提高自身修养，为子女树立榜样，为其健康成长提供必要条件。应建立指导者与家长、儿童，家长之间，家庭之间，家校之间的互动，努力形成相互学习、相互尊重、相互促进的环境和条件。

《大纲》按不同年龄段划分家庭教育的指导内容：对新婚期及孕期的家庭教育指导主要是引导夫妇共同做好优生优育优教的知识准备；在 0～3 岁年龄段主要是引导儿童逐渐掌握人类行为和语言，逐步建立亲子依恋关系等；对 4～6 岁年龄段的儿童建议逐渐掌握具体形象思维，指导家长关注儿童日常交往行为等；在 7～12 岁年龄段时应培养儿童掌握好情绪情感，养成良好的学习习惯和学习兴趣等；在 13～15 岁年龄段时，应开展适时、适当、适度的性别教育，开展信息素养教育，引导儿童正确使用各种媒介等；对 16～18 岁年龄段的家庭教育建议引导儿童“学会合作、学会分享”，培养儿童做个知法、守法的好公民等。[2]

---

① 骆风. 简析当代家庭教育概念的演进[M]. 学前教育研究，2004，(11).

② 李菲，查云帆.《全国家庭教育指导大纲》明确各年龄段家庭教育指导要点[EB/OL]. http://www.jyb.cn/china/gnxw/201002/t20100226_342398.html，2010-02-26.

三、家庭教育指导的意义

问题导读

●家庭教育指导有何意义？

●为什么要开展家庭教育指导？

伴随着社会的急剧转型和家庭的变迁，教育工作日益受到社会的重视，家庭教育的地位和作用也越来越突出地显示出来。加强和改善我国的家庭教育工作，使之建立在科学的基础之上，进一步提高家庭教育的水平，充分发挥现代家庭教育在培养造就新一代新人中的巨大作用，已经显得尤为必要，刻不容缓。对家庭教育加强指导，势在必行。

（一）加强家庭教育指导，是社会发展的必然要求

如果说在传统社会，家庭教育是家庭的私事，那么到了现代社会，情况却发生了根本性的变化：社会以法律的形式确定，未成年人是社会成员，属于社会所有；未成年人的教育及其素质养成，关系到国家民族的利益；法律还规定了父母教育子女的权利与义务。子女教育逐渐由家庭私育变成社会公育，家庭教育再也不是家庭的私事和个体随心所欲的行为。在家庭教育逐渐走向社会化的过程中，对当代家庭教育提供必要的、有效的指导，是引导现代家庭教育走向科学化、规范化的发展轨道的必由之路。

在长期的教育实践中，人们越来越深刻地认识到，儿童、青少年的健康成长，不仅与学校教育密切相关，而且与家庭教育关系密不可分。与学校教育相比，家庭教育在儿童、青少年的行为习惯的养成与道德品质的培养之中，起着非常重要的“型塑”作用。人们从正反两方面的经验中都充分证实了这一点：品学兼优的孩子，一般来说其家庭和家长都比较好，家庭教育开展得也较好；而品学不好的孩子，一般说来，家庭状况、家长的素质和家庭教育工作都比较差。尤其值得注意的是，那些犯罪青少年，几乎与他们的家庭状况和家庭教育情况有直接关联。

家庭在教育年轻一代中的重要作用被越来越多的人所认识，上至政府，下至普通百姓，人们纷纷强调发挥家庭教育的功能，这是社会发展的必然。家庭教育，作为一种非正式的教育形态，不管它对子女的影响是积极的还是消极的，它都时时刻刻在子女身上发挥着重大作用，这是不以人们主观意志为转移的。与其放任自流，各行其是，不如对其给予指导。

专家指津

“家庭是社会和谐、国家发展、民族进步的前提和基础，作为教育智库的中国教育科学研究院，经过两年多的调查研究和反复论证，推出《家庭教育指导服务规范》，填补了我国家庭教育指导服务标准这一空白。”中国教育科学研究院院长田慧生希望“规范”能够为家庭教育的决策和实践提供支持，有效推动家庭教育指导服务的规范化、科学化、制度化进程。

“影响个体人格与身心发展的60%要素是家庭教养方式，而生养分离、竞争焦虑、家长强权，是目前中国家庭普遍存在的问题。”从事临床心理治疗30多年、积累了上万个案例的汪卫东指出：“家庭教育的主体对象不是孩子，而是养护人、是家庭整体，家庭教育的主体内容是家庭成员的人格整体塑造，是以实现个体人格完善、家庭关系和谐、家庭健康发展为目标的家庭成员之间积极影响、相互作用的过程。”①

（二）加强家庭教育指导，是广大家长的迫切需要

现代家庭教育发展对广大父母素质提出新的要求。父母是孩子的第一任教师，父母的言行举止、生活方式和思想观念都对子女产生着重大影响。特别是处于社会转型期的父母，他们的知识结构、受教育水平以及思想观念的保守与开放等更是直接关系着孩子的成长，决定着子女的未来发展。父母素质的现代化，是家庭教育现代化的关键。而促进父母素质现代化的根本举措，就在于必须加强家庭教育指导。

面对社会发展对人才的新要求，必须抓好家庭教育，是广大父母的共识。尤其是随着社会深入发展，全社会愈来愈形成重视科学技术、重视知识、重视人才的舆论氛围，为了培养和造就社会发展所需要的人才，广大家长在重视子女接受学校教育的同时，也越来越重视家庭教育，希望能充分发挥“家庭”这个“课堂”和“家长”这个“教师”的作用。要求主动争取给予家庭教育工作以指导，已经成为广大家长共同的心声。

理论撷英

家长是家庭教育的主体力量，其素质如何直接影响着家庭教育的成败。一个人的社会化最早开始于家庭，家庭是青少年了解社会、接受教育、学会生活、学会做人最直接、最关键的场所。当前家庭教育中种种误区的存在及青少年违法犯罪行为的发生无不与家长的教育观念落后、教育方法不当、教育能力低下

① 杨咏梅.家庭教育指导服务有“规范”了[N].中国教育报，2017-12-14.

有关。重视家庭教育是我国历来的传统。然而,在社会文明程度高度发展的今天,伴随着家长受教育程度的不断提高,家庭教育出现的问题越来越多、家长与子女的矛盾越来越大、家庭教育方面的困惑越来越普遍。究其原因,主要是家长教育滞后和家长素质偏低。家庭教育并非无师自通,也不可能单靠经验和模仿就能达到效果,家长必须不断地学习、不断地接受教育指导。

通过学习和受教育,有助于家长形成家庭教育的责任意识,树立正确的家庭教育观念,为儿童成长创造宽松和谐的家庭教育环境;有助于家长掌握科学的家庭教育方法,与子女进行有效的沟通和交流;有助于家长榜样示范作用的发挥,达到身教胜于言教的目的;有助于提升家庭教育的能力和水平,实现教育的预期目标。总之,青少年家庭教育的成败与家长的教育能力和水平密切相关,与政府、社区、高校、中小学校的支持与配合密不可分,只有政府、社区、高校、中小学校和家庭五者形成教育合力、发挥叠加效应,共同作用于青少年的发展,才会带来青少年的健康发展、家庭的和睦幸福及社会的和谐稳定。①

(三)加强家庭教育指导,是构建大教育体系的需要

一代新人能否承担起未来的历史重任,要由他们少年儿童时代所受的教育来决定。而教育是社会的系统工程,家庭教育、学校教育和社会教育是一个不可分割的整体,都不容忽视。三者有机结合、协调运转,才能充分发挥各自在人的发展中的作用。忽视任何一个方面,都有可能影响教育工作的整体效应,甚至造成不可挽回的损失。

但从实际情况来看,家庭教育在这个系统工程中,却是一个薄弱环节。长期以来,家庭教育一直被视为家庭的“私事”,视为一种个体经验性的活动,家庭教育基本上处于一种自生自灭的发展状态。如果不加强对家庭教育的指导,就不能形成“三位一体”的教育体系,会严重影响整个教育体系作用的发挥。因此,加强家庭教育的指导,使家庭教育同学校教育、社会教育一致起来,统一要求,统一行动,形成一种强大的教育合力,提高整个教育体系的教育效益。

---

① 刘岩.论“五位一体”(GCUSF)家庭教育指导模式的构建[J].鞍山师范学院学报,2014(10).

专家指津

案例实录：

我用什么时间指导家长?①

“新时代的教师，不会具体地指导家庭教育，不算合格教师。”

是要这样做，不过中学教师每周大约有16节课，若是班主任，还有很多杂事，可以说用心的教师每一天都是没有时间的。一个班70人，每天指导一个学生家长，就得用两三个月，这就是半个学期。指导一次有没有用？作用应该不是很大，除非能与家长保持一段时间的联系。况且家长的观念也不一定能改。这样老师会累死在工作上。

还有从教育学、心理学的角度看，小孩上学前的家庭教育是整个家庭教育乃至整个教育中最重要的教育。为什么总是对此放弃，而不停地要求我们教师补窟窿？补窟窿的本领再好，也比不上原来就一路良好发展来得好。为什么我们不能较好地从根上做起？当然我们也不要放弃补现在的窟窿，救得一个是一个。

——一位中学老师的困惑

专家分析：

(1)在当前，尽管家长受教育的程度普遍提高，但家长总体上对教育的理解，尚未达到无需教师指导的程度。

(2)尽管指导家庭教育并非教师的“本职工作”，但按照我国现有国情，从整体上看，最适合具体指导家庭教育的人还是教师。这是因为，一方面由教师指导家长，指导家庭教育，效率比其他形式要高；另一方面，更重要的是，面对学生(孩子)的教育，教师躲不开家庭教育。最不明智的做法是，老师不“指导”家庭教育，取而代之的是“指挥”家庭教育。

(3)指导家庭教育的思路：与其教师单枪匹马“补课”，不如指导家长和老师一起“补课”。

(4)指导家庭教育比较有效地方法是，召开家长会，而且家长会尽量开成“专题指导型”的家长会，在家长会上，班主任少说那些应试主义的话，多给家长讲些如何培养孩子良好行为习惯、性格的内容。

(5)教师如果不能很好指导家庭教育，主要不是因为缺少时间，而是因为缺少必要的知识和能力，做了大量无用功。所以对教师需要进行家庭教育指导的培训。②

---

① 王晓春.教育智慧从哪里来——点评100个教育案例(小学)[M].上海：华东师范大学出版社，2005：216-217.

② 王晓春.教育智慧从哪里来——点评100个教育案例(小学)[M].上海：华东师范大学出版社，2005：217-220.

第二节　家庭教育指导的基本内容

一、家庭教育指导的主要内容

问题导读

●家庭教育指导的主要内容由哪些?

家庭教育指导的主要内容,一般包括以下三方面:一是向家长介绍和提供有关儿童、青少年身心发展特点与规律,幼儿园教育、学校教育和家庭教育的基本规律、理论知识和实际情况;二是介绍不同年龄阶段孩子在生活和学习中容易出现的问题、家长在家庭教育中容易出现的问题,并提出供家长参考的处理意见和建议;三是围绕社会热点问题以及学校教育中的中心工作与家长交换意见。①

就第一类而言,向家长介绍、提供的家庭教育指导内容通常包括如下方面:

(1)儿童、青少年身体、心理发展的规律和不同年龄阶段孩子的年龄特点;(2)有关幼儿园、中小学教育的性质、任务、内容、进度、活动安排和要求,以及儿童、青少年在学校中的生活、学习等情况;(3)包括家长教育观念、教养态度等在内的教育意识和包括教育内容、教育方式方法在内的教育行为等有关知识。

第一类内容是涉及教育学、心理学等教育理论知识,有比较成熟的理论体系,是家庭教育指导的主要内容。而第二类与第三类内容,更多与教育实际相联系,也是家长比较感兴趣的内容,因此,对这类内容的选择要注意针对性与实效性,不仅要从儿童、青少年成长过程中存在的实际问题出发选择指导内容,更要从家长在家庭教育过程中存在的问题,即包括家长的教育观念、对待子女的教养态度、教育子女的能力、孩子成长的环境创设、教育子女的内容与方法等方面存在的问题出发,去选择指导的内容。

对于不同类型的家庭,在家庭教育指导内容的选择上,应坚持统一要求、分类指导的原则,对不同年龄阶段孩子的家庭教育和不同类型家庭的家庭教育,应有不同的指导内容。

① 李洪曾.家庭教育指导工作的对象、内容与形式[J].幼教园地,2004 (1-2).

理论撷英

《全国家庭教育指导大纲》的指导原则

家庭教育指导应注重科学性、针对性和适用性。

一是坚持"儿童为本"原则。家庭教育指导应尊重儿童身心发展规律，尊重儿童合理需要与个性，创设适合儿童成长的必要条件和生活情景，保护儿童的合法权益，特别关注女孩的合法权益，促进儿童自然发展、全面发展、充分发展。

二是坚持"家长主体"原则。指导者应确立为家长服务的观念，了解不同类型家庭之家长需求，尊重家长愿望，调动家长参与的积极性，重视发挥父母双方在指导过程中的主体作用和影响，指导家长确立责任意识，不断学习、掌握有关家庭教育的知识，提高自身修养，为子女树立榜样，为其健康成长提供必要条件。

三是坚持"多向互动"原则。家庭教育指导应建立指导者与家长、儿童，家长与家长，家庭之间，家校之间的互动，努力形成相互学习、相互尊重、相互促进的环境与条件。

二、不同年龄阶段未成年人家庭教育指导的基本内容

问题导读

●0—3 岁年龄段家庭教育指导的内容有哪些？

●4—6 岁年龄段家庭教育指导的内容有哪些？

●7—12 岁年龄段家庭教育指导的内容有哪些？

●13—15 岁年龄段家庭教育指导的内容有哪些？

●16—18 岁年龄段家庭教育指导的内容有哪些？

(一) 0—3 岁年龄段的家庭教育指导

1. 0—3 岁儿童的身心发展的主要特点

孩子出生后第一个月称为新生儿期，1—12 个月称为婴儿期，1—3 岁称为先幼儿期。从出生到大约 3 岁，是个体神经系统结构发展的重要时期。

在这一时期，儿童身高和体重均有显著增长；遵循由头至脚、由中心至外围、由大动作至小动作的发展原则，逐渐掌握人类行为的基本动作；儿童对外部世界开始产生兴趣，认识活动从低级到高级逐步活跃起来；在先幼儿期，儿童逐步可以用言语交流，语言迅速发展；可以走路、跑步、做游戏，有了简单思维；到 3 岁有了初步的分析综合能力，孩子表现出一定的交往倾向，乐于探索周围世界；

父母与子女之间逐步建立亲子依恋关系。

2.0—3 岁儿童家庭教育指导的内容要点①

1)婴幼儿科学营养与辅食添加

婴幼儿生长发育迅速，营养需要量大；自身调节功能差、消化功能易紊乱；尚无饮食自理能力，需依靠家长悉心照料。婴幼儿时期的营养问题可能导致儿童不可逆转的生长和认知发育迟缓，以及近期和远期的不良后果。婴幼儿喂养，尤其是母乳喂养，是儿童营养的重要基础。加强和促进婴幼儿时期的合理喂养是控制和减少营养不良的关键措施。

指导内容：指导乳母加强乳房保健，在产后尽早用正确的方法哺乳；在睡眠、情绪和健康等方面保持良好状态，科学饮食，增加营养；在母乳不充分的阶段采取科学的混合喂养方法，适时添加辅食。

2)婴幼儿常见疾病的预防

婴幼儿各种器官发育尚未完善，对疾病的抵抗力弱，处于呼吸道、消化道疾病及季节性传染病的多发阶段。高热、肺炎、营养性(缺铁性)贫血、腹泻、佝偻病等都是这个年龄段常见的疾患。许多年轻父母缺乏必要的育儿保健常识，疾病的主动预防意识不强，在对婴幼儿养育过程中出现许多调理不当问题，严重影响了婴幼儿身体健康发展。因此，必须加强指导，鼓励家长掌握儿童日常养育和照料的科学方法。

指导内容：指导家长配合儿童保健机构，按时为孩子接种“计划免疫类疫苗”；从睡眠、饮食、运动和衣着等方面加强生活上的照管，培养孩子良好的卫生习惯和生活习惯，防止疾病的产生；通过科学营养、合理膳食和重视体育锻炼，增强婴幼儿体质，提高免疫能力；学会了解儿童的发病征兆及应对方法，掌握病后护理常识。

3)婴幼儿良好生活习惯的养成

生活习惯是生活中自动化了的、相对稳定的动作、行为方式，良好的生活习惯将为孩子的一生发展奠定基础。婴幼儿时期是儿童行为习惯形成的关键阶段，良好的睡眠习惯、饮食习惯、如厕习惯和洗漱习惯是生活习惯培养的主要内容。但在婴幼儿期，由于婴幼儿生活自理能力差、对成人的依赖性强，许多孩子还存在不良的生活习惯。这就需要家长帮助孩子养成良好的生活习惯。但不

① “不同年龄阶段未成年人家长教育的研究”课题组．0—3 岁婴幼儿家庭教养指导专题内容要点[J]．家庭教育，2008(6)．

少家长信奉“树大自然直”的观念，漠视孩子生活习惯的从小培养。

指导内容：要求家长在言行举止方面为孩子树立榜样，身教重于言教，注意自身行为对孩子的影响；指导家长了解婴幼儿成长的规律及特点，为儿童设定饮食、睡眠、游戏等日常生活规则，帮助孩子建立健康有序的生活规律；对孩子的要求前后要一致，家庭成员要一致，避免孩子出现“双重人格”；鼓励孩子做自己可以做的事情；指导家长采用鼓励、表扬等正面强化教育措施，塑造儿童的健康生活方式。

4)婴幼儿感知觉和动作的发展与培养

感知觉和动作的发展在儿童早期发展中占据重要地位，它对扩大婴幼儿认识和交往的范围，获取外界信息、形成感性认识和产生个体体验，发展高一级心理能力具有重要意义。因此，家长应为婴幼儿创造良好活动的环境条件，提供丰富而适宜的刺激，进行符合年龄特点的训练，开展幼儿感兴趣的游戏，循序渐进地提出发展要求等，促进婴幼儿感知觉和动作的发展。

指导内容：指导家长创设儿童自如爬行、充分活动的独立空间与条件，随时、充分地利用日常生活中的真实物品和现象，挖掘其内涵的教育价值，让儿童在爬行、观察、听闻、触摸等训练过程中获得各种感官活动的经验，促进儿童的感官发展；同时要加强家庭保护，防止意外伤害发生。

5)婴幼儿语言能力的发展与培养

婴幼儿期是人的语言发展最为快速的时期，家长必须给孩子提供言语示范，促进儿童语言能力发展。

指导内容：指导家长为儿童创设宽松愉快的语言环境；提高自身口语素养，为儿童提供良好的言语示范；为儿童的语言学习和模仿提供丰富的物质材料，运用多种方法鼓励儿童多开口；积极回应儿童的言语需求，鼓励儿童之间的模仿和交流。

6)婴幼儿社会性交往的发展与培养

社会交往是婴幼儿活动的重要构成部分，是婴幼儿社会性发展的主要渠道；婴幼儿社会的发展一般经历“单纯社会反应”“对抚养者依恋关系的建立”和“发展伙伴关系”三个阶段；婴幼儿社会交往的兴趣和能力是在交往的实践中形成和发展的。在当前社会，核心家庭比重越来越大，由于婴幼儿家庭对外交往机会不多，同伴交往经验缺乏，语言交往能力不强，不善于应对和处理交往中发生的冲突，从而导致婴幼儿社会性交往存在诸多问题，诸如交往范围狭窄、交往对象成人化、交往自我中心化等问题。

指导内容:尽量创设孩子与周围成人接触,与同龄、异龄伙伴活动的机会,鼓励孩子参加集体活动,体验交往乐趣;家长对孩子进行示范,传授社会交往的技能和策略,为婴幼儿主动交往,得到对象接纳和友好相处提供条件;通过讲故事、角色游戏等婴幼儿感兴趣的活动,让孩子学习社会交往;引导孩子在交往中学会分享、关心和同情;顺应自然,对同伴交往不过多管束,引导孩子自行解决交往中的冲突。

7)婴幼儿良好情绪的培养

婴幼儿的情绪体验在人际互动的社会环境中得到分化发展。积极的情绪体验有助于婴幼儿智力发展、自我意识的形成和亲社会行为的产生,少量的消极痛苦的情感体验对情感发展有益而无害,但长时间的焦虑不安、生气哭闹会影响身心健康和活泼开朗性格的形成。在婴幼儿期,儿童的情绪不稳定,缺乏控制能力,自我中心倾向明显,具有外露性、冲动性和强烈性等特点,要培养婴幼儿良好的情绪,家长必须掌握一定的婴幼儿情感发展和人格构建的知识和方法。

指导内容:指导家长关注、尊重、理解儿童的情绪,多给予儿童鼓励和支持;通过亲子之间的交流、拥抱、微笑,培育亲子之间的依恋亲情;通过亲子游戏活动,让婴幼儿在活动中感受各种情绪;客观了解和合理对待儿童过度的情绪化行为,有针对性地实施适合儿童个性的教养策略,引导婴幼儿学习对情绪进行自我控制。

8)做好入园准备顺利渡过适应期

与幼儿家庭教育相比较,幼儿园教育的主要特点有:幼儿园属于教育机构,对幼儿实施分班集体教育;教育活动是有目的、有计划进行的,具有非随意性;以游戏活动为基本活动形式;园内生活建立有常规,要求幼儿遵守一定的规则;普通话被规定为园内用语。为适应入园的生活、游戏和学习,入园前家长应该帮助孩子做好物质上和心理上的准备。

指导内容:带孩子参观幼儿园,让孩子获得直观认识和亲近感受;帮助孩子结交一两个同班伙伴,减轻入园后的陌生感和不安全感;指导家长有意识地养成儿童听从指令并遵循简单规则的能力;指导家长有意识地培养孩子吃饭、饮水、上厕所、洗手、使用毛巾、穿脱衣服鞋袜等生活自理能力;尝试在熟悉的环境中与孩子短暂分离;入园后,指导家长积极了解儿童对幼儿园的适应情况,在儿童出现不良情绪时通过耐心沟通与疏导来稳定儿童的情绪,分析入园不适应的原因,正确面对分离焦虑。

信息浪花

新婚期及孕期的家庭教育指导

新婚期及孕期的家庭教育指导主要是引导夫妇共同做好优生优育优教的知识准备，并为新生命的诞生做好心理准备和物质准备。新婚期及孕期家庭教育指导内容要点主要有：

(1)重视婚检、孕前检查和优生指导，提高出生人口素质。鼓励新婚夫妇主动参与婚前医学健康检查，选择适宜的受孕年龄和季节，并注意形成良好的生活习惯，鼓励计划怀孕夫妇在怀孕前参加健康教育、健康检查、风险评估、咨询指导等专项服务。对于大龄孕妇、有致畸因素接触史的孕妇、怀孕后有疾病的孕妇以及具有其他不利优生因素的孕妇，督促其做好产前医学健康咨询及诊断。对于不孕不育者，引导其科学诊断、对症治疗，并给予心理辅导。

(2)关注孕期保健，孕育健康胎儿。指导孕妇掌握优生优育知识，配合医院进行孕期筛查和产前诊断，做到早发现、早干预；避免烟酒、农药、化肥、辐射等化学物理致畸因素，预防病毒、寄生虫等致畸因素的影响；科学地增加营养、合理作息、适度运动，进行心理调适，促进胎儿健康发育。

(3)做好相应准备，迎接新生命降临。指导准家长做好新生儿出生的相应准备，学习育儿的方法和技巧，购置儿童生活必备用品和保障母婴健康的基本卫生用品，营造安全温馨的家庭环境。

(4)提倡自然分娩，保障母婴健康。加大宣传力度，指导孕妇认识自然分娩的益处，认真做好孕妇产前医学检查，并协助舒缓临盆孕妇的焦虑心理。[①]

(二) 4—6 岁年龄段的家庭教育指导

1. 4—6 岁儿童的身心发展的主要特点

幼儿期一般是指 4—6 岁，这一时期是儿童身心快速发展的时期，幼儿期也是人生发展较为重要的时期。这一时期的儿童成长有其特定的规律，需要父母和教师在遵循规律的基础上给予更为科学的养育。

在这一时期，儿童的身高、体重、骨骼肌肉、大脑等方面的发育获得长足的进步，身高平均每年增高 6—7.5 厘米，体重平均每年增加 2.25—2.75 千克，骨骼肌肉增长速度迅速，肌肉力量明显长进，大肌肉的发展已能保证儿童从事各

① 妇字〔2010〕6 号，全国家庭教育指导大纲[S].

种简单活动,儿童大脑重量继续增加,脑机能也发展起来,皮质兴奋和抑制过程加强;儿童的运动技能获得长足进展,身体机能发展的个体差异性越来越明显,技能发展的内容也越来越丰富,跑、跳、攀爬、投掷等粗大运动技能逐渐而稳步提高,新的运动技能也慢慢养成;儿童直觉行动思维相当熟练,并逐渐掌握具体形象思维;儿童情感不断得到发展;儿童社会性得到发展,自我意识不断增强;儿童词汇量迅速增长,基本掌握各种语法结构;儿童开始表现出一定兴趣、爱好、脾气等个性倾向以及与同伴一起玩耍的倾向。

2.4—6 岁儿童家庭教育指导的内容要点①

1)幼儿营养保健与身体锻炼

营养、膳食是幼儿身体器官的正常发育和体、脑活动的物质基础。幼儿家庭膳食应根据幼儿的年龄特点、个体差异和季节变化而不同。合理的饮食结构应该是金字塔形的,它的底端是谷物类,第二层是蔬菜、水果类,第三层是鸡、鸭、鱼、肉、蛋、奶制品及豆类食品第四层是油盐糖类;幼儿一日三餐应遵循早餐吃得饱、中餐吃得好、晚餐吃得少的原则。在实际生活中,许多家长尽管重视幼儿的营养和膳食,但由于缺乏有关的科学知识,在饮食结构和喂养行为上存在误区。

指导内容:指导家长通过读物、网络、电视、报刊、广播等多种途径,不断学习关于儿童营养和喂养新理念、新知识;指导家长带领儿童积极开展体育锻炼;根据儿童的个人特点,寻找科学合理而又能为儿童接受的膳食方式;科学搭配儿童饮食,做到营养均衡、种类多样、比例适当、饮食定量、调配得当。

2)幼儿生活自理能力和习惯的培养

幼儿阶段是养成良好习惯的关键期,又是沾染不良习惯的危险期。幼儿家庭自理能力和习惯的培养应具有幼儿期的特点,培养内容应有增加,培养要求应有提高,培养方法应符合幼儿身心发展特点。良好行为习惯的养成,是经过不断重复和反复练习形成的,因此,对幼儿行为习惯的培养需要有决心、有耐心、有信心。

指导内容:指导家长根据幼儿期儿童身心发展的特点,来培养儿童自理能力与习惯,在自理能力和习惯的培养中循序渐进地进行程序教育;将生活自理的内容编入游戏,让孩子在感兴趣的游戏活动中学习生活自理,培养能力与习惯;在培养方法上,不替代、不包办,放手让孩子去尝试、去体验,坚持“自己的事情自己做,自己不会的学着做”;根据儿童能力发展和习惯形成的规律,随年龄

① “不同年龄阶段未成年人家长教育的研究”课题组. 3—6 岁幼儿家庭教养指导专题内容要点[J]. 家庭教育,2008 (Z1).

的增长逐步增加培养内容、提高达标要求；重视习惯培养，坚持生活性、鼓励性、一贯性、一致性、反复性和共同参与等原则。

3）幼儿家庭安全教育与意外伤害的预防

幼儿期的年龄特点决定了幼儿容易出现意外伤害事故。车祸、跌落、烧伤、溺水、中毒等是儿童意外死亡的主要类型；跌落撞伤、烫伤烧伤、硬物夹伤和宠物咬伤在幼儿日常意外伤害事故中所占比例较高。意外伤害虽属突发事件，但有它发生的规律，并非不可预测和不可避免，消除意外伤害的家庭内隐患，提高幼儿自我保护意识和能力是家长的职责。

指导内容：指导家长提高安全意识，尽可能消除居室和周边环境中的伤害性因素；通过安全教育，让孩子懂得哪些东西不能玩、哪些事情不能做、哪些地方不能去；结合儿童的生活和学习，在共同参与的过程中对儿童实施安全教育，提高儿童的生命意识；重视儿童的体能素质，通过活动提高其自我保护能力。

4）幼儿社会交往能力的发展

幼儿的社会交往是在与家长、教师和同伴等交往对象的共同活动中产生和发展的，幼儿的社会交往不仅影响幼儿社会性的发展，而且对智能发展和今后的社会生活具有重大影响。家庭和谐氛围，父母与邻里、亲友的亲切交往，家长对子女的教养方式，家长对孩子社会交往重要性的认识、支持的态度和适度指导的行为等，都会对幼儿社会交往产生影响。

指导内容：指导家长关注儿童日常交往行为，对儿童的交往态度、行为和技巧及时提供帮助和辅导；注意培养儿童多方面的兴趣、爱好和特长，增强儿童交往的自信心；开展角色扮演游戏，帮助儿童在家中练习社交技巧，并积极为儿童创造与同伴交往的机会，培养儿童乐于与人交往的习惯和品质；对幼儿同伴交往进行积极的引导指导，提高交往活动中的“教育性”；扩大交往范围，重视孩子的异龄同伴交往和与陌生人的交往，获取全面的交往经验。

5）入园后的生活适应与入小学前的准备

入园后的生活适应问题主要表现在刚入幼儿园的孩子身上。由于孩子年龄的大小，自理能力与习惯，家庭作息时间与幼儿园的差别，学习适应能力和性格特征等因素，不少新入园的幼儿会出现入园哭闹、拒绝活动、情绪不稳定、进餐困难等生活不适现象。入小学前的准备，是整个学前期的长期任务。作为家长，不仅应该创造条件让孩子做好学习准备、心理准备、物质准备和生活准备，而且家长也应该为孩子入学后自身职责的变化做好心理准备。

指导内容：对于入园后生活适应问题，家长调整心态，减缓“分离焦虑”，保持平稳、放松的情绪状态；注意观察孩子的饮食、睡眠和情绪变化，及时与教师沟通，商量应对措施；对孩子的情绪反常表现，进行温馨安抚和耐心疏导；在家庭作息时间安排上，生活、游戏、学习等活动要求上，尽可能向幼儿园靠拢。对于入学前的准备，指导家长通过描述、参观、体验，让孩子产生对小学生活的亲切感，激发孩子上小学的兴趣；为孩子精心选择和准备好学习用品；培养孩子的时间观念、转变生活规律、养成初步的生活能力，让孩子做好入学的生活准备；了解孩子入学后的生活变化和家长职责的变化，为自己做好孩子入学后的心理准备。

6)幼儿家庭的早期智力开发

学前期是儿童身体、智能、情感和社会性发展的关键时期，智力的早期开发对儿童成长具有重要意义。儿童智力的发展与身体发育、情感发展、社会性形成是相互影响的，家庭教育是儿童早期智力发展的重要途径。

指导内容：指导家长带领儿童关心周围事物及现象，多开展户外活动，以开阔儿童的眼界，丰富儿童的感性知识；创设多元的、丰富的环境，提供发展的多种机会，发现、发挥和发展孩子的不同智力优势和特长；根据幼儿发展规律和年龄特点，顺应自然，循序渐进，智力开发不过早，要求不过高；灵活采用个别化教育手段，有针对性地鼓励儿童积极活动、主动参与、积累经验、发展潜能；改变传统的灌输、说教方式，以开放互动的方式让儿童在玩中学、在操作中探索、在游戏中成长。

(三) 7—12 岁年龄段的家庭教育指导

1. 7—12 岁儿童的身心发展特点

少年期主要对应的是 7—12 岁，从学龄上看主要是小学阶段。7—12 岁是整个儿童期十分重要的发展阶段，也是人生发展的关键期，该阶段儿童身心发展产生了重要的变化。因此，正确认识少年期孩子的身心发展规律，是科学开展家庭教育的前提。

在这一时期，儿童躯体的变化以缓慢和稳步的身体发育为特征，身高体重平稳发展，活动量逐渐增加；大脑重量逐渐接近于成人，9 岁时脑重达 1350 克，大脑额叶明显增大，运动的准确性与协调性得到进一步发展，神经系统也进一步发展，条件反射比较容易形成，是培养各种好习惯的大好时机；外部器官有了较快发展，但感知能力还不够完善，孩子的认知发展从前运算阶段向具体运算阶段转变，注意的稳定性不够，无意注意仍起重要作用；儿童处于从以具体的形象思维为主向抽象的逻辑思维过渡阶段；少年期的前半段儿童情绪不够稳定，自我控制力较弱，在少年期的后半段，儿童情感发展由易变性向稳定性过渡，从情感外露、浅显、不自觉向内控、深刻、自觉发展。

2. 7—12 岁儿童家庭教育指导的内容要点①②

1)孩子的营养保健与个人卫生

少年期是培养孩子各种好习惯的最佳时期,家长应引导教育儿童逐步养成良好的个人卫生习惯,包括:饭前、便后洗手;每天早晚洗脸,完善洗脚、洗下身;经常洗澡,换衣服;每天早晚刷牙,饭后漱口;保持正确的坐、立、握笔、看书、写字姿势;控制看书、用电脑、看电视的时间;不用脏手揉眼睛等。

针对少年期儿童身体发育的特点,指导家长科学安排儿童的饮食,引导儿童养成健康的饮食习惯;学习家庭营养保健常识,帮助儿童克服不良生活习惯,培养儿童良好的卫生习惯和作息习惯;为儿童提供良好的学习环境,注意用眼卫生并定期检查视力;督促和引导儿童坚持开展体育锻炼,积极配合卫生部门定期做好儿童健康监测。

2)指导孩子适应学校生活

入学时儿童人生旅途的重大转折。小学教育的性质、环境、内容、方法、活动、形式和师生交往等方面与幼儿园教育有着显著的差别。新生入学后能否适应学校的生活与学习,将决定学校教育的效果和学生心理发展的进程。

家长应注意孩子的情绪与行为,主动与教师交换孩子的特点与发展,商议和协调促进孩子入学适应的措施;要帮助孩子适应学校生活,家长需要认识和理解学校教育系统的基本理念、做法和要求,与学校、教师建立新的联系;需要重新认识子女,帮助他们尽快克服种种不适应,调整生活节奏,保持良好情绪,完成从幼儿到小学生的转换。

3)学会指导孩子的学习

少年期是儿童开始接受学校学习的重要阶段,对于刚刚进入学校的小学生来说,家长应为孩子创造良好的学习环境,并着重培养孩子良好的学习习惯。良好的家庭学习环境对孩子形成良好学习习惯、提高学习效果、培养学习能力,增进身心健康发展具有重要影响。

家长应为上学的子女创造良好的家庭学习环境和气氛,包括提供整洁而安静的学习环境,固定的学习场所,必备的学习的用品和材料,同时注意自身的榜样作用等;家长应帮助孩子养成良好的学习习惯,包括安排好学习时间,认真完成作业,爱惜书本和学习用具,自己准备上课用具等;家长要努力激发孩子的学

① “不同年龄阶段未成年人家长教育的研究”课题组. 小学低段学生家庭教养指导专题内容要点[J]. 家庭教育,2008 (Z1).

② “不同年龄阶段未成年人家长教育的研究”课题组. 小学高段学生家庭教养指导专题内容要点[J]. 家庭教育,2008 (9).

习兴趣，保护好奇心，提供好书、鼓励阅读，教会孩子基本的学习方法，提供展示学习效果的机会等；家长应抓住生活中的有利时机开发孩子的智力。

4）重视和加强对孩子的安全教育

少年期是安全事故多发期，由于家长安全防范意识不强，儿童自身缺乏安全意识，自我保护和事故应变能力较差，小学生家庭安全事故的比率高于学校安全事故和校外安全事故。因此，指导家长重视和加强对孩子安全教育显得尤为必要。

在安全教育中，指导家长将家庭安全教育的内容侧重在家庭安全和社区安全，特别是安全使用煤气、电器，防火、救火和逃生，上学时的行走、乘车安全等；培养孩子自我防范意识和安全意识，注意孩子用火安全和游泳安全，防止不法分子拐骗、引诱；教给孩子求助、求生的简单技能，学会正确使用和拨打 110、120、119 电话；重视孩子的心理健康教育，避免重身轻心的教育倾向，帮助孩子了解自我，形成正确的自我概念；指导家长尊重孩子，不用语言、动作、表情去歧视、挖苦、侮辱孩子，防止给孩子造成心理创伤。

5）坚持教育的一致性

教育一致性是一条重要的教育原则，它要求不同教育者在教育目标、要求、内容和评价等方面保持一致。教育一致性，要求家长要重视和加强与学校教育的合作，使家庭教育与学校教育保持一致；要求家庭中父辈与祖辈两代家长教育的一致，要求父亲与母亲教育的一致，身教和言教的一致。教育一致，有助于形成教育合力，共同促进孩子的发展。

家长应支持学校教育，重视与学校的沟通与合作，不在孩子面前议论教师；在家庭中，家长之间在教育子女问题上应保持高度一致，在发生分歧时，不在孩子面前发生争执；对待孩子的要求应前后保持一致，不朝令夕改。

（四）13—15 岁年龄段的家庭教育指导

1. 13—15 岁儿童身心发展的主要特点

13—15 岁的儿童正处于告别幼稚、走向成熟的过渡时期，即青春期。青春期对应的学龄阶段主要是初中阶段。初中阶段是儿童身心发展迅速的时期，各项身体指标接近于成人；性激素分泌大大增加，引起了性的萌发与成熟；感知觉能力不断提高，能有意识地调节和控制自己的注意力；逐步采用有意记忆的方法，其抽象逻辑思维日益占据主要地位；自我控制能力有了明显的发展，情感不再完全外露，但情绪还不稳定、易冲动。

但青春期也是矛盾冲突多发的“危机”时期。随着身体、生理的急剧变化以及自我意识的发展，初中生的心理活动往往处于自我矛盾的状态；心理上的成熟感与幼稚性的矛盾，构成了初中生心理活动的各个方面。家庭应该成为初中生心理迷茫时“停靠”的最安全的“港湾”。

2. 13—15 岁儿童家庭教育指导内容要点①

1)面对青春期性教育

青春期是儿童从童年向青年过渡的时期，是身体发育与心理发展的关键时期；性教育是培养青少年健全人格，以适应社会和家庭生活的重要途径；青春期性教育包括性生理、性心理和性道德等多项教育内容；家长对孩子进行性教育最直接、最自然、最安全，家庭性教育具有不可替代的作用。

家长应转变观念、提高认识，担负起青春期性教育的责任；学习性生理、性心理、性道德和性法规等方面的知识，为家庭性教育积累现代科学知识；注意观察孩子的生理变化和孩子的情绪、行为和心理有无异常表现；学习沟通技巧，与孩子坦诚交流，及时了解并解决孩子的困惑；跨越“羞于启齿”的心理障碍，以严肃、科学的态度对孩子进行性教育；母亲利用孩子更愿意与自己沟通的优势，父亲不推卸自己的责任主动关心孩子；对孩子进行自我保护教育，增强意识，提高能力。

2)重视伦理道德教育

青春期是对青少年进行道德教育的重要时期，对儿童、青少年的道德教育逐渐由道德规范教育向道德原则教育过渡。在家庭中，家长应利用日常生活细节，开展伦理道德教育。

指导家长加强自身道德修养，发挥道德榜样作用；把“修德做人”放在首位，强化儿童的伦理道德意识；肯定儿童的自我价值意识，立足道德的积极面引导儿童；创设健康向上的家庭氛围；与学校、社会形成合力，净化家庭和社会文化环境。

3)加强信息素养教育

随着信息时代的来临，以网络为主的大众传播媒体，对青春期的青少年具有特别的吸引力，但大众传媒一把双刃剑，它既可以让学生开阔视野、掌握信息、广泛交流、促进学业，也可能对学生的身心健康产生负面影响。为了引导青少年合理使用大众传媒，发挥大众传媒在青少年发展中的积极作用，在家庭中，家长应对孩子开展信息素养教育，引导儿童正确使用各种媒介。

家长应自觉学习掌握网络技术，掌握必要的信息知识与技能，提高自身的信息素养，获得指导孩子信息素养教育的主动权与话语权；树立民主意识，做儿童的朋友，了解儿童使用各种媒介的情况；培养儿童对信息的是非辨别能力和信息加工能力，引导孩子利用网络等大众传媒获取最新信息，学习各种知识；鼓

---

① “不同年龄阶段未成年人家长教育的研究”课题组. 初中学生家庭教养指导专题内容要点[J]. 家庭教育，2008，(10).

励儿童在使用网络等媒介的过程中学会自我尊重、自我发展；多关心鼓励对网络等媒介使用上瘾的儿童，并根据实际情况适时寻求专业咨询和心理援助。

4)引导孩子学会学习

学会学习是现代人的基本素质之一，学会学习将使孩子受益终身，引导孩子学会学习是父母的职责。让孩子学会学习不仅包括培养学习兴趣、养成学习习惯和指导学习方法，而且包括学会运用学习策略和形成高水准的学习自我效能感。

从具体问题开始培养孩子的学习兴趣，因势利导让孩子明白学习是学生的责任，进而培养良好的学习习惯；加强与孩子在学习上的沟通，分析学习上困惑的原因，帮助孩子寻找适合的有效学习方法；引导子女认识自身的学习活动，提高孩子自主学习的意识和能力；教育儿童克服考试焦虑的方法与技巧；与儿童共同制定学习目标，并对取得阶段性成绩的儿童予以及时鼓励；引导儿童树立正确的学业态度和应试心理，在儿童考试受挫时鼓励儿童。

5)支持家校合作教育

教育子女首先是家长的责任和权利，学校教育需要家庭的支持和配合，家庭教育需要学校的帮助和指导，家庭与学校在教育孩子上应该步调一致、相互补充、形成合力。在与学校的联系中，家长不仅需要了解孩子在校的学习成绩，还要了解孩子的身体、品德、情绪和社会性发展的情况，了解学校教育的内容、要求和活动安排，向教师反映孩子在家的情况，共同商讨家校合作促进孩子发展的措施。

家长要主动了解学校教育改革的情况和要求，参与支持学校的课程教材改革；要全面了解孩子在校德智、体、美的发展状况，向教师客观地提供孩子的身心特点、兴趣爱好和行为习惯，如实反映孩子对学校教育的感受和需求；要积极、认真地参加学校组织的家庭教育指导活动，发挥家长的主体作用。

6)开展社会法制教育

道德是自觉的自我约束，法律侧重外部强制性约束，两者相辅并行、不可偏废。初中学生既可以是违法犯罪的行为人，也可以是违法犯罪的受害人，对孩子进行法制教育，防止孩子误入歧途和增强保护自身权利意识是家庭教育的重要内容。家长既要尊重孩子的合法权益，又要维护孩子的合法权益不受外人的侵犯，提高自身保护未成年人的法律素质是家长的重要职责。

家长应自觉学习《中华人民共和国未成年人保护法》和《中华人民共和国预防未成年人犯罪法》等法律法规，增强维护孩子权利的意识和对孩子进行法制教育的自觉性；以身作则，严格遵守相关法律法规；引导孩子了解什么事是正义行为应该坚持，什么事是违纪犯法的不能做；让孩子了解什么是自己的权利，应该怎样维护自己的权利；帮助孩子掌握一些自我保护、与侵害行为斗争的基本方法和技能。

（五）16—18岁年龄段的家庭教育指导

1.16—18岁儿童的身心发展的主要特点

16—18岁的儿童经过青春期的迅速发育后进入相对稳定时期。其身体生长主要表现在形态发育、体内器官的成熟与机能的发育、性生理成熟等方面；在认知方面，儿童认知结构的完整体系基本形成，抽象逻辑思维占据优势地位；观察力、联想能力等迅速发展；情绪情感方面以内隐、自制为主，自尊心与自卑感并存；性意识呈现身心发展不平衡的特点。

2.16—18岁孩子家庭教育指导内容要点①

1）引导孩子尽快融入高中学习生活

高中后的变化对孩子身体和心理发展，既是对原有基础的挑战，也为新的发展提供了机会，随着身心发展、知识增长和交往扩大，高中生自主意识增强、批判能力提高、注意自我形象、关心同喻文化、重视异性评价，学习并不是高中孩子生活的唯一活动。此阶段，支持社会实践、丰富课外生活、关心同辈交往是家庭教育的重要任务。

家长应转变家庭教育的观念、态度和行为，适应高中孩子的身心特点；平等沟通、耐心倾听、尊重人格、民主决定，建立和谐的家庭氛围；引导孩子主动与教师沟通，正确处理与朋友之间的关系；经常与学校联系，了解孩子可能遇到的适应问题并及时提供家庭支持。

2）引导孩子学会与异性交往

高中生的异性交往是自然的、正常的现象，健康的异性交往能满足心理需求、实现性别互补、产生“异性效应”和积累交往经验，是孩子身心健康成长所必需的。

指导家长根据该年龄阶段儿童个性特点，引导儿童积极开展社交活动和正常的异性交往；利用日常生活的相关事件，适时适当适度开展性生理、性心理辅导，引导孩子在异性文往中把握“分寸”，注意往来适度、保持“距离”，对象广泛、不宜专一，独立平等、自尊自重，控制冲动、强化责任；对已经“早恋”的孩子，指导家长学会提供经验参考，说明利害让其认识后果，帮助孩子提高应对问题的现实处理能力；注意尊重孩子的自尊心和遵守保护未成年人的有关法规。

---

① “不同年龄阶段未成年人家长教育的研究”课题组.高中学生家庭教养指导专题内容要点[J].家庭教育，2008（11）.

3)加强孩子责任心培养

责任心是学生社会性发展的重要品质,是教育的重要目标。社会成员在从社会获取成果的同时应该对社会承担自己的责任,责任性教育的主要目标是提高责任认识,丰富责任情感,增加责任意识和养成责任习惯。责任心是在社会实践活动和人际交往过程中形成的,家庭教育是孩子责任心形成和发展的必由之路。

家长应提高自身对孩子责任心发展和家庭责任教育重要性的认识;控制不负责任的言行,以自身的责任行为树立榜样;注意发现、主动支持和积极鼓励孩子生活、学习和交友等方面的责任心表现;认真听取孩子提出的承担责任的意见和建议,接受正确和合理的内容;鼓励孩子在集体生活中锻炼自己,让孩子品尝与人合作的快乐;鼓励孩子积极参与社会实践活动,在活动中学会乐于与人相处、勇于承担责任。

4)帮助孩子树立崇高理想

理想是一个人对未来可能实现的奋斗目标的向往和追求,崇高的理想应当成为高中学生学习的动力。高中学生对未来充满憧憬,但理想还未定型,是进行理想教育的大好契机。

家长应重视对子女进行崇高理想的教育和引导;把对子女的社会理想教育与生活理想和职业理想教育结合起来,把理想教育与完成学习任务联系起来;在家庭理想教育中克服简单化倾向、脱离现实倾向和应试教育的影响;与孩子共同协商规划未来,并尊重和鼓励孩子进行自主选择;从孩子实际出发,不断调整自身期望;引导孩子学会将理想与现实的奋斗相结合。

5)引导孩子以平常心对待高考

家长对子女高考过程和结果的关注和期待对孩子具有重要意义。家长对待高考的认识、态度和行为对孩子具有潜移默化的影响。适度的紧张状态能提高复习、考试的效果,而过重的压力、过度的焦虑会带来负面效应,家长过多的关注、保护对敏感的孩子只会增添压力,加重焦虑。

指导家长在迎考期间保持正常、有序的家庭生活,科学、合理安排生活作息,保证儿童劳逸结合,身心愉快;保持适度期待,鼓励儿童树立自信心,以平常心面对考试;为儿童选择志愿提供参考意见,并尊重儿童对自身的未来规划与发展意愿。

专家指津

家长替孩子做作业,我怎么处理?

我班有个孩子他写字很慢,字迹也相对很潦草,错误百出!有一次,我发现作业本上的字迹是家长的!于是,我打电话给家长,告诉家长不要帮小孩写,要辅导他。家长说看他写得太慢了，忍不住！我就和他分析长此下去的弊端。家长听完后，也说要改！可是过不了两个星期，数学老师又发现这位家长帮小孩做作业。于是数学老师也找来家长谈话，家长也说要改！又过了两个星期，我又发现学生家长帮其小孩写作业，并且很多都是错的！我又打电话给家长，家长硬说没有，可是小孩告诉我，是他父亲写的！我该如何劝这位家长呢？

专家分析：

(1)家长替孩子写作业，一定有他的苦衷，他或者很无奈，或者很无助，也许家长是出于孩子太可怜，睡眠不足，影响身体健康，才出此下策。

(2)对于家长的无奈与无助，本指望老师能够帮助他、指导他，但老师并未给予任何指导与帮助，反而一遍又一遍地向家长强调家长早已懂得的事情："不要替孩子做作业。"家长没有获得一点新信息，没有找到解决问题的出路。

(3)作为老师应帮助家长共同分析问题的原因，如为何孩子写作业慢，能否从具体如何帮助孩子提高作业速度入手，而不是责备家长。

(4)老师在指导孩子提高速度的同时，能否给孩子开辟一个特区，给予孩子适当照顾，如暂时允许家长"捉刀代笔"，但一定要孩子明白，这只是权益之计，等孩子有了进步之后，再让孩子自己独立完成。[①]

第三节　家庭教育指导的途径与形式

家庭教育是分散在各家各户进行的，没有一个专门的组织系统进行管理和指导。那么，究竟采取什么途径和形式进行指导，由谁进行指导，要从实际情况和实际需要出发，要以方便家长和实际效益为准则，采取多种多样的途径和形式。

一、家庭教育指导的途径

问题导读

●家庭教育指导的途径主要有哪些？

●不同类型家庭教育指导途径各有什么特点？

对家庭教育提供指导，是全社会共同的责任，整个社会都要关心家庭教育，与儿童、青少年教育有关的部分和社会团体，都应尽力进行指导。家长可以从

① 王晓春.教育智慧从哪里来——点评100个教育案例(小学)[M].上海：华东师范大学出版社，2005：260-262.

多种途径和渠道接受家庭教育的指导。这些途径和渠道主要包括：[1]

（一）由幼儿园、学校等教育教养机构组织的家庭教育指导

由幼儿园、中小学校等教育教养机构组织的家庭教育指导，是以儿童、青少年家长作为教育对象，由教师和工作人员担负指导者角色，对家长直接进行指导。

由幼儿园、中小学校等教育教养机构组织的家庭教育指导具有如下特点：

(1)在指导的设备设施上，可以直接利用幼儿园、中小学校等教育教养机构现有的房舍、场地、设备进行；(2)在指导人员安排上，可以由幼儿园、中小学校等教育教养机构现有的教师及工作人员担负指导者，而不必另外特设指导者；(3)在指导的效果上，由于幼儿园、中小学校等教育教养机构的教师和工作人员，是受过专门训练的专职人员，他们具有家庭教育指导的知识与经验，加上幼儿园、中小学校等教育教养机构的教师和工作人员对机构内的儿童、青少年及其家长有一定程度的熟悉与了解，因而在指导家庭教育方面具有特殊的优势和其他机构无法相比的效果。

（二）由街道、乡镇、社区等行政单位组织的家庭教育指导

由街道、乡镇、社区等行政单位组织的家庭教育指导，是以作为社区居民的儿童、青少年的家长作为指导对象，由街道、乡镇和社区内的社会工作者、教育教养机构的老师以及其他志愿者担任指导者所进行的家庭教育指导。

由街道、乡镇或社区组织的家庭教育指导，主要是针对未入园入托婴幼儿家长、祖辈家长、外来流动人口家长进行指导比较多。社区家庭教育指导者队伍的形成和建设，是我国社区开展家庭教育指导的关键。随着我国社区建设的发展，社区指导的途径将受到更多的重视和发展，不少教育教养机构已经开始注意利用社区的资源，依托社区开展家庭教育指导。

信息浪花

上海浦东新区近年来的家庭教育指导工作一直处于健康发展的态势中，形成了学校、社区、妇联、儿保、工会、媒介等多种渠道推进的新局面。据相关资料统计，浦东目前从事家庭教育指导工作的主要有三支力量，教育系统负责的4—18岁子女家长学校，共431所；卫生系统负责的新婚、孕妇学校，共40所；妇联系统负责的社区祖辈学校、学习型家庭指导站、外来嫂学校、亲子俱乐部、家庭

① 李洪曾.家庭教育指导工作的对象、内容与形式[J].幼教园地，2004 (1-2).

教育咨询站等。三个系统联合组建浦东新区家庭教育指导小组，由新区妇联负责牵头承担家庭教育的规划、协调、表彰、调研等任务。

三支力量中，教育系统的家长学校由于启动得较早，有师资和场地的保证，已经形成一套较为有效的管理机制和评估机制，但其服务范围仅限于学生家长，服务内容多限于学习指导，不能提供随时随地的服务，也无法为社区散居儿童服务以及祖辈家长提供相应的指导。而社区家庭教育的中坚力量，如家庭教育咨询站、祖辈学校、早教中心等机构相对还比较零散，水平参差不齐，缺乏一套强有力的体制保障。这种情况不仅在浦东新区存在，在全市其他地区也都非常普遍。……某种意义上，这一薄弱环节已经成为制约当前家庭教育发展的瓶颈和难点。而如何通过机制创新来更好地实现社区家庭教育力量的整合，更科学地进行资源的调配，则是当前发展社区家庭教育迫切需要解决的问题。[①]

（三）由企事业机关组织的家庭教育指导

由企事业机关（目前许多单位是通过工会）组织的家庭教育指导，是指企事业机关以作为单位职工的儿童、青少年家长作为指导对象，通过工会组织实施的家庭教育指导。

由企事业机关组织的家庭教育指导，是企事业机关根据本单位职工的需要，通过工会组织的，对本单位职工中学前儿童的父母和祖辈家长进行家庭教育的指导。它比较多的是利用单位班组学习时间，邀请教育教养机构的教师、卫生保健医生、社会工作者或其他专家，开展的家庭教育知识介绍和咨询活动，或利用业余时间组织亲子活动等。不少单位将此项工作看作是单位关心职工生活的需要，是凝聚力工程的一项内容，是精神文明建设的一部分。发挥基层工会女工委员在此项工作中的作用，是许多单位获得成效的经验。

（四）依托大众传播媒介开展的家庭教育指导

依托大众传播媒介开展的家庭教育指导，是以对作为读者、听众、观众和网民的儿童、青少年家长作为对象，通过报纸、杂志、广播、电视、书记书籍和网站等大众传播媒介，所进行的家庭教育指导。

家庭教育的专业报刊，广播、电视中的家庭教育专题节目，家庭教育的电影、VCD，家庭教育的读物和家庭教育网站，在家庭教育指导过程中发挥着重要作用。在社会转型的今天，由于独生子女家长缺少家庭教育的经验，核心家庭父母缺少祖辈家长家庭教育经验的直接传授，家长受教育程度和接受能力较以

① 史秋琴.城市变迁与家庭教育[M].上海：上海文化出版社，2006：180.

前有了明显的提高，而家长学校还不能满足广大家长的实际需要时，大众传播媒介以其在时效性、通俗性、可接受性上的优势，使其在家庭教育指导上的作用正日益增长。有调查结果表明，目前学前儿童家长家庭教育知识的来源中，来自报刊杂志和其他读物的居多。

随着社会的发展，家庭教育指导的途径将日益多样化，幼儿园、学校等教育教养机构、社区、企事业单位以及大众传媒等，将担负起家庭教育指导工作的重要力量。对家庭教育的指导，是一个系统工程，需要全社会共同参与，各种力量相互配合，共同促进家庭要教育朝着现代化、科学化的方向发展。

二、家庭教育指导的形式

问题导读

●家庭教育指导的形式主要有哪些？

●如何正确选择使用恰当的家庭教育指导形式？

幼儿园、中小学校等教育教养机构，因其条件和所具有的优势，在家庭教育指导中起着主导性的作用。由学校教育教养机构所组织的家庭教育指导，其常见形式主要包括：个别指导；集体性指导；文字音像资料的介绍、推荐和提供等三种类型。①

（一）个别指导活动

个别指导活动主要是为个别家庭教育提供指导的一类形式，它主要包括：家庭访问；家长来校（园）接待；家庭教育咨询；电话联系；书信便条；家校（园）联系手册；电子信箱等。

下面我们就个别指导活动中的家庭访问、家庭教育咨询进行简要介绍。

1. 家庭访问

家庭访问，简称“家访”，主要是为解决儿童、青少年的个别的家庭教育问题而进行指导的一种常用的、有效的方式。进行家庭访问的主体，可以是学校的教师、领导、共青团或少先队干部，也可以是家长所在单位的干部、民警、妇联或社区居委会干部等。

家庭访问的目的，一般是与孩子家长沟通情况，共同商讨教育儿童、青少年的方式方法。教师家访的目的无非是两种：一种是了解情况，一种是解决某个

① 李洪曾. 家庭教育指导工作的对象、内容与形式[J]. 幼教园地，2004 (1-2).

问题。[1] 家庭访问，这种指导方式比较灵活机动，便于进行，而且指导比较具体，针对性较强。家庭访问，根据访问的目的和内容不同，通常可分为了解性访问、宣传性访问、商讨性访问、通报性访问、警告性访问等。

要搞好家庭访问，必须尊重家长，不能粗暴指责，不能把家访当成是向家长“告状”，要耐心细致地分析情况，具体指导家庭教育的方式方法。进行家访时，一般要告诉儿童、青少年本人，以得到他们的理解和支持。家访时，可以要他们本人在场，也可以不需要，视具体情况而定。家庭访问要经常进行，随时交流情况、掌握情况，并将所掌握的情况及时进行记录，以备事后的查考和进行综合分析。

2. 家庭教育咨询

家庭教育咨询，是近些年来所产生的一种家庭教育个别指导方式。所谓教育咨询，一般是指来自各类各层级教育行政管理、学校、团体等组织外部的专业咨询人员或机构，在与其确定某种委托关系的前提下，由受委托者独立客观地运用知识与技能向委托者提供智力服务的科学调查与研究活动。[2] 家庭教育咨询，是由家长提出家庭教育实践中遇到的疑难问题，由特设的专业咨询人员或机构给予解答，进行个别指导的活动。

信息浪花

家庭教育咨询案例[3]

佛山邓凤鸣来信：

我弟弟今年九岁，小时寄养伯伯家，伯伯一家对他百依百顺，把他惯坏了。上小学后，上课非常散漫，不爱做作业，语文考试成绩很糟糕。他表现不好，老师批评了几句，就赌气不上学。平常在家里又调皮又懒惰，经常用剪刀乱剪窗帘、桌布等，还讲假话骗人。帮他复习功课他就东张西望、心不在焉。打骂都没用。我觉得他从小娇惯，现在已很难改变了，真不知他将来会变成什么样子。

咨询园地杨桃同志解答：

凤鸣读者：

我看你先要取得父母的配合，协同一致来教育你弟弟。广东省妇联家庭教育咨询处佩韵老师给你提供下列意见：

1. 与学校联系。一是了解你弟弟在学校的各方面表现。二是要求老师与

① 王晓春，王颖光. 教师怎样指导家庭教育[M]. 北京：北京教育出版社，1992：197.

② 百度百科. 教育咨询[EB/OL]. http://baike.baidu.com/view/1660789.htm?fr=ala0_1.

③ 家庭教育咨询[EB/OL]. http://shang.cnfamily.com/198306/ca27386.htm.

他改善关系，和蔼相待，耐心教育。必要时可考虑调班。三是请老师给他补补语文课。平常在家你也可以培养他对语文的兴趣，采取的方法要投其所好，比如买些他爱看的小人书，教他给亲戚写信等等（可参考本刊今年第二期“怎样辅导孩子书写”一文）。

2. 注意家庭教育方法，不可打骂。

3. 男孩子精力旺盛，坐不住，经常手痒痒，你要让他的剩余精力得到正当的发泄，可以玩玩体育活动，干些力所能及的家务劳动，否则他就会把精力用到诸如毁坏东西那样的不正当活动中去了。

4. 家庭不能因为孩子小就放任自流，一定要对孩子提出明确的要求，比如：规定他每天一定要完成作业才能出去玩，规定他承担一定的家务劳动（以培养他的责任感），等等。小时候不加以约束，不培养其好的生活习惯，长大后真有可能成为懒汉、废物呢。因盲目溺爱而毁了孩子的教训可是不少。

佩韵阿姨的话很对。你是一个很爱弟弟的好姐姐，我相信你和你的爸爸妈妈会按佩韵阿姨的指导去把弟弟教育好的。我期待着你们的好消息。

杨　桃

家庭教育咨询，有的是在固定地点设立的专门的咨询站点，如一些专业的咨询机构所在地，这些咨询机构随时接待家长的来访；有的则是在城乡繁华地点，在节假日或集市临时设点开展咨询活动。家庭教育咨询的内容，根据咨询个体的情况，或单一或多样，主要涉及儿童保健、青春发育期孩子的教育、独生子女教育、孕期保健、中小学生学习等。家庭教育咨询，因其效果明显、针对性强，比较受家长欢迎。

开展家庭教育咨询指导活动，必须由具有丰富家庭教育专业知识和实践经验的人员负责解答家长的咨询；解答问题时要有科学性与针对性，不仅要帮助家长分析问题的原因，而且还有指导家长如何去做；解答要有条理，深入浅出，便于家长理解与领会，对不能及时作答的问题，不能勉强应付，可请教别人或查阅资料后再解答；咨询时，应将家长介绍的情况详细记录，提出的建议要有记载。作为家长，在进行咨询时，要将有关情况全面如实向咨询者汇报，并明确提出要求，讲清希望在哪些方面得到具体指导；对于咨询后，经过教育实践取得的效果，要及时反馈给咨询解答人员，以便总结经验。

（二）集体性指导活动

集体性指导活动主要是针对家长群体提供家庭教育指导的一类形式，它主要包括：家长学校；家长会；讲座报告；经验交流；讨论辨析；教育开放活动；亲子同乐、同学活动；亲子营地活动等。

下面我们就集体性指导活动中的家长学校、家长会进行简要介绍。

1. 家长学校

家长学校，是家庭教育指导的一种基本形式，也是普遍被学校采用的形式，但不是唯一形式。家长学校，就是对在家庭里承担抚养教育子女任务的父母和其他长者进行教育和训练的学校。家长学校，作为指导家庭教育的专门机构，它的任务是帮助家长（包括未来的父母）树立正确的教育观念，向家长系统传授抚养教育子女的科学知识与方法，交流推广成功的家庭教育经验，提高家长的教育能力和教育素质。开办家长学校的目的不仅仅在于为解决家庭教育过程中遇到的个别问题，而是从根本上提高家长的素质。

家长学校，是一个统称，具体的类型有"家长学校""父母学校""母亲学校""奶奶姥姥班"，也包括那些对"未来父母"进行的教育和训练的学校，如"新婚夫妇学校""孕妇学校"等。家长学校主要依托中小学校开设，作为中小学校要开办好家长学校，需要注意以下几个方面：一是学校管理者要重视。家长学校的开设，不仅需要在思想观念上重视，更需要人力、经费的投入和支持。学校领导重视，才能把家庭教育指导这个系统工程在学校中扎实推进。二是要重视教子方法、教学艺术。家长学校的教学要有计划性，要把家庭教育指导工作作为学校的一项重要工作来抓，并有计划、有系统地开展。三是家长学校教学师资必须有较高水平。家长学校讲课教师要有一定的理论水平和实践经验，而且要有较好的表达能力，讲课生动有趣，富有针对性、启发性与实效性。四是教学内容必须适用，具有可操作性。要从家长面临的具体问题和困惑入手，结合本地、本校的实际，利用生理学、教育学、心理学、人才学、伦理学等学科知识，切实帮助家长分析问题的原因和发展的后果，为家长提供解决问题的具体思路和方法，深入浅出，突出实用性和针对性。

2. 家长会

家长会是对家长群体进行指导的一种方式，是面向家长集体，解决儿童、青少年带有普遍性的家庭教育问题的一种家庭教育指导方式。家长会，一般是由学校或教师发起的，面向学生、学生家长的交流、互动的会议或活动。家长会在家庭教育指导的各种方式中属于传统的方式，并且至今仍是最主要的方式之一。

目前，由中小学组织的家长会主要有如下几种的形式[①]：

① 百度百科. 家长会[EB/OL]. http://baike. baidu. com/view/28596. htm? fr＝ala0_1_1.

1)发布会形式

这种形式家长会主要是针对一项或多项主题,以教师讲述和传达为主,以家长提问家长会为辅的形式。多为学校或班级有重大事项宣布;或学生面临升学,中考或高考的专题讲座等。其目的是为了准确、及时地向家长通报学生或学校教学情况等。

2)汇演慰问形式

这种形式家长会通常由教师组织,学生表演或学生作品演示,以家长参观或鉴赏为主要内容。这种形式多为对一段时间内的学生学习成果的展示而组织,多安排在学期末,或重要节日前举行。其目的主要是向家长展示学生的学习成果,增强教师、学生、家长三方的亲近。

3)共同活动形式

这种形式家长会通常为教师、学生和家长三方,共同参与某一项或多项有意义的活动,比如旅游,运动会等。这种形式的目的主要是在共同的活动中增进彼此的交流,多为幼儿园或小学的阶段采用。

当然家长会还有很多其他的形式,比如以家长发言为主的家长会,以学生向家长提建议和意见的发言为主的家长会。或者以上各种形式结合的家长会等。最理想的家长会,应该是情况交流会、家庭教育研究会和家庭教育指导会。避免把家长会开成“分数汇报会”“告状会”和“布置任务会”。

信息浪花

家长会上一位班主任发言稿(节选)①

给家长教育孩子提几点建议:

1. 多关心,少责骂。多关心他们的生活,关心他们的身体健康,关心他们的学习情况。

2. 多严格,少溺爱。少上网,禁止浏览不良网站的有关信息。电视少看,周末必须保证一定的看书时间。

3. 要全面而准确地估计自己的孩子。要正确看待孩子的分数。分数不能决定一切,高分未必高能,只有素质综合、全面发展,有较强的适应能力和创新能力的学生才能适应未来社会的竞争和挑战。

4. 要多给孩子一点信心,做孩子成长的强有力的后盾。由于孩子的个体差异,免不了成绩有好有坏,孩子由于不肯学习,导致成绩差,我们就应该适当地批评,并督促其及时完成当天老师布置的作业,同时做好功课的复习巩固工作。

---

① 家长会班主任发言稿[EB/OL]. http://www.ganji.com/zhongxiaoxuejiaoyu/10040214-16165.htm.

如果孩子很尽力了,成绩却不怎么理想,我们更应该给他信心,而不是一味地给他泼冷水,这样反而会使他对学习产生反感的情绪。

5. 要教育学生遵守纪律。家有家法,校有校规,班级也有班级的纪律,这些规定和纪律,是同学们提高成绩的保证,学生只有好好地遵守这些纪律,才能够形成一个良好的班级,才能够全面提高自己的水平。我们要让学生明白:一个懂得规矩,并且自觉遵守规矩的人,才能够时刻按照规矩办事,才能够使自己进步。

(三)文字音像资料的介绍、推荐和提供

主要包括:介绍、组织订阅家庭教育专业报刊和家庭教育普及读物;出版自编的家庭教育小报、墙报、黑板报;组织家长观看幼儿园、学校自摄的儿童活动;家庭教育知识和家庭教育指导活动的录像;介绍、组织观看现成的家庭教育电影、电视、录像、广播和录音;建立校园家庭教育网站与推荐有关网站等等。

信息浪花

以家长学校为桥梁,通过开展丰富多彩、形式新颖的教育实践活动。大力弘扬“为国教子、以德育人”的理念,广泛传播家庭教育的新知识、新方法,推广家庭教育新典型、新经验,帮助家长更新家庭教育观念,掌握科学的家庭教育知识和方法。

一是举办讲座。几年来,我们先后邀请“知心姐姐”心理健康教育全国巡回报告团周嘉华教授,著名家庭教育专家关鸿羽教授,中国家庭教育研究协会、南京南博科学研究所李逸教授等 10 多位专家、教授、学者莅临学校为家长们进行了生动形象、深入浅出的有关儿童生理特点、儿童身心发展的规律、当代人才的标准、爱的新意、家庭教育的功能、提高孩子的阅读和表达能力及现代汉语拼音辅导等内容的家教知识讲座。在讲课中,教授们注重了理论与实践、思想与知识的辨证统一,把抽象的知识形象化,把书面语言口语化,把枯燥的理论活化为鲜明生动的活生生的事例,既有家长们欠缺的理论知识,又有家长们急需要知道的教子方法,讲解生动,易于操作。家长们听得兴趣盎然,听后颇有感触,认为通过这样的学习,学到了很多原来自己不知道的东西,懂得了不少道理,今后自己教育孩子、辅导孩子就如同拥有了一把金钥匙。

二是开展咨询服务活动。根据培养孩子德智体美劳全面发展的要求,家长就在教育子女过程遇到的问题和孩子存在的问题,向专家请教。我们邀请专家到校“坐诊”,家长带着孩子请专家给孩子进行智商测验;向特级教师询问如何培养孩子的良好行为习惯;向医学专家询问儿童的疾病以及营养与卫生保健;向知名教师询问如何指导孩子进行课外阅读等等。这项活动深受家长的欢迎

和好评，家长都感到收获很大。

三是请模范家长介绍自己教育子女的经验。利用模范家长的现身说法，引导激励家长正确教导自己的孩子。几年来，我校先后有400余位家长被评为“教子有方好家长”，60余位家长介绍过经验，这些先进典型在家长中起到很好的引导作用。

四是举办爷爷班、奶奶班，讲如何教育第三代的方法，使“4—2—1”结构的家庭成员在教育孩子上有较科学的、统一的指导思想，统一协调的行动计划，让孩子的成长顺应教育规律和人的身心发展规律。

五是举办“留守孩子”监护家长班。由于隔代教育的主客体之间存在着一种天然的血缘、亲缘关系，使得监护者较多地采用溺爱的管教方式，即使明知不对，大多也是持一种宽容甚至放任的态度，总是认为“孩子还小”，“这个由他爸妈回来管”，导致孩子们从小就变得骄娇二气严重、放任甚至放纵的性格特点。针对以上现象开展了专题授课。通过“五老”结队帮扶，帮助隔代家长更新教育观念，让他们了解一些教育学、心理学常识，掌握科学的教育方法，为教育好孙辈打下一些基础。

六是通过红领巾电视台、广播站、板报、橱窗及新闻媒体宣传教育动态、外地经验，报道教子典型，激励家长认真开展好家庭教育。（湖北省南漳县实验小学课题组：邹险峰）

在家庭教育指导形式方面，应坚持以下原则是：一是要改变指导形式的单一性，向多样性发展。要善于根据指导对象、指导内容和指导目标的不同，选择不同的、相应的指导形式；对同一个指导内容，还可以通过多种指导形式的配合，获得更好的效果。二是要改变单向的、封闭的、居高临下的指导，向参与式的、开放的、平等的指导发展，努力使我们的指导形式有利于家长在指导过程中发挥他们的主动性和主体作用。

认识了模式，我们就可以从别人取得成功的地方，找到前进的方向，获得行动的力量。

——题记

第八章　社区德育模式

模式就是从不断重复出现的事件中发现和抽象出的规律，也就是在实践中被反复运用，并且被证实是有效的操作和运行方式。在利用社区德育资源开展学校德育的长期实践过程中，我们也发现和掌握了一些基本规律，找到了行之有效的德育途径、方法和操作方式，我们称之为社区德育模式。总结社区德育模式，有利于在教育实践中推行社区德育，提高德育实效；同时，有利于丰富社区德育理论，使社区德育概念更加成熟，理论更加完善。

《社区德育理论与实践研究》课题研究开展以来，各实验区和实验学校根据德育工作实践情况与特点，探索出一些有效实施社区德育的操作模式，如三维一体社区德育模式，网络沟通社区德育实施模式，等等。这些实施模式主要从德育实施主体和德育内容两个方面总结了社区德育实施的规律和独特性，在社区德育实践中发挥了积极作用，创造了良好的教育效果。同时，这些德育操作模式具有较强的可借鉴意义和推广价值，对于不同学校和地区的教育具有普遍的指导作用。

第一节　主体互动式社区德育

一、三维一体社区德育模式

问题导读

●三维一体社区德育的内涵是什么？

●实施三维一体社区德育的基本途径有哪些？

协同论认为，社会的各个系统间存在着相互影响而又相互合作的关系，并因此产生协同效应。社区德育的实施主体包括学校、家庭和社会，三个主体都具有强大的教育功能，如果三种力量各自为战，其教育效果必然很低，而且有可能因为互相冲突而相互削弱教育效果。只有在三种教育力量互相配合、协调的情况下，才能提高教育整体效益。

(一)三维一体社区德育模式的基本内涵

三维一体社区德育模式是指学校、家庭和社区这三个方面紧密联系,互相配合,发挥协同作用,形成整体效益。三维一体社区德育模式的本质特征在于互动,即学校与家庭、社区在德育工作中共同承担责任,互相推动、双向沟通、功能互补。通过互动,优化配置德育资源,形成“三结合”的德育整体合力。所谓“互动”就是“互参共管”和“互帮互促”。“互参共管”,即在育人工作中,学校、家庭和社区互相参与、共同管理。学校要组织教师走出校门,指导家庭教育,参与“文明社区”建设;社区领导和家长要走进校门,参与学校德育工作的管理。“互帮互促”,即学校与家庭、社区在培养学生良好的品德、创新精神和实践能力的过程中互相帮助,互相促进、互相推动。家庭和社区从精神上和物质上积极主动地支持学校开展德育活动,学校从教育理念、教育方法上指导家长教育好子女,提供教育资源,支持社区文明建设。通过“互参共管,互帮互促”把三种教育力量融为一体,达到整体育人的目的。

与过去传统的德育模式相比较,这一模式主要有三个特点:第一,在学校德育工作中,过去是以学校为主,家庭配合学校,社区支持学校;现在是共同承担育人重任,相互配合,相互支持。第二,在德育工作中三者的沟通上,过去主要是单向沟通,即学校向家长、社区报告学生的在校表现,指导家庭德育,联系社区教育;现在是互相沟通,互参互管,互帮互促,形成整体合力。第三,从德育工作中三方参与情况看,过去只是学校主动,家庭、社区处于被动;现在是三方主动,统一筹划,分工协作,共同负责。

(二)三维一体立体社区德育模式的理论框架

这一模式的理论框架由四部分组成。第一,目标系统,要达到“三标统一”。即以育人目标为中心,努力实现学校德育目标、家庭德育目标和社区德育目标的三结合;第二、内容系统,要实现“三规互促”。即学校德育规范、家庭德育规范和社区德育规范这三方面的内容要互相补充、互相配合、互相促进,实现德育内容的三结合;第三,运行实施系统,要达到“三力合一”。即学校、家庭和社区三股力量要相互配合,实现德育过程的三力结合;第四,评价管理系统,要达到“三能互补”。即通过评价管理,充分调动各方的积极性,发挥各自的优势,使学校的主导功能、家庭的基础功能、社区的保障功能相互补充,增强育人效果。为达到这一目标,必须建立“三结合育人领导小组”统筹管理三方的德育工作。按照各自职责要求,定期进行检查、调控、评比,对成绩突出的校外德育基地、校外辅导员、优秀家长和学校的先进班集体、优秀班主任或在三结合育人中表现突出的其他教师进行奖励,逐步建立完善三结合育人激励机制,保证互动的效率与质量。

(三)三维一体社区德育模式的实践途径

构建三维一体社区德育模式的具体途径:坚持一个中心、架起两座桥梁、构建三大平台、完善四种制度。

1. 坚持一个中心

坚持一个中心,即坚持以学校为中心。在实施三结合教育的过程中,学校必须发挥主导作用。应由学校提出综合教育计划,包括分年级的德育目标、德育内容、活动安排、条件保障等。由学校、社区领导和家长代表组成的"三结合育人领导小组"统一安排,分头实施。学校通过三结合育人领导小组发挥自己的主导作用,定期召开会议,以实现学校德育目标为中心,统筹学校、家庭、社区三方面的活动。通过讨论学校德育工作计划和总结、研究德育活动(包括社区教育活动和家庭教育活动)的开展、对优秀班主任和优秀家长的评选等,一方面及时反馈各方面对学校德育工作的意见,另一方面,把学校的要求传达到社区和家长,使学校的德育计划得以全面落实。在校内,坚持全员育人、全程育人、全方位育人的思想,形成教书育人、管理育人、服务育人、环境育人、活动育人"五育并举"的德育模式,完善校内德育管理网络,确保德育目标的实施。

2. 搭建两座桥梁

1)成立家长教育委员会。

这是学校联系、沟通家长的桥梁。通过家长委员会及时将学校的教育信息传递给广大家长,让家长参与学校的民主管理(每学期一次)、考评班主任和任课老师的教育教学工作情况,同时又把广大家长的意见反馈给学校,以达成共识,形成合力。

2)成立社区教育委员会。

社区是学生最早接触到的现实社会第一空间,有着丰富的人力资源和物力资源,是现实社会环境的缩影。2010 年,国务院颁布《国家中长期教育改革和发展规划纲要》,要求"建立中小学家长委员会,引导社区和有关专业人士参与学校管理和监督"。为此,要做好两方面的工作:一是要挖掘整合社区的人力资源,建设队伍。调动社区负责人、社区文教干部、社区关心下一代工作委员会人员、各类专家、学者、离退休人员、企业界人士等社区丰富的社区人力资源,请他们参与到社区德育活动中来。对这些人员基本情况进行全面调查登记,组织部分教育热心人士成立社区教育委员会。二是积极开展活动。学校邀请社区教育委员会参与制订学校发展规划和教育计划。同样,社区在制订青少年校外教育计划时请学校领导、老师共同参与,力图使学校和社区的教育目标一致。社区教育委员会要将学校德育活动纳入社区精神文明建设内容,协调各部门积极净化校园周边环境，组织学生参加社区的实践活动，安排丰富的寒暑期生活，使学生能接触社会、了解社会，增长社会知识。比如开展孝敬教育活动进校园，科技活动进社区，社区纳凉晚会，做文明事、讲文明话、做文明居民等活动，让学生在学校社区互动的过程中，接受社区大环境的教育熏陶。

3. 构建三大平台

1)建立社区教育实践基地。

学校与政府相关部门、企事业单位、博物馆、展览馆、居委会、敬老院等多家单位签订协议，建立德育基地。这些德育基地免费提供给学校开展活动，让学生深入德育基地，开展研究性学习，真正实现在活动中育人，在实践中成才。

2)开办家长学校。

开办家长学校有利于帮助家长更新家庭教育观念，提高科学育人的水平，为家校教育和家庭教育形成合力打下了良好的基础。学校通过家长学校向家长系统讲授科学育人知识，内容涉及学法指导、品德教育、心理教育、法制教育等多方面；还可以通过家长学校指导家长关心子女的人格培养，良好意志品质、健康心理、人际交往能力的培养。可以充分利用网络技术，打破时间和空间的限制，开通网上家长学校，或在校园网上开辟“家教指南”“家教论坛”等栏目。

3)建设学校德育网络平台。

随着信息技术的发展，互联网作为信息传播媒体越来越成为广大中学生获取知识和各种信息的重要渠道，并对广大学生的学习、生活乃至思想观念产生广泛而深刻的影响。学校建设德育网络平台后，通过网络，可以快速、直接地了解学生的思想动态和他们关心的热点问题，加强相互沟通；通过网络，可以及时获取大量有价值的信息，丰富德育资源和开阔德育视野；利用网络开放性、互动性、及时性等特点，开展形式多样、生动活泼的德育活动。当然，学校德育网络平台的建设，既要有强烈的政治意识，坚持传播正确、健康的信息，弘扬时代的主旋律，又要有亲切的服务意识，贴近学生的学习和生活，成为他们的良师益友，还要注重以生动形象的形式吸引中学生。近年来，各地学校在校园网上进行电子黑板报、电子文刊、班级主页和个人主页的展示与评比；开展网络知识与技能现场竞赛，营造积极健康的信息科技氛围，从兴趣、成就感感染和引导学生；设计了虚拟校园、社区，让学生进入其中活动，交流讨论问题，如“道德警戒线”“e时代的中学生”“模拟法庭”等学生感兴趣的话题，吸引了众多的学生的参与。在建设学校德育网络平台的同时，学校必须采取有效措施，加强网络的规范管理，建章立制，加强网络安全防范教育，引导学生文明上网。

4. 完善四种制度

1)全员育人导师制。

根据全员育人、全面育人原则，学校所有职能部门都必须承担育人职责，必须围绕育人目标建立有效的工作机制；所以教职员工都是育人者，要做到“教书育人，管理育人，服务育人”；每个教师、职工都是育人导师，每一位导师既是学生学习的辅导者，也是学生生活的引导者，思想心理的疏导者，所有教职员工都必须将促进学生的全面和谐发展作为自己的重要工作目标。学校要就育人导师制制定实施方案和保证措施。

2)班主任与家长互访制。

要求班主任老师每学期至少家访一半学生，深入学生家庭，了解学生的家庭情况和在家表现，掌握第一手资料，寻找教育机会和突破口。建立家校联系册，定期向家长反馈学生在校的学习，品德表现。对个别问题学生，学校与家长、学生签订后进生转化协议书，齐抓共管，有效控制在校生违法犯罪现象。

3)校外辅导员制。

聘请社会上各行各业、各条战线上的人员担任校外辅导员，长期保持密切的联系，对学生进行革命传统、法制、环保、形势、艺术等方面的教育。如聘请法院同志担任法制副校长或法制教育校外辅导员，请他们每学期都来学校作法制专题讲座，指导学生开展模拟法庭活动；请文化馆的同志指导学生摄影，来校作书法绘画讲座，指导学生进行文学创作。

4)德育资源共享制。

学校为家长、社区提供培训、活动的场地和师资，家长、社区则利用自身的优势为学校排忧解难，共同开展德育活动，努力实现德育资源的共享。组织热心青少年工作的退休老干部、老教师和家长，研究新形势下家教工作的新特点、新任务，撰写文章、交流心得体会，进行家庭教育理论的研讨和经验总结，并在学校校园网的“家教指南”“家教论坛”上发表。还可以有计划地组织学生参加一些有教育意义的社区活动，充分利用社区德育资源，提高德育工作的实效，推动社区的精神文明建设，如开展社会调查，参观、访问活动，在社区设立环保监督岗，与孤寡老人结对，组织便民服务小组，爱绿护绿小分队等。通过开展这些活动，充分发挥社会力量在学校德育工作中的作用，为学生的成长营造一个宽松和谐的校外环境。

二、互动式社区德育模式

问题导读

●什么是互动式社区德育？

●实施互动式社区德育的关键有哪些？

（一）互动德育模式的本质特征

社区学校德育模式是在学校德育的基础上向社区教育延伸，挖掘、整合社区教育资源，包括家庭教育资源，社区的职能机构作用，社区物力、人力、文化资源，建立并完善一个学校社区共同配合，协调一致，持久有序，相互补充的互动德育过程。它的本质特征在于互动，即学校与家庭、社区在德育工作中共同承担责任，互相推动、双向沟通、功能互补。

通过互动，形成“三结合”的德育整体合力。与过去的德育模式比较，这一模式主要有三点区别：(1)在学校德育工作中，三方面角色定位上，过去是以学校为主，家庭配合学校，社区支持学校。现在是共同承担育人重任，相互配合，相互支持。(2)在德育工作中三者的沟通上，过去主要是单向沟通，即学校向家长、社区报告学生的在校表现，指导家庭德育，联系社区教育。现在是双向沟通，互参互管，互帮互促，形成整体合力。(3)以德育工作中三方参与情况看，过去只是学校主动，家庭、社区处于被动。现在是三方主动，统一筹划，分工协作，共同负责。

（二）互动式德育模式的基本内涵

“互动”的内涵定为“互参互管”和“互帮互促”。

“互参互管”，即在育人工作中互相参与，共同管理。学校要组织教师走出校门，指导家庭教育，参与“文明社区”建设，社区领导和家长要走进校门，参与学校德育工作的管理。

“互帮互促”，即学校与家庭，社区在培养学生良好的品德.创新精神和实践能力中互相帮助，互相促进、互相推动。家庭和社区从精神上和物质上积极主动地支持学校开展德育活动，学校从教育理念、教育方法上指导家长教育好子女，提供教育资源，支持社区文明建设。通过“互参互管，互帮互促”把三种教育力量融为一体，达到整体育人的目的。

（三）互动德育模式的理论框架

这一模式的理论框架由四部分组成。第一是目标系统，达到“三标统一”。即以育人目标为中心，配套提出学校德育目标、家庭德育目标和社区德育目标，使三者认识一致，目标统一，实现德育目标的三结合；第二是内容系统，要实现“三规互促”，包括学校德育规范，家庭德育规范、社区德育规范，三方面紧密联系的内容要互相补充、互相配合、互相促进，实现德育内容的三结合；第三，运行实施系统，要达到“三力合一”，实现德育过程三结合；第四，评价管理系统，通过有效管理，达到“三能互补”。即通过评价管理，充分调动各方的积极性，发挥各自的优势，使学校的主导功能，家庭的基础功能，社区的保障功能相互补充，提高育人效果。为达到这一目标，我们按照各自职责要求，定期进行检查、调控、评比，对成绩突出的校外德育基地，校外辅导员，优秀家长和学校的先进班集体，优秀班主任或在三结合育人中表现突出的其他教师进行奖励，逐步建立完善三结合育人激励机制，保证互动的效率与质量，实现德育管理三结合。

（四）构建学校社区互动德育工作组织网络

1. 构建学校社区互动德育工作管理实施组织体系。

由本课题组为牵头主体实施，学校、家长委员会、社区机构、社区内教育职能单位组织，四位一体协调运作，形成合力。

2. 建立一支学校社区互动德育工作实施队伍。

学校政教主任，思想品德与社会任课教师，少先队大中队辅导员，家长委员会成员，社区居委会干部，校外辅导员队伍，各司其职，通力合作，促进学校德育，社区德育相互推进，达到共同教育的目的。

3. 社区学生组织网络。

建立社区少先队大队部，楼道少先中队、小队，以年级或某活动为划分成立“雏鹰假日小队”。

坚持学校、社区、家庭三位一体，紧密协作、发挥“三结合”教育的“共建、共育、共发展”的重要作用，使学校、社区、家庭形成一种多渠道、多层次、全方位的未成人思想道德建设组织体系。

（五）学校社区互动德育的方式与途径

1. 一个中心

以学校为中心，在实施三结合育人工作中，学校必须发挥主导作用。学校德育是有目的、有计划、有系统，而社区德育和家庭德育却具有随意性和零散性。因此，三结合对学生进行德育的计划是由学校提出，包括分年段的德育目标、德育内容、活动安排、需要的条件等。通过由学校组织，社区领导和家长代表组成的“三结合教育领导小组”统一研究，分头实施。

2. 两个连结点

1）家长委员会。

进一步健全、完善家校联系制度，充分发挥家长学校家长委员会的桥梁作用，完善家访、校访制度，使家校合作经常化、正常化、制度化。通过家长委员会，家长参与学校管理，使学校管理更贴近生活更为科学，同时，能对学校起到很好的监督作用。通过召开家长座谈会，设立家长信箱、家长接待日、开通家长热线，在校园网上开设家长论坛、家长留言栏等方式倾听家长意见，接受家长管理和监督。学校还需悉心做好家长的培训和指导工作，丰富家长的教育经验，使之掌握正确的教育方法。如定期举办的家长学校，邀请名师专家或有经验的家长进行专题讲座、辅导、培训，逐步提高家长参与学校管理水平，使其开展家庭教育的方法更加具有科学性、针对性、实效性。

2)社区教育委员会。

社区是学生最早接触到的现实社会第一空间，有着丰富的人力资源和物力资源，是现实社会环境的缩影。2001 年 6 月《国务院关于基础教育改革与发展的决定》中指出："学校要加强与社区的沟通合作，充分利用社区资源，开展丰富多彩，文明健康的教育活动。"一要挖掘整合社区的人力资源，调动街道社教主任、社区文教干部、社区关心下一代干部、各类专家、学者、离退休人员、企业界人士、热心的长辈们、友好的邻居等社区丰富的人力资源参与到社区活动中来。对这些人员基本情况进行一次全面调查登记，把部分教育热心人组成社区教育委员会，定期邀请参加学校社区联合开展的主题教育活动中。二是为使学校德育与社区教育紧密结合，我们要充分发挥社区文教人员，关心下一代负责人、社区共青团员书记等的社区专职教育力量的作用，学校邀请他们参与制订学校教育目标、教育计划、教育内容。同样，社区在制订青少年校外教育计划时请学校领导、老师共同商榷。使学校社区的教育目标一致，达到德育工作学校社区齐抓共管，互动促进的工作目的。比如开展孝敬教育活动进校园，科技活动进社区，社区纳凉晚会，做文明事、讲文明话、做文明居民等活动，让学生广泛参与学校社区互动的活动，接受社区大环境教育熏陶。

3. 九种基本方式

1)家长学校。

家长学校具有系统、正规、集中等优势，请教育委员会、司法局、中国关心下一代工作委员会领导向家长传达国家的教育方针、政策和法令，普及家庭教育知识；组织家长学习教育学、心理学、卫生学等方面的基础知识；聘请老干部介绍教育子女的成功经验，帮助孩子的父母学会做家长；开展评选"好家长"活动，并通过新闻媒介向社会介绍。

2)家长会。

家长会是学校联系家长最普遍的一种形式。家长会有全校性的、年级性的和班组性的三种。家长会主要向家长汇报学校或班级教育教学工作情况，向家长提出配合教育的要求，听取家长对学校班级工作的意见和建议。同时向家长讲解“小学生良好品德形成的过程”“家庭教育与小学生良好品德形成的关系”“怎样为孩子创造良好的家庭教育环境”等指导他们树立正确的教育思想，认识家庭教育在培养学生良好品德形成过程中的重要作用，使学校同家长经常联系，为家长提供良好的教育方法和育人经验。

3）家庭教育研究会。

组织热心青少年工作的离休老干部、老教师、广大教育工作者和家长撰写理论文章和心得体会，进行家庭教育理论的研讨和经验交流，研究新形势下家庭如何与学校合作进行教育等问题。学校在每期的校报上开辟家庭教育专栏，刊登家教论文二十余篇。

4）社区教育活动。

社会是个大课堂。社区内的工厂、机关、商店、市场、纪念馆、敬老院、特困户、娱乐场所……这些场所能为学校德育提供良好的物力资源。开发、利用这些资源，针对学生思想发展过程存在的问题，有计划地引导学生参加有教育意义的社区活动，能使学生真正走向社会、走进生活。可以组织学生集体参观考察社区内的工厂、纪念馆、名胜古迹、德育基地等具有教育意义的场所。可以组织学生在社区内开展宣传活动，去敬老院、特困户家庭开展慰问活动，去商场市场、车站等地开展社会调查活动，在居民区开展护绿养绿活动，让学生体验实践，体验为他人服务的乐趣，在实践中接受教育，从而弥补了家庭教育与学校教育的不足。

5）校外辅导员。

一是邀请当地的革命前辈、先进模范人物、科技人员等典型人物来学校现身说法，介绍自己是如何发愤学习，钻研科学知识，努力工作，无私奉献等，发挥这些英雄模范人物榜样的作用，对学生进行爱国主义、革命传统教育，艰苦朴素、艰苦奋斗教育。二是聘请文化局、艺术团体的人士担任艺术、体育、科技活动的辅导教师，成立管乐队、体操队等兴趣小组，丰富了学生的校园文化生活。三是请公检法机关的干部来校上法制教育课，指导办法制小报和模拟法庭；请人民代表政协委员谈如何参政议政，当好国家主人。

6）社区少先队组织。

在居委会建立社区少先队大队，在楼群建立社区中队，在楼栋建立社区小队。组织少年儿童开展丰富多彩的社区文娱活动，为少年儿童的健康成长提供服务。促进了社会精神文明建设。

7）雏鹰争章活动。

让孩子们在学校、家庭、社区争戴“雏鹰奖章”。雏鹰奖章各式各样，丰富多彩：孝敬章、家务章、环保章、艺术章、远足章、电脑章、勤奋章等四十多样，所有奖章都有活动章基地，有的在学校，有的在家庭，有的在社区，每个月评比两次，三年来，累计获章人数千余人次，调动了学生全面发展的积极性，使素质教育有形化，把学校、家庭、社区有机地结合起来。

8）互参互访制度。

社区与学校建立联系制度，形成管理网络。社区定期与学校进行交流，互通工作情况，讨论工作计划，确定活动内容，并建立社区管理网络。开展“互访”活动。“互访”即老师访问家长和家长访问教师。我们要求形成制度：所有班主任每学期对每一位学生至少家访一次，深入学生家庭，了解学生的家庭情况，在家表现。我校自创了以对学生个体素质进行全面综合测评为宗旨的《成长足迹》，里面就学生应具备的高尚品德、坚强性格、健康心理、独立生活等方面提出了具体要求。着力培养学生热爱劳动的习惯，实践第一的观念，助人为乐的精神和开拓创新的能力。要求家长参与对子女的考评。同时要求班主任认真接待每一位来访的家长（包括电话来访），加强家校沟通。我们定期向家长反馈学生在校的学习、品德表现。对个别问题学生，学校与家长、学生签订后进生转化协议书，齐抓共管，有效控制在校生的违法犯罪率为零。实践证明，教师在家访中，可向学生家长讲明学校开展工作的目的和要求，介绍学生在校表现，也可请家长介绍家庭教育情况，交流对学生进行教育的意见，从而统一教育要求，商讨对学生加强教育的措施。家长访问教师也是学校与家庭联系的重要方式，学校要求班主任及时接待来访家长，并建立“家长接待日”“家长开放日”“家长咨询日制度”。特别是对特殊学生，特定时期内要加强教育防范措施，切实做到“看好自家门，管好自家人，互相常联系，配合默契亲如一家人”。

9）资源共享，双向服务。

学校为家长、社区提供培训、活动的场地和师资，家长、社区则利用自身职能优势为学校排忧解难，共同开展德育活动。

三、“学校牵头、社区携手、家长同盟”社区德育实施模式

问题导读

●怎样理解“学校牵头、社区携手、家长同盟”的涵义？

●“学校牵头、社区携手、家长同盟”德育模式有什么特色？

社区德育的本质在于改变学校德育单打独斗的困境，在于改变“教育只是学校单方面事情”的错误观点。在人们的思维方式和行为方式得到同步更新的前提下，湖北省宜都市陆城一小推出了“学校牵头、社区携手、家长同盟”这一社区的典型样式，并且形成了完整的思考和一整套操作系统。

(一)“学校牵头、社区携手、家长同盟”的基本含义

传统德育曾经提出过学校、家庭、社会“三结合”的教育。但是三者之间的责任关系比较模糊,工作定位比较含混,顾名思义,“三结合”谁跟谁都能结合,没有主次,往往是谁跟谁都没有结合。因而,“三结合”在操作上难于坚持。与之不同,“学校牵头、社区携手、家长同盟”是一种比较科学的角色责任定位。

1.学校牵头:学校是总策划

为了让学生在校外组织管理有序有效,陆城一小的做法是,学校派出富有管理经验的教师走进社区,与社区居委会携手共同担当校外育人任务。其基本做法是:大到每年每学期的校外德育活动方案的制定,小到每次校外德育活动的具体布置、过程管理、总结评价,都由学校或派出教师先拿初步方案,再到社区征求相应校外德育辅导员的意见,反复修订而成。每次活动之前,学校辅导员将学生召集起来进行周密的安排,向他们详细地讲解社区或家庭活动的主题、时间及相关要求,在活动中与校外辅导员一起悉心指导;活动后,再与校外辅导员一起组织总结评价,并通过社区黑板报和校内广播向社会宣传或全校师生通报活动情况。学校有序有目的的主导方式,扩大了社区德育的效度和影响力。

2.社区携手:最大限度发挥社区组织监督、协管和辅导的作用

从地域的角度讲,社区组织是社区德育的主体。比如,借助社区的力量获得德育活动场地。一个社区自然小组的学生虽居住集中,但集体组织活动还需要一个比较稳定的学生集散的活动场所。这些社区德育活动的场所,主要是由居委会领导或社区德育辅导员联系商定或布置。社区主动参与校外德育的方案制定和过程管理。如哪个孩子在校外、家庭表现不好,社区居委会干部、社区辅导员甚至比学校老师都掌握得全面,突出了教育管理的及时性和针对性。

3.家长同盟:家长应该是学校教育的同盟者

但是学校和社区要给家长以同盟者的地位和机会。满足家长的需求,一是可以通过家长学校或老师的沟通形成互动,二是可以通过社区组织和辅导员的沟通形成互动。家长同盟的好处在于这个教育过程都是在达成共识的前提下进行的,因而,有利于形成合力,减少分歧。

(二)“学校牵头、社区携手、家长同盟”的管理方式

学校、家庭、社会三者明确了各自的教育责任后,应该怎样实施有效的管理?陆城一小采取了以下办法。

1. 建立横向的德育管理机构

社区德育机构一般是以学校校长、党支部书记、主管德育副校长和社区党总支书记为学生德育的主要负责人，并聘请富有德育工作经验的校内老师和热心少儿工作社区工作人员（居委会干部、社区各自然小组组长）、离退休老干部，为校外德育辅导员组成人员，从而形成校内外齐抓共管德育机制。

2. 学生按地域空间自然分组

即按照学生所属的社区自然小组为单位集中组织管理，聘请的校内外辅导员为各小组具体管理者。配备固定的校外辅导员；指定固定的活动场所；设置固定的教育阵地，如宣传时事政治、重大节日，区好人好事等。在辅导员的指导下，孩子们分工负责，定期更换宣传内容。此外，就是建立管理档案与活动记录。每个小组在一小就读的有多少孩子，每个孩子所在的年级、班级、家庭住址、联系电话等相关资料，各小组都建有一套小档案。对于活动主题、活动形式、孩子们参与活动的情况及活动效果等，都有详实的记录。

3. 定期开展辅导员、家长培训

陆城一小特别注重对辅导员、家长的培训工作。一是定期对校内外辅导员进行培训。培训的内容有怎样制订社区德育活动方案，如何科学实施社区德育工作的方法与策略等。通过培训，提升辅导员工作水平。二是开展家长培训。家庭教育是对未成年人思想道德教育的一支重要力量。通过培训，让家长自觉并协同学校、社区坚持对孩子正面引导教育，提高家庭教育艺术。

4. 以社区为平台开展丰富多彩的教育活动

以社区为平台，开展“请进来”“走出去”等多种形式的德育活动，可以帮助学生开拓视野，更加清晰、深入地了解社会；有利于学生产生强烈的情感体验，更好地落实由道德认识向道德情感、道德行为的顺利转化。

第二节　主题构建式社区德育

一、“梯级表彰，激励积累”德育评价模式

问题导读

●“梯级表彰，激励积累”德育评价模式有哪些特点？

●“梯级表彰，激励积累”德育评价实施步骤？

湖北省麻城市第二实验小学是湖北省黄冈市示范学校，在长期的实践研究

中，他们结合校情，根据学生实际，构建了“梯级表彰，激励积累”德育评价模式。他们树立综合评价思想，倡导“立足过程，促进发展”的评价理念，以激励性评价为主，实施多元化评价，取得了明显的效果。

(一)“梯级表彰，激励积累”德育评价模式的主要内容

1.进行“教师、家长激励性评价与学生自主发展”课题研究，改善对学生的评价方法

如：改学分制为等级制；改“学生成绩通知单”为“素质报告书”；改单一的考试制度为综合测评；改训斥型、责怪型的教育方式为激励性教育方式。

2.有计划、有组织、有步骤地全面实施文明积累梯级表彰活动

1)出台《文明积累实施方案》

向学生、家长、老师阐述文明积累活动的意义、操作方法及管理办法，并且宣传到社区，请社区协同管理。

2)设计“文明积累卡”

根据儿童爱美的特点，设计出长 86mm、宽 54mm 的彩色文明积累卡，卡的正面有标题、姓名、性别、班级、文明表现、填卡人和日期，还有一个小小卡通图案；卡的反面有激励学生积极行动起来，参加文明积累的提示语，还列举了二十多条文明表现，为学生自定小目标作参考。(如下图)

文明积累卡

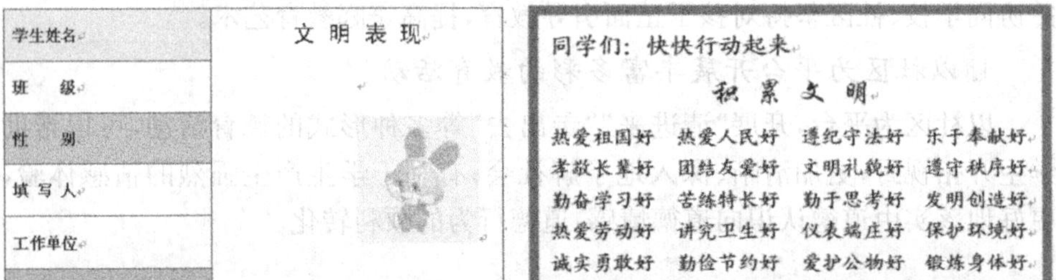

实验二小德育处

3)填写“文明积累卡”

学校明确指出：凡某生在某方面表现突出，已具备某方面的良好品质，或已形成某种良好习惯，老师、学生、家长、学生干部、社会人士都可以给该生填写文明积累卡，并注明文明表现，如“孝敬父母”“勤思会读”等。

4)收集文明积累卡

每个学生都有个人成长记录本，老师可以将学生的文明表现直接填在本子上；有的年级建立个人成长记录袋，把学生获得的文明积累卡片、红花、小动物图案等装入袋中积累起来。

5)按“班级—年级—校级”,进行梯级表彰

各班每周统计一次学生积累文明卡的张数。学校每月统计一次,凡获5张卡以上的同学上班级宣传栏,在班级表彰;凡获10张卡以上的同学在年级表彰;凡获20张卡以上的同学在校级表彰,学校发给他一星级“文明学生”牌;如果获40张卡以上,将授两星级“文明学生”牌,以此类推。获五星级“文明学生”牌将得到一枚雏鹰章,获多枚雏鹰章的同学将优先评各级“三好学生”“优秀学生干部”“十佳少先队员”“十佳毕业生”“十佳特长生”“十佳进步生”等。

6)跟踪督导

凡获校级文明学生奖牌的同学既是全校学生的榜样,又处在老师、家长、同学监督之中。如果他仍在不断进步,他的星级还会向上升;如果他骄傲了,退步了,就要收回他曾经得到的文明积累卡,经教育屡教不改的实行星级降级,甚至取消“文明学生”荣誉。

7)辐射社区,促进互动

成立机构,当好桥梁。一是成立家长学校和各级家长委员会;二是聘请各行各业的杰出人物为校外辅导员;三是成立社区教育委员会,由社区文化、治安、教育等行政部门负责同志组成,主要职能是协调、组织、指导社区德育工作;四是每个社区推选一名社会人士作联络员。请他们将“梯级表彰,激励积累”评价孩子的意义和方式在社会上广泛宣传,寻求理解、支持与配合,促进交流、沟通。同时,又将社会上的不同意见及学生在社区中的表现反馈到学校,从而建起学校与社会、家庭联系的桥梁,达到共同育人的目的。

8)社区育人,育社区人

敞开校门,辐射社区。请社区联络员、校外辅导员、学生家长来校参观学生设计的文明积累卡、黑板报、橱窗和画廊;观看科技艺术节;参加少先队主题活动;设立家长开放日,邀请家长听课,看学生的作业、成长记录袋、文明积累情况,了解学生在校表现;开办“家长信箱”,利用校园网,开辟家长在线、社会人士论坛等,促进交流。

9)“梯级表彰,激励积累”拓展到班级管理上,实行星级班级管理。

首先制定出班级考核细则,每月对照细则对各班进行量化考核,达标一项奖励一颗星,每月一汇总,并将结果公布在“星级班级管理一览表”里,期末得星最多的即为文明班级。

评价主体多元:采用自评、小组评、老师评、家长评、社会人士评等方法,关注学生生活的整个环境,形成教育的合力,让学生认识自我,认识他人,树立自信。

评价内容全面:“梯级表彰,激励积累”学生评价模式不仅关注学生的智力

因素，更重要的是关注学生的非智力因素，如品德、习惯，情感、意志等，从单一的评价学生学习成绩转向评价学生各方面的素质，促进学生全面发展。

评价方式倡导激励："梯级表彰，激励积累"学生评价模式根据小学生爱得表扬积极上进的心理特点，运用激励机制，充分发挥家庭教育、社会教育、学校教育和学生自主教育"四位一体"的激励评价功能，用发展和期望的眼光去看待每一位学生，用激励的方式引导每一位学生，让每位学生树立信心充满自信找回自我塑造自我；鼓励学生通过自主教育，改正自己身上的缺点，争取人人进步，注重点滴成绩积累，内化为素质，形成健全的人格，成长为祖国需要的德、智、体、美、劳全面发展的人才。

评价过程动态发展：评价中，教师全面关注学生发展的态势，并及时了解、掌握分析发展态势，使评价从静态的结果转向了动态的过程。如我们给学生发了文明积累卡或星级牌后，进行跟踪督导，发现学生骄傲了或是退步了要及时提醒，甚至收回他（她）的文明积累卡，让学生时刻不放松对自己的要求，最终形成稳定的道德品质，养成良好的行为习惯。

（二）"梯级表彰，激励积累"学生评价模式取得的初步效果

1. 帮助学生树立了自信心，让不同程度的学生实现自我，帮助学生建立科学的自我评价体系

人们常说"好孩子是夸出来的"。对学生进行激励性评价，能使不同程度的学生对自己充满自信。它能够调动全社会关心教育下一代成长的积极因素，全方位激励学生进步，使不同程度的学生都能够尝到胜利的喜悦，从而明确各自努力的方向，鞭策他们向一个一个新的目标奋斗，向着顶峰攀登。

2. 有利于促进学生的全面发展

学生"自我控制"源于自身的某种能力，一旦外因诱发他的个人需要，他就会为之而产生自我约束力。"梯级表彰，激励积累"评价模式有利于发掘学生的自控内因，促进学生知、情、意、行的统一。学生从"要我做"到"我要做"，由"他律"到"自律"，从而全面提高学生素质。

3. 促进了良好班风、学风的形成

"梯级表彰，激励积累"学生评价模式增强了班级的吸引力、凝聚力，促进了良好的学风、班风形成，密切了同学关系，增进了学生交往和友谊，培养了学生的合作意识和团队精神。美术教师反映说：现在进班上课有一种轻松愉快的感觉。各类大型集体活动表明班级有很强的向心力，如运动场上各班"运动员""啦啦队""服务队"表现出一种极强的凝聚力。

4. 融洽了师生关系，家长和孩子的关系

实践证明，教育过程中，教师、家长对孩子的批评教育，甚至其他过激行为容易造成对孩子的伤害，让孩子反感，从而产生抵触情绪。“梯级表彰，激励积累”学生评价模式能有效地促进教师、家长调整教育思路，改善教育评价方法，用发展的眼光看待每一位孩子，用激励性的语言评价、鼓励孩子，改善与孩子的关系。

5. 促进了学校、家庭、社会和学生自主教育的有机整合

有些家长发现文明积累卡能起到鞭策鼓励人的作用，家长和孩子约定互填文明积累卡，比谁的优点多，缺点少。有一位家长在家教材料中写道：“一家人互填文明积累卡这一举措很灵，让我的孩子改掉了不少的坏习惯。原来孩子放学回家丢下书包就去玩，等玩疲劳了再做作业，质量很差，家务事不愿做，来了客人不打招呼，多次教育，收效甚微。自从学校开展了文明积累活动后，我的孩子变了，变得懂事、好学、有礼貌、爱劳动了。”他还说，只要儿子在哪一方面有进步，就给他填卡，给予肯定评价，如“孝敬长辈”“学习自觉”“诚实守信”等。一次邻居家的电器坏了，他爸爸帮助修好了，儿子就给他爸爸填一张“乐于助人”的卡片；有一天奶奶病了，邻居即时打电话通知孩子的爸爸，孩子给邻居填了一张“关心老人”的卡片，邻居高兴地收下了。家人之间、邻里之间相互鼓励、共同进步。小小的文明积累卡，在学校、家庭、社会之间架起了一座桥梁，让学生在整个生活环境中接受教育，其教育效果是不可估量的。

6. 形成了一支敬业奉献的教师队伍

“梯级表彰，激励积累”学生评价模式，促进了教师的文明程度，增强了教师的敬业精神，提高了教师的育人水平，师生的精神面貌发生了很大的变化，极大地促进了学校的各项工作。如麻城第二实验小学的胡敏老师和学生一起设计文明积累卡，互填“文明积累卡”，互相评价，共同进步；何传香老师通过文明积累卡，矫正学生不良品行；熊爱枝老师积累文明，差异评优，促学生个性发展；陈文莲老师运用“梯级表彰，激励积累”学生评价模式，内化小公民道德教育。正如有些老师所说的：“梯级表彰，激励积累”学生评价模式让他们在培养学生良好的道德品质、优良的个性和良好的行为习惯等方面找到了突破口。

“梯级表彰，激励积累”是一种激励性、全面性、发展性、多样化、操作性强的德育评价模式，是促进学生心灵成长、全面发展的有效的学生评价体系，它对于发现人的价值，发挥人的潜力，发展人的个性具有不可估量的作用。

二、网络沟通德育实施模式

问题导读

●如何创造条件实施网络沟通式德育？

●网络沟通式德育模式有哪些优点？

随着科学技术的日新月异，数字化、网络化、信息化改变了人们的生活方式、学习方式、思维方式。网络的信息化特征催生家长、学生的现代观念的更新，使人们不断接触新事物、新技术，接受新观念的挑战。由此可见，利用网络进行有效的德育工作，能促进学校、学生与社会之间的交往，增强了参与的热情，提高了德育工作的实效。

（一）建立校园德育网站

学校组织精干教师在校园网上面向全体学生建立德育网站，使之成为德育的主阵地，促进学生德育活动的开展。设置不同的栏目为学生提供丰富的资料。如“毒品的危害”“竞争与合作”“知法守法”“道德警戒线”等无法在实际生活中尝试的问题，都可以通过仿真实验使学生身临其境、设身处地去感受某种做人的道理，把德育工作与社会实践结合了起来。学生通过访问德育网站，把枯燥的理论学习变成了感性知识，由原来被动地学变为主动地学习，在主动学习的过程中丰富了知识，净化了心灵，培养了爱国主义精神，产生了积极向上的决心，达到了德育工作的目的。

利用网络辅助学校心理辅导室对学生和家长开展心理辅导。由于网络交流有很大的隐蔽性，能及时帮助学生排除心理障碍且保护了学生的自尊心，令学生树立自信心，增强了克服困难的信心。网上心理辅导符合学生的内心需要，能够及时发现学生的思想动态，纠正其偏差，解决真实的思想问题。

（二）建立网上家长学校

借助网络的优势，我们可以构建起不受时间、空间限制且更为及时、全面的家校联系的崭新方式——网上家长学校。网上家长学校为家长提供相互沟通交流、学习的信息平台，在学校和家长之间搭建便捷的联系渠道，为进一步完善家庭教育和形成家校教育合力提供了良好的条件。网上家长学校在家校之间成功架起了一座沟通的桥梁，它使家校联系更为快捷方便、及时高效，拉近家长和老师之间的距离。家长可以对学校工作进行讨论，指出存在的不足，提出好的建议，参与学校管理。家长也可以将自己教育孩子的做法或困惑在网上与老师或其他家长进行交流，借以解决问题，并增强解决问题的能力。在网络平台上刊登一些有关家庭教育的文章，对家教进行指点导航，也有利于提高家长的家庭教育水平。

信息浪花

信息时代，“无网不胜”。我们利用网络平台，在校园网站开通了网上家长学校，开辟家教专栏，请来家教研究组的老师们来到网上“家长会客厅”坐堂咨询，解答家长在家庭教育中困惑。刊登一些有关家庭教育的文章，对家教进行指点导航。家长在“家长留言”处给老师留言，或者选择“家校联系单行道”和老师单独交流。在“说儿道女”栏目诉说自己教子过程中的经验或困惑。网络成为家校沟通的桥梁，它不仅是成功的家庭教育的经验交流平台，更是新时代教育的论坛。（湖北省宜昌市伍家岗区实验小学：胡书琴 胡红娟）

（三）建立手机信息网

学校与通信公司合作，针对手机普及的情况在手机上发布德育信息。许多家长为生活而奔波忙碌，也许没有时间没有电脑，无法进行网上德育教育。学校就将学校德育工作、学生动态、家长应注意的问题通过温馨提示发布在家长手机上，提醒家长随时了解学校教育动态，学习教育孩子的方法。学校就为家长提供便利，使家长在忙碌之余也能关注孩子的教育，提升自身素质，提高家庭教育水平。

（四）建立 E-mail、QQ 群

运用 E mail、QQ 与家长、学生进行交谈，避免了面对面的尴尬，有利于克服心理障碍，能够谈心理话，容易沟通。学生有些心理话或一些敏感的话题，就可以用 E-mail、QQ 的方式寄给老师，老师针对这些疑问直接解答。这样既解决了思想上存在的问题，帮助学生树立正确的人生观、价值观，又不会让学生“丢面子”。如果学生的问题具有普遍性，老师可以在网上解答或发表公开信。网络给了他们一个新的交往空间和相对宽松、平等的环境。通过网上讨论，学校和教师就能够及时发现学生的思想动态，纠正其偏差，解决真实的思想问题。

（五）建立微信公众平台

微信公众平台是腾讯公司在微信的基础上新增的功能模块。学校可以申请公众订阅号，建立社区德育板块，每天以图文消息、图片、视频、音频等形式向订阅家长推送德育小故事、反馈学生在校表现、教师个人德育心得的共享、德育互动环节展示等社区德育相关信息。家长利用微信打发琐碎时间，工作休息之

余，刷刷微信了解学校德育动态，关注孩子健康成长等，使家校合作方式更具有实用性、有效性和便捷性。

(六)建立微博、博客

学生群体是网络时代使用微博和博客的主力军，利用微博、博客平台开展学校德育必然为社区德育的开展引入一个崭新的平台，提供了全新德育环境，丰富了德育内容、创新了德育模式。它具有实时性传播、文本碎片化、海量信息多元化、内容的多媒体性、传播的自媒体性、交流互动性强等传播特点。学校建立官方微博及微博群，建立正确导向阵地，传播学生感兴趣的健康信息，适度开展社会热点分析、德育活动互动展示等，引导学生进行自我教育，树立正确的价值观和世界观，提升学生分辨真假、追求真理、理想判断、甄别评价和选择信息的能力。同时教师及家长利用微博和博客反馈的信息及时分析、主动探究、运用这种网络交流工具结合实际解决德育问题。

信息浪花

河南省南阳市三中在宛城区教师进修学校的支持和协助下积极开展网络德育的工作实践，具体做法有：

(一)构筑网络德育新阵地

网络在搜集和利用信息方面具有无可比拟的优势，该校发动全体师生在工作、学习和生活实践中搜集、加工、保存各种有用的德育信息，建立德育资源库和网络平台，利用校园网、互联网为学校德育提供更加方便快捷的条件。该校帮助学生筛选出优秀教育网站的目录，并利用这些网站所提供的资源开展各种专题德育活动，使网络德育落到实处，取得了良好的效果。

(二)充分利用网站、班级QQ群、个人空间展示学生个性、实行民主德育

中小学生精力充沛，好奇心强，对以互联网为代表的新鲜事物充满了兴趣。我们在调查中发现：学生基本都有自己的QQ号，但主要用来聊天，该校因势利导，充分利用这一软件工具为学校的德育工作服务。学校及时引导，建立电脑兴趣小组，在老师的帮助和指导下，由学生参与创办和管理学校的主题网站，并在各班都建起了QQ群，分享学习经验，交流心得体会，实现民主化，参与式的道德教育，增强了德育的时代性和实效性，取得了良好的教育效果。

学校的主题网站以同学们喜闻乐见的语言和形式及时报道校内外新闻和大家关注的热点问题，宣传各类好人好事，发布学校工作通知，并在优秀学生评选，校园文体活动中开展问卷调查，组织网上投票。同时借鉴网易评论的形式给学生提供回复和留言的空间，以交流互动的方式吸引学生参与进来，使他们感受到作为学校的一员，每个人都能受到尊重和重视，从而愿意接受学校的管

理和教育，愿意为学校的发展贡献自己的聪明才智。

班级的QQ群主要以网络班集体的形式，展示班风班貌、班级格言、班级文化，发布近期开展活动，倾诉自己的心声。并由班主任和各位教师参与，进行学法指导、解疑答难，开展心理咨询，将优秀的德育资源在群里共享，实践证明，班级QQ群的建立增强了学生的集体荣誉感和凝聚力，极大地扩展了学校德育的深度和广度。

为了建好空间，他们查资料、学外语、与同学交流、向老师请教。在老师的指导下，学生把自己的座佑铭、学习心得、生活感悟、学科知识和德育素材作为个人空间的重点内容，使自己的信息技术能力和思想道德素质同步得到了提高。

（三）建立网络成长记录袋，完善对学生的评价方式

新课程倡导成长记录袋等多元化评价方式，同时注重学生情感态度价值观的发展进行过程性评价，课题组遵遁这一理念，并结合现代信息技术，受"道德银行"和"个人征信报告"等新闻案例的启发，指导南阳市三中创造性地为每个学生建立了网络成长记录袋，在记录袋中，强调学生修改发展，突出学生个人成长，以翔实的资料和数据重点记录了学生的思想道德表现、学业成绩、参与社会实践、青年志愿者和公益服务等活动的内容和时数，并由班主任在学期结束时写出思想道德操行评语。实践证明，学生们象爱自己的眼睛一样珍惜着自己的成长记录，这对于我们做好学校德育工作无疑具有巨大的帮助。

（四）利用校园网络和专用软件，实现学校管理的民主化和德育效益的最大化

学校德育毕竟有其局限性，它必须有家庭和社会的支持和配合才能最大地发挥其效益，而要做到这一点，就必须实现学校管理的民主化，网络在这方面具有无可比拟的优势，该校在校园网上开辟家长 留言板、校长信箱和教育论坛，同时，利用QQ、飞信、微信、微博、校信通、电子邮件等途径畅通学校与外界交流沟通的渠道，搭建便捷高效的家校沟通平台。社会各界群策群力，集思广益，使困扰学校很久的一些德育难题得到了顺利的解决，使学校德育的效益实现了几何级数的递增。

（河南省南市宛城区教师进修学校　郭国从）

加强政府统筹，充分发挥学校的主体作用，是学校教育、社会教育、家庭教育有机结合的必要条件。

——题记

第九章　社区德育实施

传统德育主要依赖于学校这个载体进行，相对于社会发展而言，它往往具有一定的滞后性。面对复杂多变的社会现实，传统的学校德育往往显得苍白无力，以至于产生了“学校千日功，不抵社会一阵风”和“五加二等于零”等现象，不利于学生的全面发展和可持续发展。在此情况下，从根本上改变学校教育与社会发展脱节的矛盾，打破学校封闭办学的管理体制，建立起一种开放式的，以学校、家庭、社会教育相结合为基本特征的社区德育实施模式迫在眉睫。

本章将从“实施社区德育的保障条件”“社区德育实施途径”这两个方面深入探讨，为社区德育的有效实施提供思路和参考。

第一节　实施社区德育的保障条件

作为一个新的思路和一个新的德育操作模式，社区德育的施行需要一定的保障条件，需要解决观念问题、制度问题，需要采取有效的措施予以保证。具体来说，就是要树立社区德育意识，实行政府统筹，建立社区教育制度，营造社区德育氛围。

一、树立社区德育意识

问题导读

●为什么要树立社区德育意识？

●社区德育意识的内涵是什么？

社区德育是一个崭新的概念。过去虽然也有这个提法，但是都带有局部性、片面性，缺乏系统性、科学性，基本没有具体的界定和解释。社区德育概念的提出是社会发展的必然结果，是教育改革和发展的必然要求。

观念是行动的先导，推行社区德育模式首先要求树立社区德育意识，也就是要充分认识社区德育的重要性，并深入了解社区德育的深刻内涵。

社区德育就是以一定学校为核心，以一定社区为主体，充分利用社区教育资源实施学校德育的教育模式。这个概念提供了一个崭新的视角，就是从社区的角度看德育，依靠社区做德育，推动社区抓德育。因此说，提出这个概念，在理论上具有创新性，在实践上具有可操作性，它对推动现阶段中小学德育改革将具有其独到的价值和意义。

可以四个方面入手，理解树立社区德育意识的深刻内涵：

第一，从本质看，社区德育是对儿童青少年开展思想品德教育的活动，是学校德育的一种操作模式。虽然一定的社区是社区德育的主体，但是一定的学校却是社区德育的核心。社区德育虽然具有对社区居民开展教育、发挥影响的功能，但是，其根本目的和核心价值仍然是对儿童青少年进行思想品德教育，社区参与主要是为儿童青少年思想品德教育服务。

第二，从过程看，开展社区德育就是要实现学校教育、家庭教育与社会教育相结合，使儿童青少年思想品德教育由学校教育这个单一渠道、固定时空向全方位、立体化转化，形成教育合力。学校德育工作是一项学校、社会、家庭齐抓共管的系统工程，学生的健康成长是三者协调同步、形成合力、发挥整体教育作用的结果。因此，学校必须着力推进学校德育的社会化，与社会教育、家庭教育紧密结合，构建立体德育网络，充分发挥政府主导作用，形成社会基层组织管理系统、社会文化管理系统、社团组织管理系统、军民共建精神文明管理系统、家庭教育管理系统等共同构成、协同作用的学校德育社会化格局，为学生的健康成长创造一个良好的社会环境。

第三，从途径看，学校德育是儿童青少年思想品德教育工作的核心，是社区德育的主渠道，同时，开展社区德育还要求挖掘并整合利用社区德育资源、优化社区德育环境、实现学校教育与家庭教育相结合，实现学校教育与社会教育之间的沟通与衔接。其最大特点，是能充分利用社区教育资源，充分发挥全民注重德育、全民关心德育、全民支持德育、全民接受教育的作用。社区中存在着丰富的德育资源，为学校德育教育与家庭德育教育提供了文化背景与价值基础，为青少年的成长提供了更加广阔的成长空间。

第四，从目标看，开展社区德育的目的，是要提高学校德育的针对性和实效性，提高教育的整体效益。此外，还要推动社区精神文明建设。

综上所述，社区德育意识可以概括为：必须树立学校教育、家庭教育和社区教育一体化的大德育观，使儿童青少年思想品德教育由学校教育这个单一渠道、固定时空向全方位、立体化转化，实现学校教育、家庭教育和社会教育之间的有机结合，充分利用社区德育资源，优化社区教育环境，形成教育合力，提高学校德育的整体效益。

信息浪花

优化育人环境，增强教育合力

我校地处县城闹市区，是一所百年老校，未进行课题实验前，学校在政教处组织下积极参与社会活动，配合有关部门进行公益活动宣传。如环保日、县城文明建设等。自开展社区德育实验研究以来，我们教育活动的目的性更明确、针对性更强，"社区德育"的概念更具体化。我们将视角扩充到社区，建立广泛的社会参与机制，依托社区及有关机构和组织，采取"走出去、请进来"的方式，让学生融入社会，了解家乡、热爱家乡，从策划到实施到总结，都有完整的活动方案和成效反思。如安全进校园、环保小卫士、伸出你我的手、共建美好家园、争当"五好"小公民、清明烈士陵园祭扫、参观官桥八组、新区建设我见证等活动，使学生的品德受到了有效的熏陶。

我校与团县委、县妇联、县关协、消防大队、交警大队、东街社区、鱼岳派出所等单位建立了长效德育管理合作关系，聘请了食品卫生、交通安全、国学、书法等多名校外志愿辅导员，清理了校园周边网吧和小摊小贩，为孩子营造了一个和谐健康的成长环境。

（湖北省嘉鱼县实验小学"社区德育理论与实践研究"课题组）

二、实行政府统筹协调

问题导读

●如何理解政府统筹对于社区德育实施的意义？

●在实施社区德育的过程中，如何落实政府的统筹协调？

●什么是社区教育联席会议制度？它有何作用？

●社区教育委员会对于推动社区德育有何作用？

●社区德育活动安全保障机制的主要内容是什么？

实施社区德育的基本思路，是实现学校教育、家庭教育、社会教育相结合，要求学校、家庭以及整个社区互相配合。从这个意义上看，无论是教育对象、教育手段，还是其培养目标和服务范围，都远远超出了学校和教育管理部门所能控制的范围，而与社区生产和生活实践紧密地联系在一起。因此，实施社区德育必须加强政府的统筹职能，建立政府统筹、教育主办、社区参与、资源共享的社区德育管理体制和运行机制。具体说来，就是由政府出面，统一确定教育目标，制定工作方案，建立教育组织、开展社区德育活动。要求通过政府统筹，合理整合、配置社区内的各种教育资源，实现资源共享，形成教育合力，提高教育效益。

专家指津

随着经济社会的发展,政府将逐步变成社区的一分子,成为协调功能最为强大的社区机构。政府职能从直接管理经济逐步转移到间接管理经济,政府职能和财政功能正由经济建设型向公共服务型转化,也就是向公共事业管理转化。而教育就是最大的公共事业,所以,统筹教育发展,包括统筹安排社区德育工作,已经成为政府义不容辞的责任。要通过政府统筹和社区协调,使社区德育工作走上规范化、制度化和法制化的轨道,得到健康发展。

(资料来源:张爱国,社区发展与社区德育策略,《学校党建与思想教育工作》 2005 年第 10 期)

(一) 明确社区德育目标责任

加强未成年人思想道德教育是全社会的共同责任,各级政府要将社区教育工作和社区德育工作纳入政府目标管理范畴。在一定社区内,应该由政府牵头,在明确社区教育职责任务,形成统一教育目标的基础上,明确政府、社会相关部门、单位以及学校所承担的社区德育目标责任,建立县市、乡镇、村、校四级责任目标体系,层层抓落实,以形成全社会齐抓共管未成年人思想道德建设工作的良好氛围。学校内部也要实行德育工作目标责任制,实施学校、班级以及全员育人责任目标,严格实行考核评价制度。

信息浪花

我校主动与社区内各单位联系,主动组织、利用社区德育力量教育学生,推动全社会都来关心少年儿童的成长。一是与社区内各单位签订了《东方红小学社区争章站目标责任书》,由社区各单位的主要领导人任各(雏鹰)站的站长,由社区各单位的业务骨干出任社区(雏鹰)站的常务辅导员,社区单位建立学生争章活动的档案,由辅导员做好记录,以便每学期对学生进行评价。二是寒暑假期间,发挥社区居委会作用,指导学生开展“争当环保小卫士”“慰问烈军属”“我是小小宣传员”等社会实践活动。通过假期丰富多彩的活动,培养学生多方面的兴趣和特长,让学生接受正面教育,远离违法违纪行为。与此同时,将学生在社区里的表现及时反馈给家长,开学后及时反馈到学校,共同承担教育的义务。三是发挥我校关心下一代委员会的作用,充分调动老干部、社区居民的主动性,让他们“老有所乐”“老有所为”,让学生受到他们人格魅力的熏陶。四是争取社区内政府、领导、家长的支持,参与学校、社区未成年人思想道德建设活动,向他们提出要求,争取各方面的支持、配合。由于社区内各单位充分发挥各自的德育力量,形成了多维一体的德育网络。

（资料来源：湖北省宜昌市西陵区东方红小学《社区德育理论与实践研究》课题结题报告）

（二）建立社区德育制度

建立社区德育制度是保障社区德育实施的关键，可以由社区、家庭、学校三方协商制定系列社区德育制度，作为实施社区德育的基本依据。实施过程中可以制定并完善《社区青少年教育职责》《青少年教育联席会议制度》《家长学校管理制度》《德育活动基地管理制度》《法制副校长职责》《学生寒暑假报到制度》《学校和社区共建制度》《教师家访活动制度》《社区德育活动考评制度》《"社区十佳青少年"和"好人好事"的评选、奖励制度》《学校与社区、家长间的通报制度》《学生心理咨询制度》《社区德育活动安全保障措施》，等等。

信息浪花

学校兼职法制副校长职责

1. 参与制定学校法制教育规划、计划，协助学校开设法制教育课程，实施有针对性的法制教育；

2. 协助学校加强内部安全防范工作，开展创建安全文明校园、平安校园等活动；

3. 对有不良行为的学生做好教育转化工作，协助学校、家庭、社会签订帮教协议，落实帮教措施；

4. 积极开展学校周边治安秩序整治；

5. 配合政法部门妥善处理在校师生违法犯罪案件，严肃查处侵害师生合法权益和滋扰校园的案件；

6. 促进学校、家庭、社会三位一体的法制教育机制的完善；

7. 开展系列活动，诸如法律知识讲座、法律知识竞赛、法律小品表演、观看法制教育专题片、请现役劳教人员现身说法等，以营造良好的学校法制环境，形成人人"学法、知法、用法"的良好氛围。

（资料来源：《湖北省广水市实验中学制度汇编》）

加强地方教育立法工作是加强社区德育制度建设的重要内容。社区德育是我国现阶段正在探索和实施的新型德育实施方式，面对国内外形势的新变化、教育改革与发展的新任务和青少年思想道德建设的新情况，所面临的实际问题很多。推行社区德育模式迫切需要以地方教育立法的方式予以支持。现在，侵犯青少年和教师合法权益的情况时有发生，在有的地方还十分严重，全社会都要维护社区青少年和教师的合法权益。要切实加强保护社区青少年和教师权益方面的立法工作，加大执法力度，逐步形成有利于社区教育开展的完备的法律保障体系，努力为社区青少年成长创造良好的法制环境。

近年来，对学生意外伤害事故的不当处理，使学校德育活动的组织和开展受到了严重干扰。虽然国家颁布了《中小学生意外伤害事故处理办法》，但是，由于地方没有制定相应的实施办法，因此，一旦事故发生，家庭和家长常常采取各种形式与学校和教育管理部门扯皮、闹事，提出不合理要求，甚至强迫学校满足自己的要求，否则就没完没了。这就是所谓“学闹”。面对“学闹”，学校和教育管理部门往往只好“委曲求全”，牺牲自身利益，花钱买和解、求安宁。所以，很多学校为了避免发生纠纷和遭受经济损失，选择了“放弃”，即尽量少组织或完全不组织校外德育活动。这种情况，严重违背了教育规律和儿童青少年的身心发展的需要，导致学校教育手段缺失，造成了教育过程的欠缺和失误，极大地降低了学校德育的质量和效益。

信息浪花

学校和教师教育权利弱化，教育手段缺失

近年来，学校和教师的教育权利呈现出逐步弱化的趋势，主要表现是：学校和教师的教育责任与教育权利不对应，教育责任重大而教育权利越来越小，可供选择的教育途径和方法越来越少，教育空间狭窄。学校和教师动辄得咎，成为弱势群体和高风险行业。

一个突出表现是，学校开展校外教育活动的风险增大，学生意外伤害事故的责任风险成为制约学校组织开展校外教育活动的“瓶颈”。开展校外教育活动是重要的教育途径和手段，深受学生和家长欢迎。座谈中，家长都支持学校开展活动，嫌活动太少。可是，与校外教育活动相伴而生的学生意外伤害事故，却使学校在组织教育活动时面临巨大的风险，使学校和教师往往望而却步。事实上，只要发生了学生意外伤害事故，不管是什么原因，是谁的责任，家长都会到学校闹事，要求所谓“赔偿”，且数额巨大。而学校因为各种原因，总是不得不承担经济赔偿（补偿）责任，成为事实上的、当然的、唯一的“全责任”方，这就使校外教育活动中的学生意外伤害事故成了学校不能承受之重。因此，学校只好尽量少组织或不组织校外教育活动，万一要组织活动，就先向教育局打报告，获得批准后才进行，或是采取学生自愿报名的形式组织。这就使组织活动的难度增大，效果降低。

（资料来源：张爱国：《湖北省中小学德育工作现状调查报告》2018 年 4 月）

鉴于这种情况，地方和社区必须加强教育立法工作，以期合理规范学校责任，明确划分学校责任和家庭、社会责任，在确保安全的条件下，为学校组织开展德育活动提供制度保证。

（三）建立社区德育领导和管理机构，健全管理体制

1. 建立政府主导的社区教育联席会议制度

由政府出面组织，联络文化、宣传、公安、财政、工商、妇联、团委、工会、司法、卫生、体育等没有隶属关系但有工作联系的单位或部门，成立社区教育工作领导小组。根据教育发展的需要，社区教育工作领导小组定期或不定期以召开联席会议的形式，在充分发扬民主的基础上，达成共识，形成具有约束力的会议意见，用以指导工作，解决问题。联席会议的决议对参会各方都有约束力，要求各方采取行动，完成任务。联席会议制度主要解决社区教育发展规划、政策法规、资源配置、经费投入、队伍建设等重大问题，对于解决社区德育问题具有十分重要的作用。

2. 建立政府统筹、教育管理部门主导的社区教育委员会

由政府牵头，教育管理部门主导，联合文化、宣传、公安、财政、工商、妇联、团委、工会、司法、卫生、体育、城建等部门，以及社区中热心教育且有较大影响力的居民，建立常设的教育议事和决策机构，即社区教育委员会。社区教育委员会是学校与社区联系、沟通的桥梁，是社区德育实施的有力保障。依托社区教育委员会，可以将学校德育活动纳入社区精神文明建设内容，协调各部门积极净化校园周边环境，建设校外教育基地，组织学生参加社区的实践活动，安排丰富的假期生活，使学生能接触社会、了解社会。依托社区教育委员会，又能及时把社区各方面的意见反馈给学校，帮助学校加强和改进德育工作。

3. 依托中小学校普遍建立家长委员会

家长委员会是由本校学生家长代表组成，代表全体家长参与学校民主管理，支持和监督学校做好教育工作的群众性自治组织，是学校联系广大学生家长的桥梁和纽带。家长委员会宗旨是：坚持家校沟通与合作，让家长充分参与学校管理，有效体现家长对学校教育教学工作的知情权、评议权、参与权和监督权。完善学校、家庭、社会三位一体的教育体系，营造良好的教育环境；深入推进素质教育，促进中小学生的全面发展。家长委员会作为一个与学校教育机构相对独立、相互制约、相互促进的教育组织机构，有利于形成家庭、学校教育的合力，为学生的健康成长创造有利的条件。

家长委员会包括校级、班级两种，校级家长委员会负责全校性事务，班级家长委员会主要根据班级需要开展活动。

家长委员会协助学校每年定期组织家长代表大会、家长会、家长接待日，举办家长学校，开展家庭教育咨询，开办家庭教育论坛、教育沙龙等活动。全校家

长代表大会每学期至少举行1次会议，要求有80%以上的家长参与，会议听取学校工作报告，就学校工作提出意见和建议 。

信息浪花

当阳市干溪中小学明确规定：家长委员会每学期召开两次全体会议，及时召开各种专题讨论会；家长学校有课本、有家教读物，完成授课课时，兼职教师保证有教材、有教案；每月印发一期《家长报》，每学期组织一次家教论文评选，表彰一批优秀家长；家长学校工作和社区教育活动必须有记载，如录音、录像、照片、文字记录、各种表格等，每学年有全面、规范、分类整理的家长学校工作档案。学校评选出优秀学生家长后，通过举办墙报、开表彰会、颁发奖品、送喜报上门等形式予以表彰和宣传，产生了巨大的影响，有效地推动了学校工作的开展。

（资料来源：湖北省当阳市干溪中小学《学校教育与社会教育之间的沟通与协调研究结题报告》）

（四）建立社区德育活动安全保障机制

中小学德育活动，特别是校外教育活动的安全制约，主要表现为家庭对于学生意外伤害事故的“零承受”、学校所面临的“全责任”以及由此而导致的学校对于开展校外教育活动的缩手缩脚和无所作为。必须彻底改变学生意外伤害事故处理过程中，教育管理部门和学校的绝对弱势地位，为此，必须将学生意外伤害处理工作纳入法制化管理轨道。

关键是要建立两大事故处理机制和一个事故补偿标准。

1.建立依法处事机制

建立公安、司法部门及时介入的机制，依法尽快准确确认学校、学生及学生家庭和社会相关单位的法律责任。应避免以“私了”形式处理事故，并将责任单方面全部推给学校的状况；更要克服和打击严重干扰学校正常教学秩序的“学闹”现象。

2.建立政府主导的责任与风险分担机制

确立政府部门、学校、教育管理部门、学生及其家庭和社会保险机构等5个责任主体，共同分担学伤事故责任与风险，并制定具体的责任与风险承担办法。政府部门的实际代表是民政部门。在现阶段，我国家庭多为独生子女，学生的意外伤害事故将带来许多社会问题，绝对是一个家庭难以承受之重。作为政府部门的民政部门参与处理学生意外伤害事故，就是以政府补偿的形式，对涉事家庭给予一定的经济援助。这是国家对实施计划生育政策的责任担当，代表了国家对计划生育政策实施后果的责任认定和对学伤家庭的人道主义救助。教育管理部门和学校应根据事故责任认定情况，给予涉事家庭少量的经济补偿。社会保险是学生意外伤害事故经济补偿的主要来源渠道，应树立正确的保险意识，积极推动学生个人和学校集体参与保险业务，充分发挥其保障作用。

3. 制定事故补偿标准

由国家根据不同地区的经济状况，确定学生事故补偿标准，包括政府经济补偿、教育管理部门经济补偿和学校经济补偿等不同的标准。之所以要求教育管理部门和学校承担经济补偿任务，主要是为了督促学校进一步明确主体责任，做好活动组织工作。

必须说明的是，上述中小学德育活动社会保障机制，是专门针对在中小学德育活动过程中发生的学生意外伤害事故而制定的，并非适用于所有学生意外伤害事故。一般意义上的学生意外伤害事故的处理，可以参照上述办法处理，但是，绝对不能完全照搬。

三、构建社区德育网络

问题导读

●社区德育网络主要包括哪些组成部分？

●如何实现社区与学校教育沟通、衔接方式的创新？

建立社区、学校、家庭三位一体的工作机制和三方互动的组织网络是德育社区化建设的基本要求。没有一定的组织网络，社区德育就无从实施，更谈不上实效和长效。因此，实施社区德育首先必须做到组织落实，即要建立基本的组织网络。

可以从三个方面着手建立社区德育网络：

(一)建立校外德育体系

建立由政府统筹、教育管理部门主导的社区教育委员会，建立家长委员会、关心下一代工作委员会等社会教育组织，建立学生校外活动基地等德育活动场所。

(二)建立和完善校内德育体系

成立学校德育工作领导小组，建立和完善政教处（德育处）、团支部、学生会、少先队、家长委员会和家长学校等机构和组织，加强班主任队伍建设和班集体建设。校内德育机构和组织之间职责分明，互相配合协调，形成和谐、高效的工作机制。

信息浪花

广水市实验中学“三链式”活动管理体系

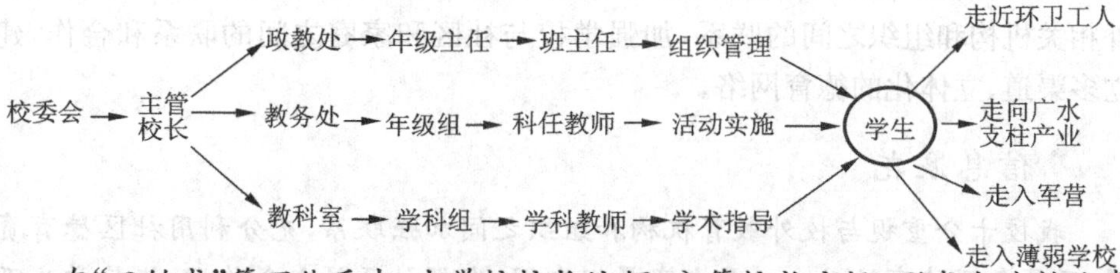

在“三链式”管理体系中，由学校校长统领，分管校长主抓，形成由政教处牵头的组织管理链条、由教务处牵头的活动实施链条、由教科室牵头的学术指导链条，共同引导学生开展社区德育实践活动。由政教处、年级主任、班主任组成的组织管理链条，主要负责学生活动的发动，根据学生的爱好自主和调配相结合组建活动小组，负责学生安全，侧重学生组织管理；由教务处、年级组、科任教师所组成的社区德育活动实施链条，负责活动主题确定（或参与学生活动主题确定），拟定活动计划，制定活动方案，并落实参与学生活动，侧重社区德育实践活动的教学管理；教科室、学科组（备课组）、学科科任教师组成的学术指导链条，负责学生活动过程中的技术指导，侧重学生活动总体安排和业务指导。并且，年级组成立本年级管理小组，教研组成立本学科指导小组，发挥年级组长、班主任在管理上的核心作用，发挥教研组长和各学科教师在活动中业务上的指导作用。分工明确，条块结合，确保社区德育实践活动的顺利开展。

（资料来源：湖北省广水市实验中学《社区德育现状调查与研究结题报告》）

信息浪花

我校建立了以校长办公室、政教处、教导处、校团委、学生会、家长学校、年级组、班委会为框架的学校德育网，组建了由德育副校长任组长，政教主任、团委书记、学生会主席任副组长，政治教师、班主任、家长代表为组员的学校德育工作专班，成立了由校长任组长的德育课题研究小组，筹建了“校园之声”广播电台，挑选两名政治教师分别担任普法辅导员和心理咨询师，聘请一名法律工作者担任法制副校长。同时，我校研制了德育工作方案、德育规程及各项工作规范，进一步强化班主任及其他各项德育工作制度，校长负责统筹协调及监督调控。特别是近年来，健全的学生组织管理网络，政教处、团委会、体卫处一体化运作的高效学生自治管理机制，促进了我校校风、学风及校园德育环境的根本性转变，得到了全体师生的好评及社会的高度评价，产生了良好的社会效应。

（资料来源：湖北省应城市城南中学《社区德育环境的构建与优化研究结题报告》）

(三)建立校内外教育相结合的社区德育网络

学校在社区教育委员会的指导下,依托家长委员会等教育组织,加强与校外相关机构和组织之间的联系,加强学校与社区和家庭之间的联系和合作,建立多渠道、立体化的德育网络。

信息浪花

我校十分重视与校外教育机构和组织之间加强联系,充分利用社区德育资源,开展各项德育活动。一是在寒暑假期间,发挥社区居委会作用,指导学生开展"争当环保小卫士""慰问烈军属""我是小小宣传员"等社会实践活动。通过假期丰富多彩的活动,培养学生多方面的兴趣和特长,让学生接受正面教育,防止违法违纪行为发生。二是发挥关心下一代工作委员会的作用,充分调动老干部、社区居民的主动性,让他们"老有所乐""老有所为",让学生受到他们人格魅力的熏陶。三是争取家长的支持与配合。学校将学生在学校里的表现及时反馈给家长,同时要求家长将学生在家庭里的表现及时反馈到学校,双方做到信息沟通,共同承担教育的义务。经过共同努力,初步形成了多维一体的德育网络。

(资料来源:湖北省宜昌市西陵区东方红小学《社区德育环境的构建与优化研究结题报告》)

四、创建社区德育评价体系

建立科学的社区德育评价体系,对一定区域的社区德育工作进行客观、公正的评价,对社区的发展具有监督、激励和导向作用。要通过建立社区德育评价体系,明确社区德育的目标任务、内容、途径和保障条件;要将社区德育工作纳入政府及教育管理部门的工作范畴,将社区德育工作评价结果与政府及教育管理部门绩效评价紧密挂钩;要通过有效实施社区德育评价过程,实现推动社区德育活动的全面推进,不断提高德育实效。

社区德育主体包括社区、学校和家庭等多个方面,因此,社区德育评价体系应该由各方共同制定,社区德育评价过程应该由各方共同参与,体现多元化的特点。

第二节　社区德育实施途径

"话说千遍万遍,不如实践一遍。"社区德育的实施必须以活动为载体,构建社区、家庭、学校三位一体的活动实施体系。社区德育活动没有固定的教材为依托，需要组织者根据社区环境特点、社区的人力和物力资源、学生的成长需要、学校的师资力量、社会实际、学生的生活条件等要素，开发社区德育实施途径。

社区德育实施途径主要包括请进来、走出去和共创建三种。

一、请进来

问题导读

- 请进来的目的和途径是什么？
- 如何借助社区资源开展有针对性的德育活动？
- 组织请进来德育活动有哪些注意事项？

所谓“请进来”就是将社区德育教育资源引进学校开展学校德育活动，这种资源可以是社区人力资源，也可以是社区物力资源。社区人力资源包括社区各职能部门的负责人、社区中有专业特长的人员、民间艺人、英雄人物、劳动模范、复员退伍军人、学生家长等等；社区的物力资源包括社区职能部门开展德育活动的宣传图片、音响资料、实物展示、活动器材、活动场所等。

将社区德育教育资源引进学校开展学校德育活动能达到以下三个目的：第一，让社区成员走进学校，了解学校的基本情况和教育措施，参与学校管理，为学校发展出谋划策。第二，让社区成员走进学校，依靠他们对学生进行言传身教，产生榜样示范作用。第三，对家长和社区人员开展家庭教育指导，帮助他们树立正确的教育观念，提高教育能力。

“请进来”活动流程图：

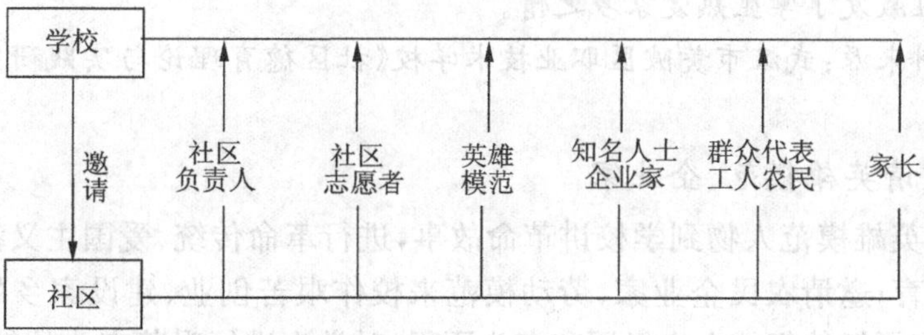

（一）请进来活动实施途径

1.邀请社区职能部门负责人

学校应主动加强与社区职能部门的联系，通过签订和履行协议等途径，充分利用社区职能部门的教育力量。如，学校与辖区派出所结成警民共建单位，每学期定期邀请派出所的同志来校向学生进行法制教育和交通安全教育。这一举措既有利于增强学生的民主与法制观念，又有利于净化校园和周边环境。学校还可以与消防大队、法院、部队、城管、交通等部门建立联系，定期邀请相关人员来校向学生进行消防、法制、交通安全、爱国主义等方面教育，以便克服德育内容空泛的弊端，促使学生进一步学法、知法、懂法、守法，做遵纪守法的好学生。

2. 邀请热心下一代教育的志愿者

社区里有许多热爱孩子、关心教育的“热心人”，他们都可以成为学校德育的志愿者。可在社区教育委员会的统一布置与协调下，从离退休干部、劳动模范、企业的领导、公安、司法机关的干部、退休教师、居委干部中聘请一批志愿者为校外辅导员。校外辅导员们结合自己工作的特点，有针对性地对学生进行革命传统教育、爱国主义教育、理想教育、法制教育，并协助学校组织参观访问活动。

3. 邀请社会知名人士、专家学者

学校每学期不定期邀请社会知名人士、专家学者来校为学生做报告，用他们的成功故事和坚韧不拔的毅力来教育学生，感染和影响学生，帮助学生懂得做人的道理。

信息浪花

武汉市黄陂区职业技术学校邀请黄陂区史志办颜学辅同志来我校为全校学生作“庆国庆60周年——黄陂区情”专题报告。颜主任介绍黄陂城的来历和黄陂盘龙文化、木兰文化、双凤文化，他声情并茂的讲解不仅搏得学生雷鸣般的掌声，而且激发了学生热爱家乡之情。

（资料来源：武汉市黄陂区职业技术学校《社区德育理论与实践研究结题报告》）

4. 邀请英雄模范、企业家

邀请英雄模范人物到学校讲革命故事，进行革命传统、爱国主义教育和艰苦奋斗教育；邀请农民企业家、劳动模范来校作艰苦创业、建设家乡的专题报告，让学生了解他们的人生经历和奋斗历程，对学生进行艰苦奋斗的教育，从而激发学生奋发向上、勤奋学习，培养学生的开拓进取精神。

5. 邀请学生家长

邀请学生家长来校参观学生设计和布置的教室环境、黑板报、橱窗和画廊，参加科技艺术节活动，参加少先队主题活动。实行家长开放日，邀请家长听课，看学生的作业、成长记录袋、文明积累情况，了解学生在校表现。举办家长会，邀请家长共商教育大计，并举办教育讲座，对家长进行家庭教育指导，提高学生家长的教育能力。

信息浪花

由于隔代教育的主客体之间存在着一种天然的血缘、亲缘关系，使得监护者较多地采用溺爱的管教方式，即使明知不对，大多也是持一种宽容甚至放任的态度，总是认为“孩子还小”“这个由他爸妈回来管”，导致孩子们从小就变得骄娇二气严重、放任甚至放纵的性格特点。举办“留守孩子”监护家长班有针性开展了专题授课，帮助隔代家长更新教育观念，让他们了解一些教育学、心理学常识，掌握科学的教育方法，为教育好孙辈打下一些基础。

（资料来源：湖北省宜昌市伍家岗区实验小学社区德育研究课题结题报告）

（二）请进来活动实施过程

1. 实施步骤

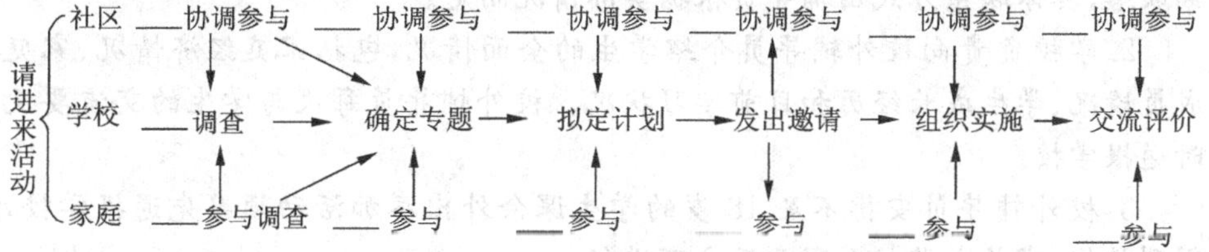

2. 活动实施

1）展开调查

发给学生调查表格，了解学生的思想动态，与家长联系，了解家长的态度和要求；电话联系、随访调查、咨询社区有关单位和专家，及时了解社区的人力和物力资源，为确定“请进来”专题做准备。

2）确定主题

由学校牵头，社区相关人员参与，根据前期调查的信息，共同商讨，确定主题。

3）成立专班，拟定计划

成立“请进来”活动专题领导组和实施组（具体见第一节相关内容），拟定活动总体方案，确定活动目标、原则、活动要求、时间安排、注意事项等；拟定年级组或班级实施计划，作出具体的活动安排。

4）发出邀请

通过电话、书信、当面交谈等形式对请进校园开展活动的相关相关人员发出邀请，说明活动的具体要求，征求对活动意见，明确参与者的职责要求。

信息浪花

校外辅导员工作职责

1. 直接与学生交流，了解学生对学校教育的接受程度，了解学生学习、思想及家庭的变化，并据此对教学和学生活动提出建议和意见；

2. 通过各种方式帮助学生建立自信心，帮助学生解决各种思想难题，培养学生良好的生活情趣、品格，适应未来的职业需求；

3. 积极支持和配合学校开展各项活动，搞好共建文明工作。

4. 主动与学校联系，加强沟通和交流；

5. 配合学校做好学生的思想道德，革命传统、爱国主义，遵纪守法等教育。

6. 关注孩子的心灵成长，收集和反馈学生的心理活动，开展生命、吃苦、节俭、亲情、感恩、公德、耐挫等方面主题教育，促使学生得到全面发展。

校外辅导员工作注意事项

1. 校外辅导员负责辅导学生，采用谈话，电邮，通信，家访等形式与学生定期联络，具体联系方式由辅导员根据实际情况而定。

2. 学校负责向校外辅导员介绍学生的全面情况，包括家庭经济情况、家庭成员情况、学生成长经历和目前学习状况。校外辅导员每次与学生的交流要及时通报学校。

3. 校外辅导员安排不足18岁的学生课余外出参加活动须事先通报学校，得到学校、家长或监护人同意后方可进行。

4. 校外辅导员一般在学校和公共场所与学生见面，未经学校同意不要带学生回家，不要安排学生在外留宿，不要到高档餐厅就餐，不到网吧、酒吧等娱乐场所。不要赠送奢侈礼品。

5)组织实施

(1)布置活动场所，营造活动氛围。包括安装、调试会场的音响设施，安排会场主题横幅、欢迎标语，准备参与者的文字介绍和活动要求等。

(2)设计活动程序，选好活动主持人。

(3)组织参与者有序入场和离场，严格遵守纪律。

(4)强调参与者认真听讲，及时做好笔记。

(5)随时对活动过程中的资料进行收集整理归档。

(6)强调参与者写好活动反思或准备好活动后集体交流材料。

6)交流评价

开展社区德育活动的重要目的，是让学生在活动中体验，在体验中感悟，在感悟中内化践行。为此，应该遵循“今天的自己超过昨天的自己就是胜利”的理念，采用“自我参照标准”，引导参与者进行“自我反思性评价”。具体评价要素如下：

(1)成长记录袋评价。即以参与者的现实表现作为评价依据，通过制作成长记录袋进行累积性评价的评价方式。

(2)自我评价。参与者按照一定的标准对自己参与活动中的态度和效果做出主观性评价。主要体现参与活动的主观体验，以及内省践行效果。

(3)参与者协商评价。以参与者的观察记录等资料作为依据，相互商讨，进行综合评价的方法。

(4)成果展示评价。将活动计划、记录、反思、板报、网页、演讲稿、报告、建议等具体成果进行展示，让参与者感受成功、体验喜悦、反思共勉。

二、走出去

问题导读

●怎样把握组织学生走出去的时机和场所？

●如何看待“走出去”活动的积极作用？

●组织“走出去”德育活动应重点抓好哪些环节的工作？

教育家陶行知提出“生活即教育，社会即学校”的教育思想，强调学校教育要打破固有的、封闭的教育环境，引导学生走进自然，走近社会，融入社会，将学校的“小课堂”与社会“大课堂”紧密联系起来。因此，让学生走出校园，走进社区，开展社区德育活动，是学生健康成长的必然要求。“走进式”社区德育活动是通过学生亲身体验实践，充分发挥学生的自主作用，让孩子在轻松快乐之中受到教育和熏陶的一种德育模式。

“走出去”活动流程图：

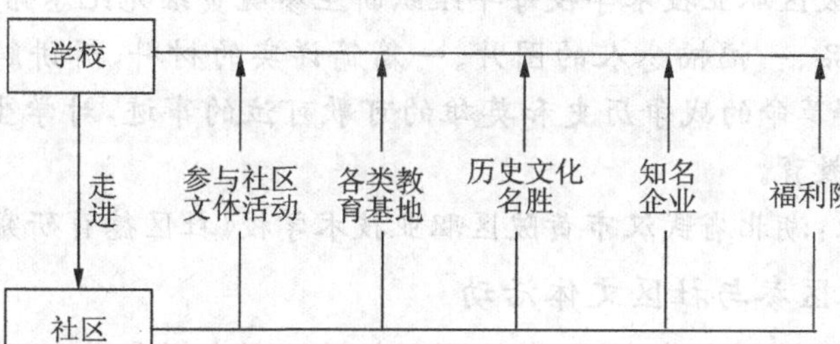

(一) 活动实施途径

1. 走进社区开展美化社区活动

学校组织学生参加社区的公益劳动，打扫社区环境卫生、种植花草。通过在这些公益性活动，学生们不仅学会关心、爱护、改善自己生存的环境，还带动了更多的学生、居民一起创建洁、绿、美的社区。组织学生利用社区宣传橱窗、街道画廊、小黑板宣传党的方针政策和新风尚的实践活动。为社区干实事，不仅能锻炼学生的动手实践能力，还能培养学生关注社会、关注他人的人格品质。

2. 走进社区开展献爱心活动

组织学生到社区福利院为老人洗衣洗被，表演老人喜闻乐见的节目；组织帮助社区的特困生或孤寡老人；在社区建立学雷锋的活动点；要求学生每天为父母做一件力所能及的家务……引导学生在献爱心的过程中获得快乐体验，培养学生乐于助人、孝敬父母、尊敬老人的行为习惯。

信息浪花

社区有两位独居老人，即吴婆婆和杨婆婆。该班有12个学生自愿报名组成了两个爱心小组，轮流照顾帮扶两位老人。每逢双休日或节假日，他们分别来到吴婆婆、杨婆婆家，帮助擦洗门窗、打扫卫生，围着老人嘘寒问暖。每天经过老人家门口，亲热地打招呼，陪他们说话解闷，端午节包的粽子、中秋节买的月饼也不忘给他们送去一份。两位老人逢人就夸孩子们好。

（资料来源：湖北省南漳县实验小学《社区德育研究结题报告》）

3. 走进革命传统教育基地开展教育活动

学校组织学生走进革命传统教育基地，如革命老区、英雄纪念馆、烈士陵园等场所，对学生进行革命传统教育，帮助学生了解革命历程、树立远大理想、培养艰苦奋斗精神。

信息浪花

武汉市黄陂区职业技术学校每年组织新生参观黄继光纪念馆，通过看那一件件珍藏的物品、一幅幅感人的图片、一篇篇详实的材料，听讲解员生动的讲解，让学生了解革命的战争历史和英雄的可歌可泣的事迹，对学生进行爱国主义和革命传统教育。

（资料来源：湖北省武汉市黄陂区职业技术学校《社区德育研究结题报告》）

4. 走进社区参与社区文体活动

为丰富学生社区文化生活，学校可以与社区联合举办学生、家长都参加的趣味运动会、溜溜球大赛、联欢会等。这些活动，学生很喜爱，家长们也欢迎，增进了孩子热爱社区的情感。学校组织学生参加庙会、社区文化节等大型社区活动，学生既可以做志愿者、表演者，也可以当观众。组织学生进行生活环境调查分析等实践活动，让学生在活动中受到教育，形成正确的人生观、价值观和良好的道德品质。

5. 走进社区参观历史文化名胜、知名企业

学校可以组织学生参观当地的历史文化名胜，让学生明白历史文化名胜的来由，提升自豪感；参观社区知名企业，让学生看看企业的生产情况及管理，培养学生热爱劳动思想品德。让学生从看得见摸得着的现实生活中受到教育，培养学生健康的审美情趣和高尚的道德情感，激发学生民族自豪感和热爱家乡的热情，从而立志学好本领，艰苦创业，为建设家乡作贡献。

信息浪花

武汉市黄陂区职业技术学校组织学生到盘龙城、木兰山、双凤亭参观，学生了解黄陂城的来历和黄陂盘龙文化、木兰文化、双凤文化，激发了学生热爱家乡之情和自豪感。

（资料来源：湖北省武汉市黄陂区职业技术学校《社区德育研究结题报告》）

6. 走入军营

组织学生走进驻军军营，利用部队革命史实对学生进行爱国主义教育；利用部队战士良好的作风，纪律严明的一言一行，对学生进行纪律观念教育；利用部队官兵文明有礼生活俭朴穿戴整洁，对学生进行艰苦朴素教育；利用营区美丽干净官兵宿舍整洁卫生，摆设有序对学生进行行为习惯养成教育；利用部队先进的训练方法，配备最先进的武器对学生进行国防知识教育。

（二）走出去活动实施

1. 实施步骤

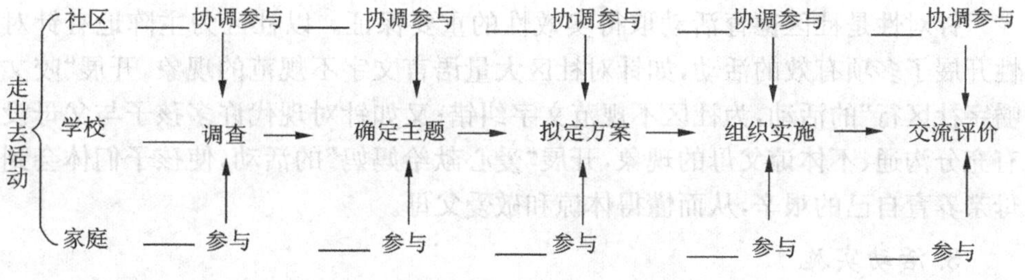

2. 实施原则

1）公益性原则

社区德育活动应该围绕为社区服务的思想，改变社区环境，丰富社区健康生活，才有现实意义，也才能受到社区的欢迎。如“植树护绿，创绿色社区有我一个”社区德育活动，每个少先队中队都在社区中有一块自己的护绿自留地，“护绿”小分队定期为自留地苗圃除草、施肥，保护树木；“护卫”小分队走进自己

所居住的门栋，积极参加“社区是我家，清洁靠大家”保洁活动。通过在这些公益性活动，同学们不仅学会关心、爱护、改善自己生存的环境，还带动了更多的学生、居民一起创建洁、绿、美的社区。

2)体验性原则

学生通过亲身体验，能最大程度地将道德认识内化为道德情感和行动。如“拜师学艺”，让学生体验到一碗热干面的来之不易及面条做好后成功的喜悦；有的同学调查了社区周边的“亮起来工程”，在调查活动中感受到“亮起来工程”是为人民造福、为城市添彩的工程，继而主动擦洗社区灯箱，为“亮起来工程”做力所能及的事。

3)趣味性原则

社区德育活动要尽量符合学生兴趣，尽量生动活泼，让孩子在轻松快乐之中受到教育和熏陶。举办趣味运动会、溜溜球大赛、社区艺术节、联欢会，这些活动孩子们喜爱，家长的欢迎，增进了孩子热爱社区的情感。

4)自主性原则

社区德育活动要发挥学生的自主作用，一般不宜搞全校性的大活动，最好以班级、小组或中队、小队为单位让学生自主开展，也可以居住在同一门栋的学生结伴开展。这样既不影响学校教学和社区正常生活，也能给班级、学生更大的自主空间。活动中老师、家长仅作必要的指导，主要让学生自我组织、自我开展、自我教育。如开展的“学雷锋，社区行”活动，就是以班级小分队的形式分散到社区的各个角落，由小分队同学自主进行。实践证明，学生自主开展社区德育活动，往往能收到更好的教育效果。

5)针对性原则

针对性是社区德育活动取得实效性的重要保证。以社区为主阵地有针对性开展了多项有效的活动，如针对社区大量语言文字不规范的现象，开展“咬文嚼字社区行”的活动，为社区不规范文字纠错；又如针对现代许多孩子与父母没有充分沟通、不体谅父母的现象，开展“爱心献给妈妈”的活动，使孩子们体会到母亲养育自己的艰辛，从而懂得体谅和敬爱父母。

3.活动实施

1)调查现状

调查了解学生的思想状况、学校教育存在的薄弱环节，了解社区教育资源状况，对于合理确定走出出德育活动内容和构建整个德育活动方案都是十分必要的。

(1)采用问卷调查、学生教师座谈等方式调查了解学生的需要和要求。

(2)了解商店、公园、运动场所、活动中心、社区办公机构等社区基本设施及其布局。

(3)调查社区的道路、交通状况以及社区的住居环境,如社区绿化、风景名胜、环境卫生、治安等情况,为走出去做好准备。

(4)了解社区的文化生活。如居民的业余休闲生活方式、街道小商小贩经商情况等。

2)确定主题

根据前期的调查情况,结合学生发展的需求、社区的资源(包括人力资源和物力资源)、学校和社区德育的需求,确定活动的主题。为了增强活动的有效性,在确定社区德育活动主题要做到五个结合:与学校德育管理相结合、与学生兴趣相结合、与学生持续发展相结合、与社区文化建设相结合、与社区特色建设相结合等。

理论撷英

怎样确定活动主题?

1. 确定生活化主题。活动主题确定要着眼于生活,源于学生生活实际,只有这样,学生才能有更多机会、更乐意参加活动,才能享受探究的乐趣、活动的愉悦,才能获得并增强社会责任感。例如针对学生沿途就餐问题展开学生沿途就餐情况的调查,针对城区"禁鞭"展开校园周围噪声污染的调查及控制。针对学生零花钱的利用问题确定了中学生"零花钱"的调查等主题。这些主题来源于生活、应用于生活,学生兴趣高,活动质量好。

2. 确定发展化主题。根据学生自我发展中存在的现实问题进行转化归纳确定主题。例如根据学生上网比较严重的问题,确定中学生上网情况调查主题;针对学生近视现象比较严重的现象,确定"让眼睛更有神"主题;针对现在的孩子都是家里的娇宝宝、小皇帝等现象,提出并确定了"我爱我家"主题;针对当前学生人际交往障碍问题,确定了建立良好人际关系的主题,等等。

3. 确定特色化主题。对于一所学校来说,综合实践活动是其学校文化的有机构成,集中体现了学校的特色,因此,要注重确定特色化主题。如我校为了救助贫困生建立爱心助学基金会,长期开展爱心助学活动,形成了我校培养学生爱心、关心他人的特色资源。为此,确定了"让爱心助学旗帜永远飘扬"的主题;针对我校干部子女多、吃苦精神不足,确定了走进姣儿冲的主题;针对新生纪律观念比较淡薄、自理能力差的特点,定期组织七年级新生开展了走入军营主题活动;等等。

4. 确定社会化主题。随着科学技术的发展,社会各个层面都发生了相应的变化,要求人与社会、人与自然、人与自我交互中必须构建新型与之相适应的融洽关系。为了增强学生对社会、对社区的适应能力,我校开展了"走进社区""走向广水支柱产业——广水烟厂"等活动,培养了学生适应市场经济、适应社会的可持续发展的素质。

5.确定综合化主题。从学科知识出发综合相关学科知识，确定综合实践活动的主题，例如“中秋趣话”“热爱生活、放声歌唱”“应山奎面探究”等活动主题。

（原载《湖北信息化教育》2006 年第 1 期 代道强）

3）拟定方案

活动方案包括活动总体实施方案和分项活动计划或具体实施方案。

总体活动方案由学校社区德育领导小组制定，它是“走出去”社区德育活动实施的行动指南。制定这一方案需注意四点：一是要分析学校教师和学生的实际水平；二要分析学校和社区的可利用资源；三要明确活动目的任务；四要设计整体内容框架；五要落实组织机构，明确职责分工；六要安排具体实施步骤。

分项活动计划主要是班级、小组活动计划，它是对活动目标的具体化和活动内容的具体安排。低年级班级的分项活动计划可以以教师为主制定，高年级班级的活动方案应在教师的指导下，由学生自主制定。

信息浪花

我校学生生源比较特殊，大多是干部子女和一部分家庭比较富裕的子女，这些孩子的家庭条件比较优越，人生观和价值观与一般孩子有所不同，普遍存在吃苦精神不足，依赖思想比较严重，不关心他人，浪费现象比比皆是。针对这种情况，特组织学生到姣儿冲这个偏远的革命传统教育基地进行以社会考察为主的实践活动（见下表）

主　题	内　容	责任人	要求
一帮一	1. 了解山区学生受教育情况 a. 通过观察了解山区学生的学习环境 b. 调查山区小学的入学率、合格率 c. 通过交流了解山区学生理想 d. 了解山区学生在生活学习中遇到的问题和解决办法 e. 我与山区孩子比童年 2. 捐助：a. 调查帮扶对象的基本情况 b. 怎样帮助山区学生 c. 怎样才能使帮助对象得到最大的提高 d. 帮助怎样实施	代道强 李　琳	以班为单位分组活动
学生野外生存	1. 准备物品及经费预算 2. 遇到困难及解决办法 3. 环境保护 4. 畅谈我们要怎样生存	方　辉	以班为单位分组活动

续表

主　题	内　　容	责任人	要求
安　插 菌　种	1. 了解菌种特点 2. 了解安插菌种的基本方法与技术要点 3. 安插菌种遇到问题及解决办法 4. 统计菌种计算产量 5. 市场预测:测算农民种食用菌的收入 6. 分析种植食用菌的收益及前景	雷先荣 龚维山	分组活动
重德育、 听报告	1. 布置会场 2. 听省德育标兵程敦清报告 3. 听刘寿文讲革命传统故事 4. 谈感受	尚卫程 朱朝锋	集体活动
调查农业 结构调整	1. 农业结构调查(以启为单位进行调查) a. 当地农民学历及技能调查 b. 当地主要农作物和种植类及面积分布情况 c. 农户收入情况与付出情况 d. 此地收入与广水市人均收入差距多大 e. 你对当地农民改善生活增加收入有何建议 2. 宝林的风土人情	刘振宇 汤建霞	分组活动

(湖北广水实验中学 代道强供稿)

4)发出邀请

通过电话、书信、当面交谈等形式对走出校园开展活动的相关单位的领导、专家、家长发出邀请,重点是说明活动具体要求、征求对活动意见,商讨并明确参与者的职责要求。

5)组织实施

(1)做好准备

德育活动开展的酝酿和准备阶段,正如行军打仗后勤保障工作,它是德育能否顺利开展的关键。活动准备包括四种准备:工具准备、知识方法准备、组织准备、心理准备。

第一,做好工具准备。在活动开展过程中必须用到交通、实验、观察、记载等工具以及服装、食品、药品等材料,必须提前做好准备。

第二,做好知识和技能的准备。在活动开展过程中,学生需要掌握一定的知识储备和方法技能,因此,应在活动开始之前通知学生作好相关准备工作,如了解如何制作调查问卷?怎样进行访谈?如何撰写研究报告?等等。学生可以通过资料查阅、找老师和专家咨询等途径达到目的。

第三,做好心理准备。即对学生进行安全教育、承受挫折教育,让学生了解应急预案，培养学生的吃苦耐劳精神、勇于克服困难的意志品质和耐挫能力。

(2)落实方案

主要任务是落实总体活动方案和分项计划。这个阶段必须特别注意做到以下两点：

第一，确保师生安全。必须循安全第一的原则，落实好各项安全措施。

第二，教师全程参与。教师必须参与活动，不仅是学生活动的指导者、引导者，还要做学生活动的伴游者。只有这样，指导教师才能及时发现学生在活动中出现的问题，及时进行调解和调控，确保活动顺利进行。

(3)做好总结

即通过撰写调查报告、召开总结大会、举办班会等形式，总结活动过程和成果，分析经验教训，提出进一步努力的方向和目标。

信息浪花

校外教育活动学生安全保障制度

德育实践活动具有体验性、开放性、生成性等特点，而且不局限于校园，不局限于课堂，课外活动、自主活动所占比重大，突发事件多。由于家庭和教师的过度保护，学生往往缺乏必要的自我保护意识、自我保护能力和生存能力，面对具体问题时显得束手无策，容易在活动过程中受到伤害，因此，能否保证活动安全开展成为决定德育实践活动成败的关键。为了确保德育实践活动的安全开展，特制定安全保障的五大制度。

一、自我保护制

必须对学生进行安全教育，增强其自我保护能力。

1. 对入学新生开展“牢记安全，自我保护”等教育活动，让学生活动中了解安全事故发生种类、常见安全事故发生的原因、常见事故的预防，常见事故发生时的急救措施，等等，增强学生对安全事故的预防和应对能力。

2. 建立小组活动安全保障机制。强调每个活动小组必须要安排一名安全员，并且在每次活动前小组成员必须商讨此活动可能会出现的意外情况，并作出预案；在活动中，强调活动小组中各成员不要擅自行动，必须结伴而行。要脱离本小组集体活动，必须向小组长和安全员报告其活动地点、时间、范围及联系方式，小组活动脱离本班活动必须向班主任或指导教师报告其活动的大致范围及联系方式等等确保学生活动中出现意外情况能及时反馈、及时救援，将学生安全事故影响降低到最低限度。

二、安全预案制

指导教师在设计活动指导方案时，必须对学生活动中可能出现安全事故作出预案，预案的内容应包括可能出现的事故种类，造成该事故的主要原因，出现该事故后应当怎样处理等。培训小组长和安全员如何应对突发事件，尤其对外伤出血伤口的处理、溺水触电中暑休克的处理、人工呼吸方法等要加强培训，以增强小组长和安全员对偶发事件的处理能力。在每次活动前活动组织者要对学生进行安全教育，做到四讲清：即要讲清活动安全的重要性、要讲清学生在活动中安全应注意什么、要讲清出现意外时与谁联系怎么联系、要讲清出现意外情况后怎么急救等。

三、设施安全制

加强对实践活动基地设施，包括校外活动基地、校内的实验室以及运动设施等的安全检查与更新，确保学生活动操作中的安全。

四、安全协议制

与学生家长签订安全合同协议，引起学生家长的高度重视，分清事故的责任界限，避免学校陷入不必要的安全纠纷。

五、活动陪同制。

每次涉外大型活动，必须由班主任或指导教师陪同学生活动；每次外出活动尽量要求有条件的家长陪同学生参与活动；每次课外的大型活动，教师要联系一些社会力量（例如当地派出所，当地镇的村干部或热心公益活动的同志）随同学生参与活动，增强对学生的安全保护。

（资料来源：新思考网——综合实践活动　代道强）

三、学校社区共建

问题导读

●学校与社区共建活动的积极意义有哪些？

●学校社区共建的内容有哪些？

●如何开展共创建活动？

学校社区共建是指学校和一定社区为创建良好的教育环境，推动学校工作和促进社区精神文明建设而联合开展的活动，它是社区德育的重要内容，是现代社会发展的必然要求。

学校是社区中众多社会组织中的一个，是社区不可分割的组成部分，学校与社区之间存在着相互依存、双向服务的关系。学校既是社区精神文明建设的参与者，又是社区精神文明建设的受益者，学校教育直接影响社区居民的文化道德素质和社区的精神文明建设，社区的精神文明建设又能为学校提供一个良好的外部大环境。

学校社区共建流程图：

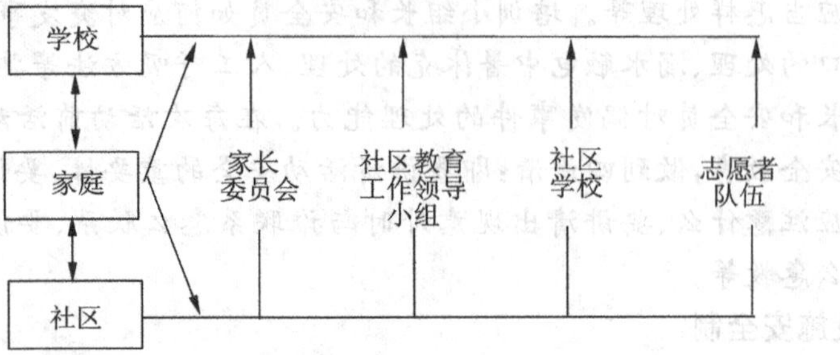

(一) 学校社区共建的目的、意义

开展社区共建是社区德育的重要途径，对于德育过程和学生的成长而言，具有十分重要的意义。

1. 构建健全的社区德育网络，充分发挥社区的德育功能

实行学校社区共建，要求宣传、文化、公安、司法等政府部门，街道居委会、村民委员会等居民自治组织，各类企业、事业单位，关心下一代工作委员会等社会团体，共同参与，齐抓共管，实现学校教育、家庭教育和社会教育的紧密结合，发挥其各自的功能优势，提高整体效益。

2. 推动社区精神文明建设，营造良好的社区教育环境

一是优化社区自然环境，使师生共享优美、舒适、安全的生活空间。二是优化社区文化环境，建设健康进步、积极向上的文化氛围，确保学校周边环境文明、文雅，充满正能量。特别是有效管理网吧、歌厅等文化娱乐场所，避免学生受到不良风气的影响。三是建立融洽、和谐的学校社区关系，确保正常、良好的教学秩序。

3. 开展家庭教育指导，提高家庭教育的质量和水平

通过开办家长学校、举办家长开放日等活动，对家长进行家庭教育指导，帮助家长更新教育观念，掌握教育方法，提高教育能力，进而克服家庭教育的盲目性、随意性，避免各种误区，促进家庭教育与学校教育的配合和协调。

4. 引导学生走向社会，全面提高素质

学生参与社区建设、服务社区的过程，是一个身体力行、精神熏陶的过程。这个过程可以帮助学生正确地认识世界、把握个人与社会的关系，有利于培养学生的爱心、社会责任感，有利于提高学生的社会活动能力。因此说，开展社区共建活动，可以使学生学到在校园内、在书本上学不到的东西，全面提高素质，加快社会化的进程。

5. 规范学校社区共建行为，克服对学校和教师的无关干扰

长期以来，基础教育领域存在协同教育“越位”现象，学校教育秩序受到严重干扰。由于权力部门和相关社会单位直接插手学校教育，随意安排德育活动和内容，常常打乱学校正常的教育教学秩序，加重学校、教师和学生的负担，造成十分不利的影响。如，不同政府部门及社会单位多头发文，搞“运动式”德育，学校应接不暇，无所适从；德育内容的确定主观随意性太强，“进课堂”教育内容过多过滥；政府要求学校承担包括社会扶贫等部分社会工作，加重了教师负担，损害了教师权益，等等。为此，社区教育委员会必须发挥协调和监督功能，规范学校社区共建行为，克服对学校和教师的无关干扰。

（二）学校社区共建的基本内容

在社区教育体系中，学校教育始终是社区教育的主体和基础，学校要通过与社区之间的互相沟通、协调，实现社区教育资源共享、优势互补、同创共建、和谐发展。

1. 充分发挥社区教育委员会的统筹协调职能

社区教育委员会是学校与社区联系、沟通的桥梁，由社区主要领导、社区职能部门负责人和热心教育的离退休老干部、学校负责人、老师、社区居民组成，它是社区德育实施的有力保障。可以依靠社区教育委员会统筹开发利用社区教育资源，协调各部门积极净化校园周边环境；可以将学校德育活动纳入社区精神文明建设内容，组织学生参加社区的实践活动，安排丰富的寒暑假期生活，使学生能接触社会、了解社会。同时又能及时把社区各方面的意见反馈给学校，帮助学校加强和改进德育工作。

2. 整合利用社区教育资源

要通过开展资源调查，了解本地区社区教育资源的基本分布情况，然后在此基础上统筹安排，开发和利用社区教育资源，建立各类社区教育基地。一是建立德育基地，如在烈士陵园、博物馆、革命斗争旧址、先烈故居等地点挂牌建立德育基地，开发德育资源。二是建立社会实践基地，如在工厂、农场（村）建立生产劳动基地，在军营建立军训基地，在贫困地区的学校建立“手拉手”基地和爱心基地，等等。三是加强青少年宫、体育馆、社区（居民）学校等机构的建设，建立社会教育基地。

信息浪花

武汉市青山区提出社区教育资源“不求所有，但求所用”的口号，采取“政企联动，上下联手，多方联合，政企共建”的策略，逐步整合、利用社区教育资源。

现在，钢花街121社区学校、武钢青少年活动中心、一冶工人文化宫对社区全面开放；武钢职大、武钢管院积极为社区培养中、高级专门人才；461技校、武汉科技大学、区青少年宫先后开放校园和场地，供市民晨练；武汉科技大学拟向市民开放图书资源。江汉石油管理局提出了社区教育资源共享的四种形式：一是无偿共享。对青少年学生和社区居民进行政治思想教育、时事政策教育、法制教育、革命传统教育和社会实践教育的场所，如科技馆、图书馆、烈士陵园等场所，免费开放。二是有偿共享，如专业技能教育资源。三是优惠共享，实行收费的公共设施和场所，如游乐园、文化宫、电影院等，对社区区教育活动实行优惠政策。四是优先共享。凡有成年人活动的场所，在学生放学后和节假日优先向学生开放。

（资料来源：张爱国：《湖北省社区教育现状调查报告》）

3.加强学校、家庭之间的联系与沟通

学校家庭的联系与沟通，是指学校与家庭之间，为了促进孩子的健康和谐发展而进行的彼此了解、相互合作行为。

学校家庭的联系与沟通具有十分重要的意义。通过互相沟通，老师可以了解学生在家庭和社会上的表现，以及学生的家庭环境；家长可以了解学生在学校里的表现，以及老师对学生的要求，彼此做到心中有数；通过沟通，老师和家长将增进感情，增强互信，奠定家校合作的良好基础。

家校联系模式图：

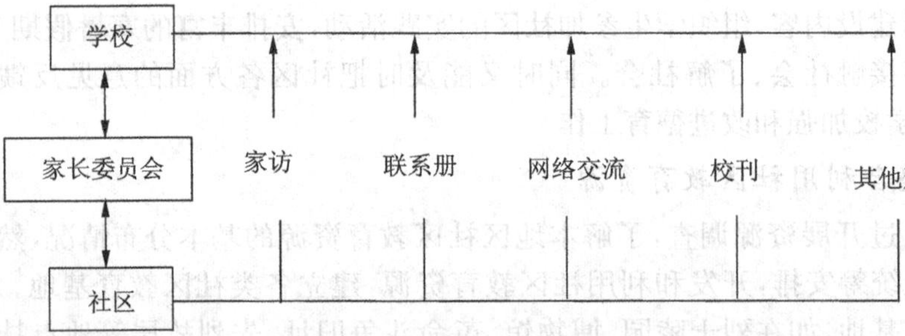

学校与社区共建的重要内容，是成立家长委员会，共建家长学校。学校通过成立家长委员会，让家长参与学校教育活动，参与学校的民主管理，共同探讨教育策略。同时，通过家长委员会将学校的要求传达给社区和家长，保证学校德育计划得以全面落实。学校通过创办家长学校，对家长进行家庭教育指导，即邀请专家和优秀教师授课，向家长系统讲授科学育人的知识，帮助家长树立正确的教育观念，掌握正确的教育方法，提高教育能力。利用家长学校这个平台，教师还可以和家长一起研究学生、认识学生，共同探讨符合学生实际的教育方法。

信息浪花

湖北省钟祥市丰乐镇杨集初中具体做法：一是开放德育课堂，鼓励家长参与其中，和教师研讨德育课的上法，有时直接做德育的主持者。二是聘请家长做一回“班主任”，时间为一天或半天。家长到校后，先领取“值日班主任工作职责”和“值日班主任工作检查记录表”，然后下班听课和检查工作，值日结束时，将记录表交给班主任。三是学校和家长联手评价学生。学期初制定学生素质综合评价内容及标准时，聘请家长参与；举办活动时，特邀家长参与学生评价；学期结束时，先学生自评，然后老师复评，最后家长终评。通过让家长参与学校的教育教学活动，使家长了解到学校到底在教学生们学什么、做什么，从中得到教育自己孩子的启示、新方法。同时，他们观察到学校、班级情况，提出一些有参考价值的管理意见和建议，有利促进学校德育工作。

（资料来源：陈福英、李东海、湖北省钟祥市丰乐镇杨集初中社区德育研究课题结题报告）

4. 学校社区互助

学校教育过程中常常会出现一些困难，需要社区给予帮助；同时，学校可以通过主动为社区服务，促进社区发展。学校社区互助的途径主要包括以下几个方面：一是依靠社区整治校园周边环境。为使青少年不受黄、赌、毒等不良因素的影响，为青少年成长营造一个良好的德育环境，需要相关政府部门齐抓共管，净化、优化校园周边环境，包括取缔不利于青少年健康成长的黑网吧、无证录像室、麻将室，加强美化环境，综合治理脏、乱、差，让社区实现洁、绿、亮、美，不断增强文明氛围。二是共建社区精神文明。学校可以组织学生开展“小手拉大手”活动，利用社区宣传橱窗、街道画廊、小黑板办好宣传阵地，宣传党的方针政策、社区新风尚，张贴《文明社区公约》《五好家庭标准》《社区居民文守则》，引导正确的舆论导向，营造良好的社区文化环境，共建文明社区。三是共建社区学校。学校可以派优秀教师到社区学校讲学，帮助社区居民提高文化素质，推动学习型社区建设，促进精神文明建设。也可以通过社区学校向家长传授家庭教育知识，帮助家长提高教育能力。

信息浪花

湖北省宜昌市点军区围绕“培育阳光大气学生品质，打造城乡统筹教育新区”奋斗目标，积极创建具有点军特色的学校社区共建模式。一是建立管理机构。成立由区教育局主要领导任组长的家校共建领导小组，下设家校联系中心，具体负责家校共建规划、安排、协调、督促工作。区职成教中心为家长学校总校，各学校成立校级家长学校，各村（居委会）成立家长教育社区。建立包括区家长委员会联盟和校内班级、年级、校级家长委员会在内的四级家长委员会。二是建立专门队伍。区家校联系中心安排2名专职人员，为每个村(居委会)安排1名具有丰富育人经验的教师担任教育副主任，全区共安排50名。村教育副主任不承担学校教学任务，专门负责具体学生家访、留守儿童关爱和市民教育工作。三是开展共建活动。每年组织不同主题的家长进校园活动，实现家长全程参与管理。开展家访活动，实现学生家访全覆盖。2017年，家校联系员深入村居走访学生家庭20000家次，家长学校开展家长培训58场，受训11000人次。

(资料来源：张爱国、丁丹《2018·湖北省中小学德育现状与对策研究报告》)

5. 共建社区教育志愿者队伍

社区教育志愿者是实施社区德育的重要力量，建立一支高素质的社区教育志愿者队伍是提高社区教育水平、完善社区教育功能、推进学校德育社会化工作的需要。他们可以在以下方面发挥作用：担任校外辅导员、净化优化社区教育环境、对学生进行艺术特长培训、组织开展各种社区教育活动、改善办学条件，等等。

社区教育志愿者队伍的人员构成主要包括：企事业单位从业人员、国家公务员、社区离退休干部、退役军人、教师、医生、民间文化艺术人员，等等。选择和确定社区教育志愿者的基本要求是：遵循自愿原则、有奉献精神、有良好的品德素养、有一定的专业素养。

(三)学校社区共建活动实施

1. 确定共建项目

由学校和社区根据教育发展需要，共同商量确定共建项目。

2. 签订共建协议

共建协议包括共建项目、目的意义、协议要求、注意事项、协议双方负责人签字盖章等。

信息浪花

××学校与××居委会(社区)共建协议书

学校是社区文化的窗口，学校德育应充分利用社区的德育资源，包括社区单位的文化资源、设施和热心学校教育的志愿者队伍，以充实学校德育工作力量；社区应视青少年的德育为己任，更应凸现社区的功能，优化社区环境，推动学校德育，达到学校与社区的双向互动。社区教育，对于协调学校、家庭、社会三者的关系，形成青少年教育的合力；对于充分挖掘、利用社区内的教育资源，培养学生创新精神和实践能力；对于联合各方面力量展开校园周边环境的综合治理，优化社区育人环境；对于动员社会各界，落实教育优先发展战略地位，提供财力、物力、智力支持，形成尊重教育的良好社会氛围，推进素质教育和教育现代化的进程，促进社区精神文明建设都起着非常重要的作用。

为了进一步促进文明社区建设，美化净化校园周边环境，培养学生的社会实践能力，双方决定在平等互利的基础上开展校区文明共建活动。为保证活动积极有序地开展，经友好协商，就合作事宜达成如下协议：

1. 共建活动必须有利于学校发展和社区精神文明建设，有利于切实有效地服务社会居民，有利于提升学生的文明素养。

2. 学校学生志愿者发挥自身优势，以社区服务中心和服务点为基地，以志愿的方式开展多种内容的社区服务。

3. 学校负责学生志愿者的组织、管理，并逐步建立管理机制，以确保社区志愿服务活动不断发展和完善。

4. 学校学生志愿者服务内容主要包括：敬老助残、文体娱乐、社区公益劳动、社会调查活动、精神文明宣传等。

5. 志愿服务活动的形式：

(1)将课余时间的分散活动和节假日的集中行动相结合，深入社会开展定点服务；

(2)对特殊对象开展"一对一"结对服务。

6. 社区负责协调、支持和帮助学校志愿者开展活动，为活动顺利开展提供必要的场所和条件。同时，社区努力创造条件，便于学生更多地接触居民、认识社会、了解国情、适应时代，提高组织能力、协调能力、社交能力和解决实际问题的能力。

7. 社区积极配合学校开展校园周边环境治理，抵制不良文化，维护青少年合法权益，优化青少年成长环境。

8. 共建期间双方采取不定期互访，及时了解对方情况，通报各自的有关信息，不断总结共建活动中的经验及问题，以利于推动共建活动的深入开展。

9. 为使共建活动能长期开展，双方应共同努力，争取得到驻区单位的赞助与支持。

10. 学校的场地、设施（操场、图书馆、电脑房等）在特定时间内向各居民开放。

11. 各居委办事处将支持××小学开展社区共建的活动列入工作计划。

12. 各居委办事处要确保学校周围环境的清洁与安静，学校50米范围内禁止摆摊设点。

协议书一式两份，由签约双方各执一份。

本协议有效期三年，自　年　月至　年　月止。

以上协议，由××学校和各居委办事处共同遵守。

学校(印章)　　　　　　　　　负责人(签字)

社区(印章)　　　　　　　　　负责人(签字)

3.拟定共建计划

通过拟定共建计划，明确共建活动的指导思想、领导机构、相关制度、活动内容、双方要求、具体安排、注意事项等。

信息浪花

××小学与社区互动共建计划

一、指导思想

以习近平新时代中国特色社会主义思想为指针，深入贯彻党的十九大精神，根据省教育厅《关于加强学校文化建设的实施意见》的要求，结合本校实际，以诚信教育为抓手，探求与社区文明共建的模式，初步建立学校参与社区精神文明建设，社区、学生家长参与学校教育管理、协助学校开展教育活动的互动机制。

二、主要工作

1.加强领导，健全组织机构

为进一步加强学校与社区的共建工作，使其有组织、有计划、有步骤地开展，由我校牵头，与学区范围内各社区联合，成立共建工作领导小组。

组　长：×××(副镇长)　　执行组长：×××(校长)

副组长：×××(副校长)、×××(××村村长兼党委书记)、×××(××村党委书记)、×××(××村党委书记)、×××(××居委主任)、×××(××居委主任)、×××(××居委主任)、×××(××居委主任)、×××(××花园居委主任)、×××(××居委主任)、×××(牡丹居委主任)

成　员：(略)

2.加强管理，共建工作制度化

文明共建领导小组成员共同协商、通过、初步建立相关的制度，制订工作计划。

(1)社区参与学校决策、管理、评价制度

(2)学校与社区互动考核制度

(3)学校与社区互动评优、表彰制度

三、学校向社区提供场地设施，实现教育资源共享

1. 向社区有效开放学校的操场、篮球场、多功能厅、图书馆（室）等活动场所，学生活动器材与社区共享。

2. 挖掘学校教师资源，向社区提供优质教育服务。

四、学校社区互动，形成三位一体教育合力

1. 学校设立社区互动工作办公室、家委会办公室，学校向互动工作领导小组成员和家委会成员每学期每人发放两张就餐券和一张督学卡。

2. 坚持定期会议和活动制度，定期向社区、家长汇报学校工作，促进学校、家庭、社区互动、沟通，形成教育合力。

3. 结合学校研究课题，继续开展“诚信在校园”“诚信在社区”“诚信在家庭”等系列少先队活动，进一步形成学校德育工作特色。

4. 双休日或重要的节假日，以雏鹰假日小队为单位组织开展活动。

5. 寒暑假，以社区为单位由社区辅导员带领组织开展活动。

6. 一年内，学校与社区开展至少一次联谊活动。（如亲子活动、家庭辩论赛、文艺演出、书法比赛等）

7. 一年内，至少有一次家长开放日活动。

8. 坚持班主任每年上门家访100%，其他教师至少上门家访20位学生。

9. 积极开展教师志愿者服务活动。

10. 聘请有关部门、单位的同志，离休干部、英雄模范等为校外辅导员，为学生开设讲座、报告等。

五、学校社区共建活动注意事项

学校和社区在组织实施共建活动时要注意：第一，做好必要的人力物力准备。要实行专人负责制度，成立工作专班；要安排必要的资金，做好经费预算。第二，严格遵循共建协议，认真落实共建计划，坚决克服虎头蛇尾现象，做到善始善终。第三，做好工作总结。要及时做好经验总结，注意探索规律，并做好档案管理工作。

附录：

全国教育科学规划课题“社区德育理论与实践研究”参与单位及实验学校

社区德育基本理论研究：

湖北省教育科学研究院、武汉市教育科学研究院、武汉市东湖高新区教育文化卫生局、江汉大学教育学院、恩施州教育科学研究院、潜江市教育科学研究所、宜昌市伍家岗区教育局、宜都市教育科学研究所、汉川市教育局

社区德育资源的优化配置和整合利用研究：

武汉市东西湖区吴家山第四小学、武汉市黄陂区职业技术学校、武汉市南湖学校、武汉市硚口区崇仁路小学、武汉市第六十三中学、武汉市江汉二桥中学、武汉市第二职业教育中心学校、潜江市教育科学研究所、潜江市实验中学、潜江市杨市办事处刘岭中学、潜江市园林第二小学、巴东县第二高级中学、五峰土家族自治县第一中学、建始县业州镇大堰中学、荆门市钟祥市文集中学、宜昌市实验小学、宜昌市万寿桥小学、宜昌市伍家岗区青少年活动中心、宜都市聂家河镇初级中学、宜昌市伍家岗区伍家岗小学、蕲春县蕲州镇第三小学、谷城县实验小学、谷城县石花镇第一中学、红安县城关镇小学、广水市应山办事处中心学校

家庭教育及家校合作研究：

蕲春县英才学校、蕲春县刘河中学、黄石市教育科学研究院、黄石市武汉路小学、大冶市实验小学、荆门市象山小学、荆门市掇刀区团林铺镇何场初级中学、武汉市黄陂区实验中学、武汉市东湖高新区教育文化卫生局、武汉市黄陂区实验中学、武昌水果湖第二小学、武汉市硚口区利济路小学、武汉市三三Ｏ三工厂子弟学校、武汉市新好家长培训学校、武汉市武昌实验中学、襄阳市第三十三中学、宜城市南街小学、襄阳市第三十一中学、襄阳第四中学小学部、宜昌市伍家岗区中南路小学、宜昌市伍家岗区实验小学、宜昌市深圳路小学、随州市曾都区北郊五眼桥中心学校、随州市曾都区实验小学、潜江市志新镇文苑小学、潜江市第二实验小学、潜江市园林第一小学、当阳市教育科学研究所、南漳县实验小学、大悟县中等职业技术学校、咸宁市嘉鱼县潘家湾中学、钟祥市中山中学、孝

感市楚环中学、沙洋县后港小学、荆州市公安县第二实验小学

社区德育模式研究：

武昌水果湖第一小学、武汉市硚口区古田路小学、武汉市江岸区蔡家田小学、武昌实验中学、武汉市武昌区教科所、武汉市江夏区第一初级中学、武汉外国语学校、云梦县清明河中学、孝感市云梦县实验中学、钟祥市第二中学、钟祥市东桥中学、钟祥市兰台中学、鹤峰县燕子民族中心学校、来凤县旧司乡高洞中学、来凤县民族小学、恩施市恩施州民族小学、竹溪县中锋镇中心学校、松滋市南海中学、松滋市刘家场镇刘家场小学、松滋市新江口镇第一小学、浠水县楼口初级中学、浠水县巴驿中学、江汉油田教育集团实验小学、江汉油田教育集团油建学校、江汉油田教育集团物探学校、保康县城关镇油坊街小学、保康县城关镇中心学校、保康县寺坪镇板庙小学、英山县温泉小学、黄冈市英山县石镇中学、襄阳市襄阳区张湾镇潘台小学、襄阳市昭明小学、襄阳市襄州区黄龙镇中学、襄阳老河口市仙人渡中学、当阳市王店中心小学、当阳市教科所、当阳市第二高级中学、谷城县城关镇城内小学、谷城县石花镇街道中心小学、谷城县城关镇城内小学、谷城县五山二中、十堰市一中、郧西县实验小学、潜江市高石碑二中、潜江市园林高中、潜江市园林镇第三小学、潜江市第二实验小学、潜江市园林第一小学、潜江市马家台小学、潜江市泰丰小学、麻城市第二实验小学、麻城市幼儿园、宜都市陆城一小、宜都市教育科学研究所、宜都市陆城第一初级中学、宜城市孔湾镇杜岗小学、宜昌市田家炳高级中学、宜昌市花艳中学、宜昌市点军区桥边小学、宜昌市西陵区西坝小学、宜昌市伍家岗区李家湖小学、黄石市西塞山区河口镇龙泉小学、枣阳市教育局、南漳县徐庶小学、荆州市荆州区雨台中学、丹江口市实验小学、黄梅县八角亭中学、随县洪山镇中心学校、红安县实验小学、随州市曾都区第四中学、沙洋县五里初中、利川市汪营镇民族希望小学

社区德育环境的构建与优化研究：

应城市城南初级中学、应城市实验小学、应城市郎君初中、湖北应城市长江中心小学、应城市教育科学研究所、武汉市江夏区法泗中学、江汉大学、沙市盲聋哑学校、荆州市沙市红星路小学、荆门市东宝区白云路小学、谷城县粉阳路小学、钟祥市九里回民初级中学、老河口市第三中学、蕲春县大公中学、当阳市玉阳办事处窑湾小学、随州市第二中学、巴东县野三关民族小学、宜昌市东方红小学

学校教育与社会教育之间的沟通与协调研究：

随州市曾都区教科所、随州市曾都区东城八角楼中学、随州市曾都区实验中学、

随州市曾都区第一中学、随州市曾都区东关学校、随州市随县第三中学、荆门市东宝区文峰中学、荆门市沙洋县沙洋中学、荆州沙市第五中学、荆州市沙市区民主街小学、荆州市沙市实验小学、恩施州来凤县三胡希望小学、恩施州来凤县大河镇中心小学、来凤县民族小学、恩施州咸丰县民族中学、恩施市舞阳街道办事处桂花园小学、巴东县野三关福娃娃幼儿园、当阳市两河镇富里寺小学、当阳市玉泉办事处干溪中学、当阳市东门小学、当阳市两河镇胡场小学、当阳市干溪中小学、武汉市黄陂区第六高级中学、武汉三中分校(汉阳)、沙洋师专附属小学、鄂州市东沟中学、嘉鱼县实验小学、武穴师范附属小学、黄石市广场路小学、谷城县城关镇第一初级中学、汉川市仙女山街道办事处第二小学、潜江市潜江中学、广水市南关中学、京山县中小学生校外活动中心、宜昌市第五中学

学校教育在社区精神文明建设中的作用及其机理研究:
嘉鱼县陆溪镇中心小学、当阳市雄风小学

社区德育现状调查与研究:
钟祥市教育科学研究所、钟祥市丰乐镇杨集初中、钟祥市冷水镇第二初级中学、钟祥市长寿路学校、武汉大学附中、武汉外校、广水市外国语学校、广水市实验初级中学、当阳市烟集中学、潜江市王场镇红桥小学、潜江市文昌高级中学、沙洋县洪岭小学、神农架林区实验小学、京山县实验小学、大悟县楚才高中、荆门市东宝区大桥小学

注:以上排名不分先后

后 记

十年磨一剑。经过课题组成员长期的共同努力,《社区德育策略》终于面世。

《社区德育策略》是全国教育科学规划课题《社区德育理论与实践研究》、湖北省教育厅大型联合攻关项目"湖北省中小学德育'五项专题'研究与实验"、湖北省教育厅教育改革专项"湖北省中小学学校文化建设实践研究"等项目共同的研究成果。课题组成员在广泛吸收总课题组和实验学校研究成果的基础上,经过总结、提炼、升华,建立了比较系统的社区德育理论体系。其特点是:源于实践而高于实践,注重理论创新,强化实践操作,立足于指导中小学德育实践。

本书的编写由张爱国、赵小燕策划,由张爱国任主编,赵小燕、丁丹、刘平秀、邹强任副主编。各章节执笔人如下:第一章:社区德育的基本理念,湖北省教育科学研究院张爱国;第二章:社区德育主体,湖北省教育科学研究院丁丹;第三章:社区德育资源的挖掘和整合利用,湖北省教育科学研究院张爱国、恩施高中王国强、湖北省教科院董志远;第四章:社区德育环境的优化与重塑,江汉大学教育学院刘平秀、湖北省教科院罗国华;第五章:学校教育与社会教育的沟通与协调,恩施市桂花园小学向恒举、恩施自治州教育局杨冬;第六章:学校与家庭的联系和沟通,宜都市教研室赵小燕;第七章:现代家庭教育指导,湖北科技学院教育学院邹强;第八章:社区德育模式,广水市实验中学代道强;第九章:社区德育实施,武汉市黄陂区职业高中杨祖传、襄阳市昭明小学彭琼、广水实验中学代道强。全书由张爱国、丁丹修改,由张爱国统稿。

本书编写的一个显著特点,是编写过程与课题研究过程紧密结合、高度契合,因此,要特别感谢参与组织或支持过课题研究的各位同志,并将其姓名列录如下:丁应华、丁雪峰、方晓波、尹奎武、王一凡、王文生、王坤庆、王金涛、王珣、王强、邓中学、叶平、叶勇、冉铁星、吕同舟、刘巧燕、刘本喜、刘驰、刘国卫、刘青春、权明文、朱小蔓、朱东斌、吴汉松、何泽云、李友玉、李文鹏、李克、李情豪、张北平、张传萍、张光富、张旭东、张志勇、张建安、张祖江、张增艳、杜时忠、杨英友、肖平德、肖秀菊、汪洋、邹从容、陈长义、陈芝武、陈良义、陈宗好、陈泽奠、周宗奎、周宗清、周俊、周新宏、孟庆津、罗吉宝、罗来成、罗国华、姚自林、胡书琴、郝生相、钟山、钟国富、涂学昌、袁先潋、郭国富、郭强、顾绍山、梅方荣、黄俭、彭振龙、程少波、雷春、戴大明，等等。世界图书出版广东有限公司的陈洁副总编辑，冯彦庄、李茜编辑为本书的出版付出了辛勤的劳动，在此一并表示衷心的感谢！

编　者

2018 年 11 月